21 世纪高职高专经济管理系列教材

经济学基础

主　编　张光春　赵　坚
副主编　孙　鑫　王　婧

重庆大学出版社

内容提要

本教材是为了适应经济社会发展要求，紧密结合高职高专学生实际，根据高职高专人才培养目标而编写的经济学基础教材，具有实用性、通俗性、趣味性的特点。全书共分 12 章，包括经济与经济学概述、供求分析、消费者效用分析、厂商行为分析、市场与市场博弈、生产要素、外部性与公共物品、宏观经济总量、失业与通货膨胀、经济周期与经济增长、宏观经济政策、国际贸易与国际收支等内容。

本教材适用于高职高专、成人高校经济管理类专业的教学，也可作为社会其他人员的自学参考读物。

图书在版编目(CIP)数据

经济学基础/张光春，赵坚主编.—重庆：重庆大学出版社，2010.1(2020.9 重印)
21 世纪高职高专经济管理系列教材
ISBN 978-7-5624-5055-9

Ⅰ.经… Ⅱ.①张…②赵… Ⅲ.经济学—高等学校：技术学校—教材 Ⅳ.F0

中国版本图书馆 CIP 数据核字(2010)第 140974 号

21 世纪高职高专经济管理系列教材
经济学基础
主 编 张光春 赵 坚
副主编 孙 鑫 王 婧
责任编辑：邱 慧 张立武 版式设计：邱 慧
责任校对：文 鹏 责任印制：张 策
*
重庆大学出版社出版发行
出版人：饶帮华
社址：重庆市沙坪坝区大学城西路 21 号
邮编：401331
电话：(023) 88617190 88617185(中小学)
传真：(023) 88617186 88617166
网址：http://www.cqup.com.cn
邮箱：fxk@cqup.com.cn (营销中心)
全国新华书店经销
POD：重庆新生代彩印技术有限公司
*
开本：720mm×960mm 1/16 印张：19.25 字数：335 千
2010 年 1 月第 1 版 2020 年 9 月第 4 次印刷
ISBN 978-7-5624-5055-9 定价：48.00 元

前
言

E.A 前言

在高职高专经济学课程教学中，我们发现，理论性与系统性太强的经济学教材常常使得高职高专学生在理解和使用时普遍感到非常吃力；同时，教师为了达到教学目标，需要对教材进行比较大的调整，处理教材时也面临着很多困难。鉴于此，我们充分尊重高职高专学生学习基础和高职高专院校经济学课程实际需要安排课时，坚持"理论够用为度，突出能力本位，学以致用"的原则，编写了本教材。

本教材在保持经济学基本框架的基础上，弱化了理论性难度，摒弃了晦涩难懂的表述方式和理论模型，增加了新颖实用的案例、直观的图表、大量的阅读材料和考查能力的课后思考题，突出教材的实用性、通俗性、趣味性，以期达到培养经济学的思维方式、掌握经济分析的基本方法、奠定专业课程的学习基础、提高分析和解决经济问题能力的教学目标，让学生在愉快的学习中掌握解读经济问题的钥匙。

本教材编写的人员都是重庆城市管理职业学院多年在经济学课程教学改革研究与实践一线的优秀教师，编写分工如下：张光春编写第一、二、五章，赵坚编写第三、八、十一章，孙鑫编写第四、六、九章，王婧编写第七、十章，邱云编写第十二章及附录。

在编写过程中，我们参阅了目前已出版的国内外经济学优秀教材、专著、通俗读物，也从权威网络和报刊上搜集了不少新颖的案例素材和阅读材料，在此，我们特向这些资料的原作者们表示最诚挚的谢意！由于编者水平所限，不妥之处在所难免，恳请专家和读者批评指正，以便修订时尽量完善。

编　者

2009 年 5 月

目录

第一章 经济与经济学

学习经济学,似乎不需要特有的天资。从智力上来看,经济学跟哲学或纯科学的一些学科相比,不是更容易吗？但是能出人头地的却是凤毛麟角！这一难以理解的现象似乎是在于,作为一个杰出的经济学家,必须具有种种才能的结合,这一点是很难能可贵的。他必须在某种程度上是个数学家,又是历史学家、政治家和哲学家。他必须精通的是把他要说的话写下来。他必须善于运用思考力,从一般原则推导出个别现象,思想奔放,既要触及抽象的方面,又要触及具体的方面。他必须根据过去,研究现在,推测未来。对人类性格及其风俗习惯的任何方面,他都不应当完全置之度外。他同时必须保持着既不是无所为而为之,又不是不偏不倚的态度,像艺术家一样头脑冷静和孤芳自赏,然而有时也必须像个政治家那样地接近尘世环境。

——约翰·梅纳德·凯恩斯

【教学目标】

通过本章教学,应让学习者达到以下目标:

1. 了解经济的含义;
2. 正确理解市场经济;
3. 了解经济学的基本内容;
4. 对西方经济学应持有正确的态度;
5. 对本课程产生较浓的学习兴趣。

【能力标准】

能力元素	能力表现水平描述
认识经济与经济体制	认识经济现象
	了解经济的含义
	明确经济制度、经济体制、经济机制的区别和联系
	正确理解市场经济
	理解价格机制的含义
认识经济学	掌握资源的稀缺性与选择性,理解经济学的概念
	了解经济学研究的基本问题
	了解经济学的基本内容
	理解"经济人"假设
	会利用市场运动图分析市场中不同人和物所处的位置
	理解"看不见的手"原理并能正确运用
	正确看待西方经济学

第一节　经济与经济体制

【导入案例 1-1】

中国最近30年来取得巨大进步的原因

如果问,中国最近30年来取得巨大进步的原因到底是什么?很多人会回答说,因为科学技术进步。

确实,在这期间,我们取得了若干技术上的进步。可是仔细想想,在这30年,科学上的进展似乎没有。科学是原理性的、形而上的东西,比如相对论、元素周期律、二进制,也包括经济学原理等;而技术说到底只是科学的应用,比如小麦的品种改良、石油开采的新手段等。

不错,中国人正在使用着大量高科技产品,如笔记本电脑、手机、互联网等等,但是所有这些都不是我们的发明。实际上,这30年来我们并没有什么重大的发明。我们原创成分最多的发明差不多都发生在20世纪60年代，两弹一星都是那个时候搞出来的，当时西方封锁中国，信息闭塞，我们必须自力更生。

中国30年来的巨大进步，不能说与科学技术进步毫无关系。但是，关系并不像人们通常认为的那么大。那么，我们能取得进步最主要靠的是什么呢？很简单：改革和开放。

改革，就是用市场取代原来的计划。如今，民营经济比较发达的珠江三角洲，是中国最富裕、最有活力的地区，这是市场效率高于计划的生动反映。开放，就是打开国门，跟全世界做生意。比如，我国目前已着手研制大型客机，可是很多人却早已乘坐了大飞机。飞机是怎么来的呢？用牛仔裤换来的——我们出口1亿条牛仔裤，就可以换回来1架波音飞机。这是很划算的买卖，因为我们用1亿条牛仔裤的成本，制造不出来1架波音那样的飞机；同时，美国人也觉得合适，它用生产1架波音的成本更生产不了1亿条牛仔裤。用牛仔裤换飞机，就是开放。

改革开放的思想，比任何技术发明或者改进，都更能提高人民的福祉，而且更快、更明显。如果等着乘坐自己造的大型客机，至少现在我们还不能乘坐像波音那样的飞机。

而改革开放只是经济学的ABC。如果经济学能早一点普及，我们的改革开放或许会搞得更早、更好。

（资料来源：王福重．人人都爱经济学[M]．北京：人民邮电出版社．2008．）

日常生活中我们时时刻刻都在进行经济行为，思索经济问题。在我们身边，经济现象也随处可见。可以说，只要社会存在，就会有经济活动，就一定存在经济。特别是在现代社会，经济已与我们息息相关。

学生活动一

问答：举出社会生活中哪些属于经济现象？谈谈你所理解的经济。

一、经济

（一）“经济”一词的由来

在我国，古代《周易》中已出现“经”和“济”二字。“经”解释为“径”，即指阡陌（纵横的田地）。“济”解释为“渡”，即指渡水。“经济”两字的连用，最早见于隋代王通的《文中子》“礼乐”篇中的“经济之道”的说法，具有“经邦济世”、“经国济民”的含义，即治理国家、拯救庶民的意思。直到清末科举考试的“经济特科”,也是为了选拔“洞达中外时务者”。

在西方国家,古希腊思想家色诺芬所著的《经济论》最先使用“经济”一词,原义指家庭管理,英译为 economy。

从 19 世纪下半叶开始,一些日本学者在译 economy 时,借用了中国古籍中的“经济”一词,从而使古汉语中“经济”一词富有现代含义,变成了专指社会物质生产活动的用词。

辛亥革命后,在孙中山先生的建议下,逐渐统一沿用日本学者的译法,从而使“经济”一词以新词的面貌在中国流传至今。

(二)经济的含义

至今为止,对“经济”一词有各种各样的解释,但没有一个明确的统一的定义。通过网络搜索,我们会发现有如下的一些解释。

1. 传统政治经济学著作对经济的解释

(1)经济是指社会生产关系的总和。指人们在物质资料生产过程中结成的,与一定的社会生产力相适应的生产关系的总和或社会经济制度,是政治、法律、哲学、宗教、文学、艺术等上层建筑赖以建立起来的基础。

(2)经济是指社会物质资料的生产和再生产过程。包括物质资料的直接生产过程以及由它决定的交换、分配和消费过程。其内容包括生产力和生产关系两个方面,但主要是指生产力。

(3)经济是指一个国家国民经济的总称。(这一定义犯了逻辑错误,即循环定义)。

2. 西方经济学对经济的解释

(1)经济是指财富。

(2)经济是人类和社会选择使用自然界和前辈所提供的稀缺资源。

(3)经济是指利用稀缺的资源以生产有价值的商品并将它们分配给不同的个人。

(4)经济是指人类生活事务。

(5)经济是指把稀缺资源配置到各种不同的和相互竞争的需要上,并使它们得到最大满足。

(6)经济是指个人、企业、政府以及其他组织在社会内进行选择,以及这些选择决定社会性、稀缺性资源的使用。

(7)经济指社会管理自己的稀缺资源。

(8)经济是指我们社会中的个人、厂商、政府和其他组织进行选择,这些选择决定社会资源如何,是否被利用。

(9)经济是指在经济活动中确定劳动、资本和土地的价格,以及运用这些价格配置资源。

(10)经济是指金融市场行为,金融市场将资本配置到其他经济部门。

(11)经济是指收入分配,以及不损害经济运行的前提下对人给予帮助。

(12)经济是指政府支出、税收、预算、赤字对经济增长的影响。

(13)经济是指经济周期中失业与生产的波动,以及改善经济增长的政策。

(14)经济是指各国贸易模式贸易壁垒的影响。

(15)经济是指一定社会生产、交换、分配和消费等经济活动,经济关系和经济规律。

(16)经济是指有限资源在不同用途上的运用。

(17)经济是指资源配置的全过程及决定影响资源配置的全部因素。

马克思主义传到我国以后,强调经济是社会生产关系或生产方式,也指社会生产活动和人民生活状况。日常用语中的"经济"具有财力、节约等含义。

由此可见,"经济"一词内涵丰富,涉及范围非常广泛。

【资料链接】

知识经济与新经济

知识经济也称智能经济,是指建立在知识和信息的生产、分配和使用基础上的经济。它是和农业经济、工业经济相对应的一个概念。

知识经济理论形成于20世纪80年代初期。1983年,美国加州大学教授保罗·罗默提出了"新经济增长理论",认为知识是一个重要的生产要素,它可以提高投资的收益。"新经济增长理论"的提出,标志着知识经济在理论上的初步形成。但是,知识经济作为一种经济产业形态的确立是近年来的事,其主要标志是美国微软公司总裁比尔·盖茨为代表的软件知识产业的兴起。盖茨的主要产品是软盘及软盘中包含的知识,正是这些知识的广泛应用打开了计算机应用的大门,微软公司的产值已超过美国三大汽车公司产值的总和。近年来美国经济增长的主要源泉就是5 000家软件公司,它们对世界经济的贡献不亚于名列前茅的500家世界大公司。所有这些表明,在现代社会生产中,知识已成为生产要素中一个最重要的组成部分,以此为标志的知识经济将成为21世纪的主导型经济形态。

知识经济的特点表现为:知识经济是促进人与自然协调、持续发展的经济,其指导思想是科学、合理、综合、高效地利用现有资源,同时开发尚未利用的资源来取代已经耗尽的稀缺自然资源;知识经济是以无形资产投入为主的经济,知识、智力、无形资产的投入起决定作用;知识经济是世界经济一体化条件下的经济,世界大市场是知识经济持续增长的主要因素之一;知识经济是以知识决策为导向的经济,科学决策的宏观调控作用在知识经济中有日渐增强的趋势。

目前,知识经济作为一种崭新的经济形态正在悄然兴起。在知识经济的模式中,知识、科技先导型企业成为经济活动中最具活动的经济组织形式,代表了未来经济发展的方向。

(资料来源:http://www.chinadbk.com/zsjj/hotfocusshow_71215.htm.)

新经济是经济全球化的产物。“新经济”一词最早出现于美国《商业周刊》1996 年 12 月 30 日发表的一组文章中。新经济是指在经济全球化背景下,信息技术(IT)革命以及由信息技术革命带动的、以高新科技产业为龙头的经济。新经济是信息化带来的经济文化成果。新经济具有低失业、低通货膨胀、低财政赤字、高增长的特点。通俗地讲,新经济就是我们一直追求的“持续、快速、健康”发展的经济。创新是“新经济”的核心,包括观念的创新、运行模式的创新和新技术的创新等。

一般认为,导致新经济的主要原因基于两点:一是信息技术惊人的发展速度对经济的强劲增长作出了直接贡献。据估算,20 世纪 90 年代后期以来,美国计算机软硬件和通讯硬件生产工业对经济增长的贡献在 20% ~30%。二是由于信息技术成果广泛应用,其他所有部门特别是高新技术部门的劳动生产率得到提高。例如,现代信息技术可以使观点和数据以更多的方式、更快的速度传播和交流,很多交易可以在互联网上以无纸方式进行,大大提高了交易效率,降低了交易成本。实际上,美国几乎所有的行业和领域都在应用互联网。20 世纪 90 年代崛起的信息经济,如今正在经历从“个人电脑(PC)”到“因特网(IT)”、再到“电子商务(E-commer)”三个发展阶段,这清楚地表明“新经济”的核心内容是网络经济。

(资料来源:http://www.luckup.net//magl/n3/colart4349.htm.)

二、经济制度

(一)经济制度的含义

经济制度是指国家的统治阶级为了反映在社会中占统治地位的生产关系的发展要求,建立、维护和发展有利于其政治统治的经济秩序,而确认或创设的各种有关经济问题的规则和措施的总称。广义的经济制度还指一定社会经济部门或一个方面的具体制度,如工业制度、农业制度等。经济制度构成一个社会的经济基础,它决定其政治制度和社会意识形态,并受到政治法律制度的保护。没有经济制度的进步，就没有经济现代化。

（二）世界经济制度的变化

1. **马克思人类社会发展阶段学说中的五种经济制度**　按照马克思主义关于人类社会发展阶段的学说，人类历史上经历了五种依次更替的经济制度，即原始公社经济制度、奴隶制经济制度、封建制经济制度、资本主义经济制度和社会主义经济制度。

2. **人类经济史上的五种基本经济制度**　基本经济制度是关于生产要素的所有与配置、生产成果的分配制度。（表1-1）

表1-1　人类经济史上的五种基本经济制度

经济时间	原始经济时代	农业经济时代	工业经济时代	知识经济时代
历史时间	人类诞生至公元前4000年	公元前4000年至公元1763年	公元1763年至1970年	1970年至2100年
经济形态	原始经济	农业经济	工业经济	知识经济
基本制度	原始公有制	农业经济制度	市场经济制度	知识经济制度（形成中）
生产制度	集体劳动	农业生产制度	工业生产制度	弹性工作、知识化生产
流通制度	实物交换	地区性贸易、关税	全国性市场、高关税	市场全球化、低关税
分配制度	平均分配	按权力和地权分配	按资本或按劳动分配	按贡献分配、按需要调节
消费制度	实时消费	自行消费	赋税消费、高消费	绿色消费、合理消费
环境制度	自然崇拜	适应自然	改造自然	生态与经济协调

（资料来源.中国现代化战略研究课题组.2005中国现代化报告[M].北京：北京大学出版社.）

我国宪法第六条规定："中华人民共和国的社会主义经济制度的基础是生产资料的社会主义公有制，即全民所有和劳动群众集体所有制。社会主义公有制消灭了人剥削人的制度，实行各尽所能、按劳分配的原则。国家在社会主义初级阶段，坚持公有制为主体、多种所有制经济共同发展的基本经济制度，坚持按劳分配为主体、多种分配方式并存的分配制度。"

三、经济体制

经济体制是指建立在一定生产关系基础上的整个国民经济的管理制度、

管理形式、管理方法的总称，它反映社会经济采取的资源配置方式。经济体制主要包括经济运行机制、市场体系、政府调控体系、财政金融体制、产权制度等。经济体制本身不具有独立的社会特征，只是在它们与不同的经济制度相结合时才表现出不同的性质。

在现代社会经济中，配置资源有两种基本方式：市场经济体制与计划经济体制。

(一)市场经济

早在原始公社后期，就开始出现商品生产。当商品生产占据统治地位后，便产生了市场经济。

市场经济是经济主体通过市场配置社会资源的经济形式，它是竞争性价格、市场供求、市场体系等一系列市场要素及其相互关系的总和。市场经济体制由市场主体、市场客体以及市场机制构成。

市场是指商品或劳务交换的场所或接触点。市场有不同种划分方法。如按有形和无形可划分为有形市场（如百货商店、贸易市场、订货会等等）和无形市场（如一个电话或一封邮件便可完成商品或劳务的交换，无需固定场所）；按范围可划分为地区市场、国内市场和国际市场；按商品性质可划分为消费品市场、生产要素市场；按流通方式可划分为批发市场、零售市场；按交易时间可划分为现货交易市场和期货交易市场等等。

市场主体即指市场上从事各种交易活动的当事人，包括自然人、家庭、企业、社团组织、政府、经济组织的法人。市场主体之间充满着竞争，包括买者与买者之间的竞争、卖者与卖者之间的竞争、买卖双方之间的竞争。

市场客体是指市场活动中的交易对象，包括商品、劳动力、工资、技术、资金、信息等。市场主体与市场客体构成市场运行的两大系统。

市场机制是通过市场价格、供求关系变化和经济主体之间的竞争，协调生产与需求之间的关系和生产要素的流动与分配，从而实现资源的有效配置的一套有机系统，也就是人们通常所说的“看不见的手”。市场机制主要包括价格机制、竞争机制、供求机制、利率机制和工资机制等，其核心是价格和竞争机制。

【资料链接】

市场体系

市场体系是相互联系的各类市场的有机统一体。市场体系如果按照市场流通商品属性划分可分为一般商品市场、生产要素市场、金融市场、劳动力市场等。

市场体系具体包括：

(1)买卖货物的市场。这种市场可以是有形的，即有固定的交易场所，买者和卖者聚集在一个场所中，进行交易，交易所为买、卖双方提供各种方便措施，有生产资料交易市场和消费品交易市场。另外，这种市场也可以是无形的，依靠买卖双方的个别接触，中介人的邮政通信、电话电报或计算机网络来完成交易。

(2)各种服务市场。它是指不通过实物形态的产品而为消费者提供的服务。服务市场可以分为广义服务市场和狭义服务市场两类。广义服务业是指除物质生产部门之外的所有其他部门，包括金融业、保险业、政府行政机关和事业单位等第三产业提供的服务。狭义服务业一般包括公用事业、个人服务、企业服务、各种修理、教育和社会慈善事业、法律、会计等专业性服务。

(3)生产要素市场。土地、劳动和资本是三种最基本的生产要素，要素市场主要有房地产市场、劳动力市场、人才市场、科技市场、金融和证券市场、外汇调剂市场等。

现代市场体系处于不断丰富和发展过程之中，它不仅包括消费品和生产资料等商品市场，而且包括资本市场、劳动力市场、技术市场、信息市场以及房地产市场等生产要素市场。其中，商品市场、资本市场和劳动力市场是现代市场体系的核心，现代市场经济只有借助于完整的市场体系，才能有效地配置资源。

现代市场体系一般来说具有五大特征：一是现代市场体系是统一的，它是由各种相互作用、相互联系在一起的子市场有机的结合体。二是现代市场体系是开放的，市场主体能够自由地进入市场参与竞争，商品和要素能够在不同行业、部门、地区、国内外自由流动，现代市场体系对外开放是渐进的、全方位的。三是现代市场体系是竞争性的，在各类市场竞争中，垄断竞争对当代市场体系的开放具有特别重要的意义，它要求并且促进了国际分工，扩大了产品的市场空间，促进了市场一体化。四是现代市场体系是有序的，有序的市场体系才有效率。五是，现代市场体系是脆弱的，经济全球化存在一系列矛盾，易于形成对市场体系的冲击，各种外部冲击导致市场体系的脆弱性，这些冲击可能来自商品市场，也可能来自资本市场，还可能是来自资本市场和货币市场的投机性冲击。

(资源来源：http://www.shenmeshi.com/Business/Business_20070720164720.html.)

(二)计划经济

计划经济是政府部门通过计划配置社会资源的经济形式。社会主义国家一度实行计划经济。

从理论上看,计划与市场都是经济调节手段,各有长短,也各有适用范围。就个体经济活动、短期经济活动来说,以市场自动调节为宜。就总体经济活动、长期经济活动来说,以计划自觉调节为宜。没有计划的市场,与没有市场的计划一样,都不可能做到资源的优化配置。

从实践上看,计划经济必需的条件比市场经济更难达到。为此,从 20 世纪末开始,大多数实行计划经济的国家,都开始经济改革,向市场经济转轨。

市场经济也有好坏之分,并不是只要实行了市场经济,资源配置就可以自动优化,社会福利就可以自动增加。尤其值得我们注意的是,原来实行计划经济的国家在向市场经济的转轨中,如果搞得不好,也很容易陷入不规范的、低效的市场经济当中而难以自拔。

(三)社会主义市场经济

我国从 1978 年开始实行改革开放,建立社会主义市场经济,并平稳地实现了由计划经济向社会主义市场经济的历史性转轨,用自己的成功实践,打破了公有制与市场经济不相容的理论教条,在历史上首次实行社会主义公有制与市场经济的“结合”,开创了一条有中国特色的创新与发展的道路,取得了举世公认的伟大成就。改革开放以来的成就表明,社会主义市场经济是振兴中华的必由之路。

社会主义市场经济体制是市场在国家宏观调控下对资源配置起基础性作用的一种经济体制,它是社会主义基本制度与市场经济的结合,既具有与其他市场经济体制的共性,又具有与其他市场经济体制不同的特征。

社会主义市场经济体制具有市场经济体制的共性,表现在:一是经济活动市场化;二是企业经营自主化;三是政府调节间接化;四是经济运行法制化。

社会主义市场经济的特征主要表现在:

第一,在所有制结构上,以公有制为主体,多种所有制经济平等竞争,共同发展。

第二,在分配制度上,实行以按劳分配为主体,多种分配方式并存,效率优先、兼顾公平。

第三,在宏观调控上,国家能够把人民的当前利益与长远利益、局部利益与整体利益结合起来,更好地发挥计划与市场两种手段的长处。

【资料链接】

前苏联和东欧为老问题寻求新答案

中央集权的计划经济在前苏联的统治延续了将近一个世纪。对于经济学的四个基本问题,计划经济曾给予怎么样的回答呢?

第一个问题,在这种经济环境下,国家生产什么?生产多少?答案是由政府的计划制订者确定生产目标,企业和工人全力加以实现。

第二个问题,怎么样安排产品的生产过程?答案是既然政府的计划制订者能够决定各企业的资源分配情况,他们也就可以有效的控制生产过程。

第三个问题,谁是产品的消费对象?由于政府直接决定各个职位的薪金数额,也就确定了国民的消费水平。从原理上讲,个人可以在国营商店里按照国家公布的价格购买各种物品;但是实际情况却是完全不同,许多商品难以在国营商店买到,只有那些居要职的显赫之辈才有机会通过某种渠道找到替代品,普通公民不得不承受商品短缺之苦。国家也直接控制着包括住房在内的大多数消费品,决定哪些人可以享用之。

第四个问题,由谁通过什么样的过程来制订经济决策?答案很简单,决策者是政府的计划制订者,他们按照自己对国民经济目标的看法进行决策。

上述的整个计划经济看上去曾经是非常合理的。但是正如前苏联领导人赫鲁晓夫所说:"经济学是不以人的意志为转移的科学。"20 世纪 80 年代中期,戈尔巴乔夫上台的时候,前苏联内外都有这样一种看法,即改革势在必行。

前苏联的经济制度确实存在许多缺陷,这里仅举两例。一是前苏联的产量居世界首位,但质量普遍低劣,寿命不足几星期,而过高的产量带来大量无人问津的鞋子在库房里老化变质。二是前苏联规定,农民可以拥有一小块自留地。尽管政府严格限制农民在自留地上的耕作时间,以免耽误公社的生产计划,但公用地生产率过于低下,造成高达 92% 的农产品只能由占全国耕地 3% 的自留地来承担的不正常情况。

戈尔巴乔夫提出的改革和公开化的主张引起了极其迅猛而彻底的变化。在 1989—1990 年间,东欧国家的共产党领导几乎全部被推翻,前苏联自身也在 1991 年底宣告解体,分裂为俄罗斯、乌克兰等多个独立国家。这些国家中的大部分都进行了选举,至少在一定程度上以此决定政府组成的人选。

同改革整个经济相比,组织选举无疑相对容易一些。人民对自由的渴望通常都会掩盖经济上的考虑。不过,在 90 年代初,这些国家似乎也开始迈开经济改革的步伐。工人们需要增加激励,哪怕加剧工资分配上的不平等,否则难以努力工作。为了提高企业的生产效率,按照市场所需组织生产,必须加强对企业的激励，哪怕因此可能带来失业或破产。很明显，政府计划的作用将逐步减少。1989—1990 年，许多东欧国家开始实施有关增加激励的计划，俄罗斯则在叶利钦的领导下在1992 年开始起步。

但是，要将长达70 年的中央集权计划经济改变为市场主导的经济模式，是相当困难的一件事。前苏联和东欧各国的情况在有所好转之前很可能进一步恶化。经济改革的真正成效也许需要几年甚至数十年的摸索，才能显示出来。

（资源来源：东北财经大学网站.）

四、经济机制

经济机制是指一定经济机体内各构成要素间相互联系和作用的制约关系及其功能，又称之为经济运行机制。在不同经济体制下，经济机制不同。在市场经济体制下，经济机制包括企业自主经营、自负盈亏、自我约束、自我发展的经营机制，价格竞争等市场运行机制，宏观调控机制等。

经济制度、经济体制与经济机制之间有紧密的联系：

（1）一定的经济体制包含着一定的经济运行机制，经济体制是经济运行机制发挥作用的前提条件。如市场经济体制要求竞争、供求等市场机制充分发挥作用，同时要求发挥宏观调控机制的功能来弥补市场的缺陷；而市场机制、宏观调控机制又只有在市场经济体制下才能充分发挥作用。

（2）一定的经济体制和运行机制总是与一定的经济制度相联系，体现出经济的社会特征。如市场经济体制和运行机制与社会主义经济制度相结合，必然体现出社会主义的经济特征。

（3）一定的经济制度、经济体制、经济机制都是与一定阶段的社会生产力相适应的。当一种经济制度、经济体制和经济运行机制与生产力不相适应并阻碍其发展时，就要通过社会变革以新的经济制度、经济体制、经济机制适应生产力的发展要求。

五、价格机制

价格机制是指市场供求与市场价格之间的有机联系和运动，在市场机制中居于核心地位，是最基本、最重要的市场机制。价格的变动对整个社会经济活动有十分重要的影响。商品价格的变动，会引起商品供求关系变化；而供求关系的变化，又反过来引起价格的变动。

在市场经济中，价格机制具有四大功能：一是传递信息。价格以其自身变动的方向和幅度，传递市场商品供销等经济信息，有利于提高决策的效率。二是调节资源配置。价格高低，影响供求，引导生产与消费，因而调节资源的合理配置。三是提供生产动力和促使企业竞争。每个生产者和生产要素供给者都会不同程度地对价格作出反应,这种供给对价格作的反应,表明价格能提供生产动力并促使企业间展开竞争。四是影响或决定收入分配和收入水平。价格高低决定生产者、消费者的经济利益,是调节收入分配的尺度。

在社会主义条件下,价格机制对社会主义市场经济运行和发展的作用是多方面的:

第一,调节生产。体现在推动生产商品的劳动生产率的提高和资源耗费的节约;调节资源在社会各个生产部门的分配,协调社会各生产部门的按比例发展。

第二,调节消费。价格总水平的上升或下降调节市场的消费需求的规模;商品比价体系的变动,调节市场的消费需求方向和需求结构的变化。

第三,是宏观经济的重要调控手段。一方面,价格总水平的变动是国家进行宏观经济调控的根据;另一方面,价格机制推动社会总供给与总需求的平衡。

由此可见,价格与价值的背离及其趋于一致,是价格机制得以发挥作用的形式。价格机制充分发挥作用的关键是放活价格,使其随商品供求的变动而变化。

学生活动二

专题探究——透视“看不见的手”

王师傅手里积累了一点资金,想投资做点小生意。一次,在看电视时偶然发现香港人很流行“送花”。他经过多方调查发现嘉兴花店很少,于是试着在勤俭路上开了一家鲜花店,不料生意很红火,王师傅一下子致富了。

王师傅的朋友、郊区的农民相继发现了种花有利可图,于是纷纷投资、改行,一时间鲜花生意十分火爆,又有更多的人加入到种花卖花的队伍,憧憬着能发财致富。

但好景不长,花店越开越多,价格越来越低,生意越来越清淡,很多店主纷纷关店或转入到其他行业,而花农的花只能枯萎在田头。

由于花店减少,卖花生意又有所好转。

讨论:1. 王师傅到底还要不要将花店继续开下去呢?你有什么好的建议吗?

2. 通过讨论,我们发现,社会资源投向哪个领域,投入多少,实际上是由一只“看不见的手”在指挥。请问这只“看不见的手”是指什么?

【资料链接】

“看不见的手”原理

“看不见的手”原理最早由经济学家亚当·斯密提出。1787年，亚当·斯密到伦敦与他的忠实信徒、英国历史上影响最大的首相之一皮特见面。斯密是最后一个到达会面地点的，他一进屋，大家就全体起立欢迎他。斯密说道：“诸位，请坐！”皮特回答说：“不，您坐下，我们再坐，我们都是您的学生。”斯密有什么东西能让一个英国首相如此恭恭敬敬？他有一个法宝：看不见的手。

先讲一个神学故事，而这与斯密的“看不见的手”密切相关。因为斯密与神学有不解之缘（相信神的存在是斯密治学的第一大前提），他的“看不见的手”一定是从圣经中的“看得见的手”转化来的。据圣经《旧约·伯理以书》记载：巴比伦王伯沙撒在宫中设盛宴，正饮之间，忽然显出一只手，在宫墙上写下三个神秘的词：弥尼、提客勒、毗勒斯。众人不解其意。先知但以理说：“你冒渎天神，为此，神放出一只手，写下这些字。意思是：‘弥尼’——你的国位已告结束，‘提客勒’——你在天秤里的分量无足轻重，‘毗勒斯’——你的国度即将分裂，归于码代人和波斯人。”

受此启发，斯密提出了“看不见的手”的原理。该原理表明：当个体自私地追求个人利益时，他像被一只看不见的手引导着去实现公众的最佳福利。斯密认为在所有可能出现的结果中，这是最好的。在其经典著作《国富论》中，他这样写道：“每一个人都力图利用好他的资本，使其产出能实现最大的价值。一般地说，他并不企图增进公共福利，也不知道他实际上增进的公共福利是多少。他所追求的仅仅是他个人的利益和所得。但在他这样做的时候，有一只看不见的手，在引导着他去实现另一种目标，这种目标并非是他本意所要追求的东西。通过追逐个人利益，他经常增进社会利益，其效果比他真的想促成社会利益所能够得到的那一种更好。”20世纪中期，数学天才冯·诺伊曼、肯尼思·阿罗、赫尔威茨和德布鲁运用拓扑学和集合论等数学工具，在完全竞争的情况下严格证明了“看不见的手”原理。按照经济学者李非的说法是，这一证明的重大意义在于：(1)市场经济是按照自身规律独立运行的系统；(2)应全面肯定厂商追逐私利的自由行为，因为它是实现经济效率的充分条件；(3)在价值观、立法及政策的基本指导思想上，应绝对相信并尊重市场的调节力量。

相信市场机制的作用是“看不见的手”原理的核心。这一原理已经成为当今各国经济政策的最重要基础。而市场机制的背后是产业分工、自然秩序、自由竞争、价格机制、人性趋利、公平贸易、有限政府等的相互配置。

（资料来源：中国经济网.）

第二节 经济学

【导入案例1-2】

经济学如何看世界

物以稀为贵,这是人人皆知的常识。但为什么会物“稀”了就“贵”呢?毕竟,东西稀少的时候跟富余的时候,就表面,也就是物理性质来说,是一样的。到底怎么回事?经济学的边际效用原理,从人的心理出发,把其中的道理解释得透彻如水。

“天下没有免费的午餐。”首先说这句话的,是经济学大师弗里德曼。当你也这样说的时候,你可能误会了它本来的含义。它的本义是说,人家花钱请你吃饭,你没有买单,可是你是有代价的。因为你吃这顿饭的时间,可以用于做其他事情,这些事情,对你是有意义、有价值的。你把时间用于白吃这顿饭,就失去了这些本来能有的价值。这就是经济学上的机会成本。它提示我们,做事的真正成本,不是为做一件事已经付出的多少,而是为做它所必须放弃的那些东西。当你面临两难选择的时候,你应该想想哪些选择所放弃的更多,两难也就不难了。

我们知道事情处于暂时平衡或者相对静止的状态时才有意义。比如价格就是这样。这个状态就是均衡。均衡是各方利益都得到关照以后的结果,均衡的达成也是通过边际调整达到的。

经济学家的想法跟常人不同,但更有力量,也常常让人茅塞顿开。

(资料来源:王福重.人人都爱经济学[M].北京:人民邮电出版社.2008.)

经济学是研究经济活动规律的致用之学。经济学虽然只有200多年的历史,但却是近代发展最为迅速的学科之一,被称为“社会科学的皇后,最古老的艺术,最新颖的科学”。

一、经济学及其思维方式

经济学对人类经济活动的研究是从资源开始的。

经济学讲的资源是经济资源,也就是说必须付出成本才能获取的稀缺资源。经济学中的资源具体是指用于满足人类需要的有形物品和无形物品,包括劳动、资本、土地和企业家才能等。

劳动是指人类在生产活动中所付出的体力或智力的活动，是把有生产要素中最能动的因素。劳动者是劳动这一生产要素的基本所有者。

土地包括土地、河流、森林、矿藏、野生动物等一切自然资源，它们得自于大自然的恩赐，是最稀缺的经济资源。

资本是人类生产出来又用于生产中的经济货物，包括机器、厂房、工具等生产资料。从企业的角度看，既包括有形的资产，也包括无形资产，如商标、信誉和专利仅等。通常货币资本不计入生产要素中去。

企业家才能是指综合运用其它生产要素进行生产、革新、从事企业组织、经营管理的能力，以及创新和冒险精神。

(一)资源的稀缺性与选择性

1. 资源的稀缺性 稀缺是指任何社会在获得人们所需要的物品上所存在着的自然的限制。

> **学生活动三**
>
> 问答：为什么具有高生活水平的国家和低生活水平的国家都一样面临着稀缺问题？如果你购买彩票赚了500万元，你能够逃脱稀缺问题吗？

资源是否稀缺并不取决于资源物品本身绝对数量的多少，而是相对于人们无限增长的需要而言的。在我们人类生活中，总是存在一个显而易见的事实，这就是人们的需要总是超过人们所能得到的东西。

并不是因为我们相对贫穷才会产生稀缺问题。即使是那些通常被认为是很富有的人，仍然存在稀缺问题。甚至非常富有的人，想拥有一幅梵高的重要作品，但尽管他事实上很富有，却一直未能如愿以偿。所有人都对他们的物质生活不满意，因为他们总是希望得到更多。每个人都有稀缺问题，欲望永远得不到满足。不仅单个人有稀缺问题，整个社会也同样面临稀缺问题。总是有大量的社会工程值得去做：穷人的生活条件应该改善；应该建立更多的学校和培训更多的教师；需要建设或重建更多的高速公路；需要雇用更多的警察和消防队员；需要建立更大的国防……

人类存在就有需求，而且需求多层次，无限增长，但满足人的需求所需的资源却是有限的。因此，资源的稀缺性是相对于人类无止境的欲望来说的。

2. 资源的选择性 选择性是指资源配置，即如何利用既定的资源去生产量多质优的经济物品以满足人类的需要。

学生活动四

问答：举例说明为什么我们在运用资源时要作出选择？

正是由于资源稀缺，无法满足人们的多种无限的需要，因此人们不得不作出选择。

经济学就是"研究稀缺资源在各种可供选择的用途之间进行分配的科学"。

(二)经济学思维方式

经济学通常根据若干基本假设，研究经济问题的基本原理，形成某些公认的概念和法则，为进一步理解和分析各种具体问题提供思路。

我们必须清醒认识到：现实生活中的经济内容非常复杂。经济学理论是从经济现实中抽象出来的模型，是将现实经济活动中非经济、非本质属性抽象掉以后，将经济活动中本质的经济属性概括而成的理论模型，因此，经济学理论与经济现实二者之间必然存在某种差距，绝不能将二者划等号。

二、经济学解决的基本问题

(一)资源配置的基本问题

由于资源的稀缺性，我们必须解决资源配置问题：

(1)生产什么？生产电视还是生产电脑、生产大炮还是生产黄油(希特勒的选择是：宁要大炮不要黄油)；生产多少台电视机、多少台电脑，用多少资源生产大炮，用多少资源生产黄油。

(2)如何生产？使用何种资源、应用何种技术来进行生产，谁去打猎、谁去钓鱼；用热力还是水利或是原子能发电；大规模生产还是小规模生产；机器生产还是手工生产。

(3)为谁生产？生产出来的产量和劳务用什么样方式分配到社会的各个成员中，即怎样分配。这与生产什么的问题是密切联系的，从一个社会生产大量的自行车和一些豪华游艇还是生产大量的家用小轿车中，可以判断为谁生产的。

(二)资源利用的基本问题

由于资源的稀缺性，我们还必须解决资源利用问题。

(1)失业问题。为什么资源得不到充分利用？如何解决失业，实现充分就业？

(2)经济波动问题。经济水平和产量为什么会波动？如何实现经济增长？

(3)通货膨胀问题。货币如何影响经济社会？如何对待通货膨胀或通货紧缩问题？

三、微观经济学与宏观经济学

(一)市场经济中的“微观”与“宏观”

微观与宏观是按照分析方法而不是研究对象划分的，目的都是研究一国经济运行。微观与宏观既有区别又有联系。对同一问题，微观分析与宏观分析的结论可能不同。从微观上看，一个企业降低工资，可以减少成本，增加利润；从宏观上看，若所有企业都降低工资，总需求将不足，导致所有企业利润下降。但微观与宏观又是相互补充、相辅相成的。微观以资源充分利用为前提，研究如何优化配置，但必须进行宏观调控，才有可能真正做到；宏观以资源优化配置为前提，研究如何充分利用资源，但必须以市场机制为基础，才不至于“空调”。

市场经济中以个人、家庭和企业为单位进行的生产、分配、交换、消费活动即是微观经济。

与微观经济相对应，大范围的总体经济活动，即国民经济的生产、分配、交换和消费的总量和结构就构成了宏观经济。

微观经济是宏观经济的基础，但宏观经济并非微观经济的简单相加总和，而是按照一定的层次结构和运行调节机制组织起来的极其复杂的有机系统。

(二)微观经济学与宏观经济学(表1-2)

表1-2 微观经济学与宏观经济学的比较

项　目	微观经济学	宏观经济学
别　名	小经济学，个体经济学，价格理论	大经济学，总体经济学，收入理论
理论依据	新古典经济学为主	新凯恩斯主义经济学为主
基本假设	资源稀缺，充分就业	需求不足，存在失业
研究方法	个量分析法	总量分析法
研究对象	从个体入手研究一国经济运行	从总体入手研究一国经济运行
研究中心	市场价格	国民收入
主要目标	个体利益最大化	社会福利最大化

但宏观经济学有其微观基础。宏观经济学的微观基础研究，是近三十年

来西方经济理论界的一个热门研究领域。

四、微观经济分析模型（图 1-1）

下图对市场经济中的市场主体、供求关系、市场体系、价格机制及市场经济的运行作了全面的概括。

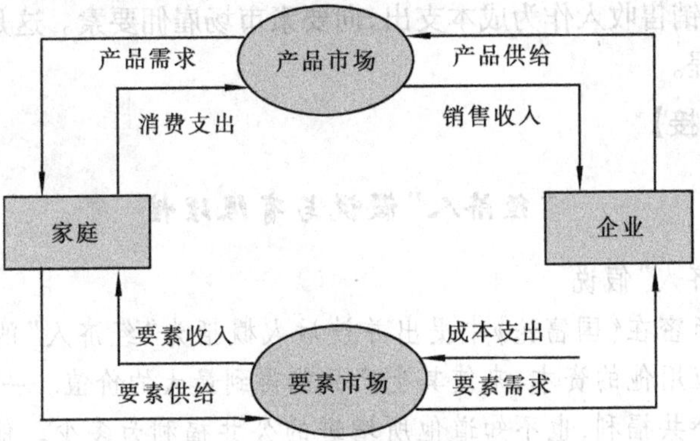

图 1-1　微观经济循环流程图

（资料来源：商务部编写组. 微观经济[M]. 北京：中国商务出版社. 2007.）

（一）双重角色的家庭与企业

1. **家庭部门**　家庭（包括企业员工的家庭）既是消费者，又是劳动、土地、资本等生产要素的所有者。作为消费者，它追求效用最大化；作为要素所有者，它追求收入最大化。因此，家庭的经济行为目标是需要满足最大化。

2. **企业部门**　企业既是生产者，又是要素雇佣者。作为生产者，它追求收入最大化；作为要素雇佣者，它追求成本最小化。因此，企业的经济行为目标是利润最大化。

（二）产品市场与要素市场

1. **产品市场**　作为消费者的家庭，处在产品市场的需求方面；作为生产者的企业，处在产品市场的供给方面。家庭对产品的需求和企业对产品的供给，共同决定产品市场的成交价格和数量。

2. **要素市场**　作为要素所有者的家庭，处在要素市场的供给方面；作为要素雇佣者的企业，处在要素市场的需求方面。家庭对要素的供给和企业对要素的需求，共同决定要素市场的成交价格和数量。

（三）实物流程与货币流程

1. **实物流程**　首先，家庭以要素所有者的身份，向要素市场提供各种生产要素。然后,企业从要素市场雇用这些要素,生产产品向市场销售。最后,家庭又以消费者的身份,向产品市场购买产品。这是一个循环不已的实物流程。

2. 货币流程 随着实物流程,有一个方向相反的货币流程。首先,家庭向要素市场供给要素以后,以要素收入作为消费支出,向产品市场购买产品。然后,企业向产品市场销售产品,将家庭的消费支出变成自己的销售收入。最后,企业又将销售收入作为成本支出,向要素市场雇佣要素。这是一个循环不已的货币流程。

【资料链接】

“经济人”假说与有限理性

一、“经济人”假说

亚当·斯密在《国富论》中提出并被后人概括为“经济人”的假说:“每个人都在力图应用他的资本,来使其生产品能得到最大的价值。一般地说,他并不企图增进公共福利,也不知道他所增进的公共福利为多少。他所追求的仅仅是他个人的安乐,仅仅是他个人的利益。在这样做时,有一只‘看不见的手’引导他去促进一种目标,而这种目标绝不是他所追求的东西。由于追逐他自己的利益,他经常促进了社会利益,其效果要比他真正想促进社会利益时所得到的效果为大。”

微观经济学将这种“经济人”的行为称为理性行为,并将完全理性、完全竞争、完全信息作为三大基本假设,进行微观经济分析。应当说明,作为假说,“经济人”是对人性的一种抽象,并不是具体的人,更不是那种“唯利是图,为所欲为”的人。根据有关学者的阐释,“经济人”假说有以下三个要点:

(1)“经济人”以利己为原则。从动机上,“经济人”追求自身利益,但不限于物质利益,也包括精神安乐(如互相合作、助人为乐、个人声誉、安全保障等)。当代巨富盖茨、巴菲特将大部分财产捐作公益,便是实例。

(2)“经济人”服从“看不见的手”指挥。将自身利益转为社会利益的关键,是“一只看不见的手”——市场机制。市场机制要求等价交换,利己必须利人,人人利益最大也就意味着社会利益最大。损公肥私、坑蒙拐骗、制假售假、偷税漏税、走私贩私等违法活动,并不是“经济人”的行为。

(3)“经济人”是经济行为的实证结论。“经济人”假说的原型是封建社会晚期参与市场活动的平民,他们没有其他特权,只有追求自身利益,才能“物竞天择,适者生存”。毕竟,“经济人”只是社会经济行为的实证分析,而不是人类一切行为的道德规范。

二、有限理性

正是根据“经济人”假说，微观经济学建立各种经济主体行为的分析架构。可以说，没有“经济人”假说，也就不会有微观经济学。但是，在现实经济活动中，人们并不具有完全理性，并非总是追求利益最大。这是因为：

(1)目标非理性化。由于缺乏知识或自觉，有些人并不明确自己的真正利益，往往发生非理性行为。例如，明知股市有风险，有人还是倾其所有，甚至借债炒股，结果弄到倾家荡产。又如，明知吸烟有害健康，有人还是烟不离手。

(2)目标多级化。由于种种主客观条件的限制，有些人虽然知道自己的目标，但最优目标往往难以达到。为此，有学者将目标分为多个层次：如果达不到最优，做到次优也不错；如果次优也达不到，就来个满意；如果连满意也达不到，那就只好来个最小遗憾。如果能够达到这四个层次目标，都算成功者。

(3)目标多元化。经济主体追求的目标是各种各样的，有人贪图当前享受，有人则向往终身幸福。有人活着只为自己，有人则“为别人活得更美好”。有的经理并不追求利润最大，而是追求规模最大，销售额最大，全国或全球排名最前，对社会尽责或对国家贡献最多。

有鉴于此，微观经济学首先根据完全理性研究经济主体行为，然后研究上述各种有限理性的经济行为。

（资料来源：商务部编写组. 微观经济[M]. 北京：中国商务出版社. 2007.）

【小结】

我们生活在经济现象的海洋中，经济问题无时无刻不在我们身边发生着。相对于人类无穷无尽的欲望而言，资源总是稀缺的。这就产生了研究如何合理地配置和充分利用稀缺资源于诸多用途以满足人类需要的经济学。由于资源的稀缺性，因而必须对资源进行合理地配置和利用。资源的配置最终要解决的问题是经济学的三个基本问题，即生产什么，如何生产，为谁生产。资源的利用也涉及三个问题，即失业、经济波动、通货膨胀。资源配置和利用在不同经济制度中有着不同的解决方式。世界上主要有两种经济制度：一是计划经济制度，即生产和消费都由政府计划部门决定的制度；二是市场经济制度，即资源配置和利用都由市场价格决定的制度。经济学根据研究对象的不同，可以划分为若干类别，主要分为微观经济学和宏观经济学。微观经济学是通过研究市场经济条件下单个经济主体的经济行为及其相互关系，来说明价格机制如何解决经济资源配置问题的一系列有内在联系的理论；宏观经济学是以国民收入决定为核心来说明资源如何才能充分利用的一系列有内在联系的

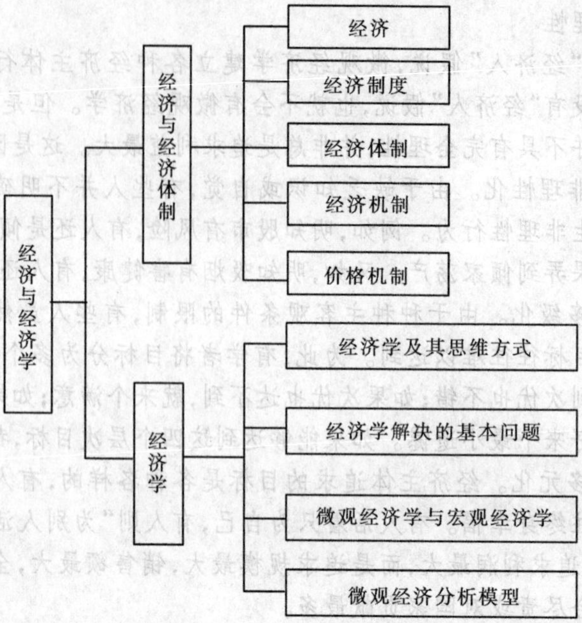

理论。微观经济学和宏观经济学的关系是个体与总体的关系,但微观经济学又是宏观经济学的基础。在经济分析中,需要假定进行经济决策的主体(居民、厂商、政府)都遵循一定行为准则。这一行为准则是既定目标的最优化。但“理性人”不一定完全是自私自利的。学习经济学能帮助我们正确认识经济活动的本质特征,使我们的思考和行为更加理性。

【复习思考题】

1. 分析讨论:

(1)举例说明“价格机制”是如何运行的?

(2)既然理性行为无需完全是自私自利的,为什么经济分析又要假定个人行为的基本动力是追逐个人利益?

(3)我们应对西方经济学持怎样的态度?你能举出一些正确借鉴西方经济学取得成果的例子和误解或误用它所造成的损害的例子吗?

2. 市场调查:观察超市中不同的人、物之间的关系,绘制市场运行图。

3. 分组讨论:

春运火车票涨价问题

从2001年开始,春运期间火车票涨价已成“定式”。铁道部给出的理由是，发挥价格杠杆的调节作用，分流旅客，削峰填谷。针对此状况，中国政法大学刑诉专业研究生郝劲松曾先后5次将铁道部告上法庭。铁道部"硬挺"多年之后，于2007年1月10日对外宣布：从2007年起，铁路春运火车票价格不再实行上浮制度。消息一经公布，各方表示热烈欢迎。

试分析铁道部春运火车票涨价的理由是否成立？

第二章

E.A 供求分析

教鹦鹉学会“需求”与“供给”，鹦鹉也可以成为经济学家。

——无名氏

【教学目标】

通过本章教学，应让学习者达到以下目标：

1. 理解需求与供给；
2. 了解影响需求或供给的主要因素；
3. 理解均衡价格的形成；
4. 理解供需对均衡价格的影响；
5. 掌握供求定理；
6. 了解需求价格弹性与供给价格弹性；
7. 理解需求或供给受不同因素影响的变化程度。

【能力标准】

能力元素	能力表现水平描述
需求	能区分需要、需求量与需求的不同
	了解需求表与需求曲线
	了解影响需求的因素
	掌握需求定理并能正确运用
	能严格区别需求量的变动与需求的变动

续表

能力元素	能力表现水平描述
供给	能区分供给量与供给的不同
	了解供给表与供给曲线
	了解影响供给的因素
	掌握供给定理并能正确运用
	能严格区别供给量的变动与供给的变动
均衡价格	理解均衡价格与均衡数量的含义
	理解均衡价格的形成与竞争
	理解供需对均衡价格的影响
	掌握供求定理并能正确运用
弹性分析	了解需求价格弹性及其五种情况
	了解供给价格弹性及其五种情况
	了解决定需求弹性程度的因素
	了解决定供给弹性程度的因素
	能对弹性理论进行初步运用

第一节 需 求

【导入案例 2-1】

从买车看需求

我国已经入世了,不少汽车厂也在忙着降价,关于汽车进入家庭的话题又多了起来。笔者有两个朋友,一个是蓝领朋友,一个是教授朋友,这两个朋友的实际情况很不相同,但在汽车进入家庭方面却颇为一致,那就是近期不会拥有汽车,尽管这只是同果不同因。

先说蓝领朋友。蓝领朋友是一家公司的职工,公司离家很远,工作节奏又很紧张。每天乘公交车上班,得起大早,太辛苦。从蓝领朋友内心来讲,能拥有一辆自己的汽车，是再好不过的事了。但即使考虑到降价的因素，蓝领朋友盘算一下自己的收入，还是养不起一辆汽车。因此，购车计划只能作罢。而教授朋友则是一所高校的知名学者，改革开放所启动的尊重知识、尊重人才运动，给这位教授朋友提供了施展才华的舞台，经过几年的讲学、办班，教授朋友也成了有钱人。对教授朋友来讲，买车和养车的费用问题早已不在话下，但教授朋友仍然没有买车的意思。据教授朋友自己讲，我大部分的活动是在家与学校之间，活动半径不超过一公里，即使外边有事，也总有专车接送。所以，对我来讲实在没有必要买车。鉴于以上情况，汽车销售公司在开发这两类市场时，必须区别对待了。蓝领朋友虽然有强烈的购买意愿，但却受制于支付能力不足，汽车公司要想满足这部分需求，就要解决这部分消费者支付能力不足的问题。比如开发经济适用车型以及实行汽车消费信贷等；教授朋友没有形成需求主要在于其购买欲望没有被刺激起来，汽车公司可以考虑通过广告攻势和营销策划来改变他的消费观念，使这部分潜在需求得到开发。

（资源来源：海南大学网站.）

一、需求

（一）需要、需求量与需求

需要是指人们的主观欲望——对某种产品，既有缺乏的感觉，又有满足的愿望。它是人类一切经济活动的原动力。

需求量是指在其他条件不变的情况下，在一定时期内，按照某种给定的价格，消费者“愿意”而且“能够”购买的该商品数量。

注意：“愿意”是指消费者有购买的欲望。“能够”是指消费者有购买的能力，即拥有足够的货币来支持。如果只有购买欲望而没有购买能力，或者虽有购买能力而没有购买的欲望，都不可能产生有效的需求。

需求是指在其他条件不变的情况下，消费者在一定时期内在每一价格水平愿意而且能够购买的该商品的数量。

注意：需求量是一个单一的数量，需求表明的是“价格-需求量”组合关系，不是单一的数量。

（二）需求表与需求曲线

需求表是表明某种商品的价格与需求量关系的表。如表 2-1 所示。

表2-1 某商品的需求表

价格—需求量组合	*A*	*B*	*C*	*D*	*E*
价格/元	1	1.5	2	2.5	3
需求量/千克	200	150	100	80	50

学生活动一

问答：从表2-1可以看出该商品的价格与需求量之间是怎样的一种关系？

需求曲线：根据需求表画出来的曲线，表示某种商品的价格与需求量关系的曲线。

学生活动二

实作：以纵轴表示价格 P，以横轴表示需求量 Q，根据表2-1绘出该商品的需求曲线，并回答这是怎样的一条曲线？

图2-1中的需求曲线是这样得到的：根据表2-1中每一个商品的价格-需求量的组合，在平面坐标图中描绘相应的各点 A, B, C, D, E，然后顺次连接这些点，便得到一条向右下方倾斜的曲线，即该商品的需求曲线。它表示在不同的价格水平下消费者愿意而且能够购买的商品数量。

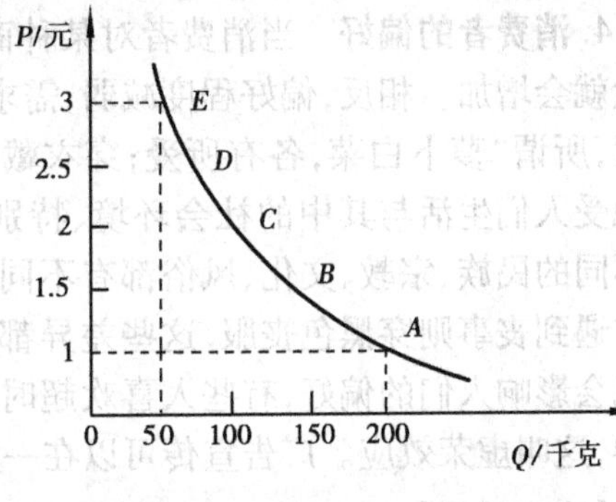

图2-1 某商品的需求曲线

二、影响需求的因素

影响需求的因素很多（包括价格因素和非价格因素），概括起来主要有以下几种：

1. 商品本身的价格 一般说来，一种商品的价格越高，该商品的需求量就会越小。相反，价格越低，需求量就会越大。

2. 相关商品的价格 当一种商品本身的价格保持不变，而和它相关的其他商品的价格发生变化时，这种商品本身的需求量也会发生变化。商品之间的关系有两种：一种是互补关系，另一种是替代关系。

互补关系是指两种商品共同满足一种欲望,它们之间是互相补充的。例如录音机与磁带。这种有互补关系的商品,当一种商品(例如录音机)价格上升时,对另一种商品(例如磁带)的需求就减少。反之,当一种商品的价格下降时,对另一种商品的需求就增加。互补商品价格变化引起该商品需求量反方向变动。

替代关系是指两种商品可以相互代替来满足同一种欲望,它们之间是可以相互替代的。例如,羊肉和牛肉就是这种替代关系。这种有替代关系的商品,当一种商品(例如羊肉)价格上升时,对另一种商品(例如牛肉)的需求就增加。因为羊肉价格上升,人们少吃羊肉,必然多吃牛肉。反之,当一种商品价格下降时,另一种商品的需求就减少。替代商品价格变化引起该商品需求量同方向变动。

3. **消费者的收入水平** 消费者的收入水平与商品的需求量的变化分为两种情况。对于一般商品(正常品)来说,当消费者的收入水平提高时,就会增加对商品的需求量。相反,当消费者的收入水平下降时,就会减少对商品的需求量。即消费者的收入水平与商品的需求量呈同方向变化。对于低档商品(劣等品)而言,消费者的收入水平与商品的需求量呈反方向变化。

4. **消费者的偏好** 当消费者对某种商品的偏好程度增强时,该商品的需求量就会增加。相反,偏好程度减弱,需求量就会减少。消费者的偏好是心理因素,所谓“萝卜白菜,各有所爱;穿衣戴帽,各有所好”,不一而足,但偏好更多地受人们生活与其中的社会环境、特别是当时当地的社会风俗习惯影响。如不同的民族、宗教、文化、风俗都有不同的偏好,中国遇到丧事穿白色丧服,西方遇到丧事则穿黑色丧服,这些差异都会在需求上反映出来。再如社会风尚也会影响人们的偏好,有些人喜欢超时髦,这叫攀比效应;有些人喜欢标新立异,这叫虚荣效应。广告宣传可以在一定程度上影响偏好的形成。

【资料链接】

从众与猎奇

某天,正在首饰柜台的营销员,发现一位女顾客对几款K金项链很感兴趣,便为她一一试戴起来。

女顾客:好,我就要这条了!

营销员:小姐,你真有眼力,很多人都喜欢这种款式。

女顾客:要是那样,我就不要了。

营销员:小姐,能告诉我您喜欢什么款式吗?

女顾客:其实,这条就不错,只是我不太喜欢和别人戴一样的。

营销员：小姐，请您原谅我刚才说很多人都喜欢这种款式。其实，由于它质量好，价格贵，我们总共也只有这么几条，您是第一位买它的顾客。

女顾客重新拿起那条金项链，并满意地买走了。

（资料来源：商务部编写组．微观经济学[M]．北京：中国商务出版社，2007.）

5. 人口数量与结构 人口数量的增减直接影响需求的变化。人口结构的变动主要影响需求的结构，进而影响某些商品的需求。例如，人口老龄化会减少对时髦服装、口香糖、儿童用品等的需求，但会增加对保健用品、药品的需求。

6. 政府的经济政策 偏紧的财政政策和货币政策会抑制消费需求，而鼓励消费的消费信贷制度则会增加需求。

7. 消费者对未来的预期 当消费者预期某种商品的价格在将来某一时期会上升时，就会增加对该商品的现期需求量；当消费者预期某种商品的价格在将来某一时期会下降时，就会减少对该商品的现期需求量。这也是一个心理因素，不过对消费者需求量影响的预期因素，不仅是价格预期，还有对未来收入和支出的预期，政府政策倾向的预期等。

三、需求定理

（一）需求定理的内容

需求定理：在其他条件不变的情况下，某种商品的需求量与价格成反方向变动，即需求量随着商品本身价格的上升而减少，随商品本身价格的下降而增加。

注意：需求定理作为一种经济理论是以“其他条件不变”这个假设条件为前提的。所谓“其他条件不变”是指除了商品本身的价格之外，其他影响需求的因素都是不变的。离开了这一前提，需求定理就无法成立。

（二）需求定理的例外

需求定理的例外有三种情况：

1. 炫耀性商品 炫耀性商品指用来显示人的社会身份地位的奢侈品。例如，首饰、豪华型轿车、知名品牌商品，只有价高时才能显示其社会身份和地位，其价格与需求量呈同方向变化。要注意的是，奢侈品较可能发生在个人行为上，在市场上是较少发生的。

2. 吉芬商品 吉芬商品指低档的生活必需品。在某种特定条件下，这种商品具有价格上涨需求量反而增加的特点。但现实生活中属于吉芬商品的例子并不常见,通常在消费者的收入水平较低且该商品占消费者的总支出比例大时才可能出现。例如,某个低收入国家的人民通常以面包为主食,平常买不起肉类等较高级的食品,而将大部分的收入花费在面包上,有剩下的预算才买肉类,但当面粉价格大涨时,使得面包价格上涨,低收入者更没有足够的钱买肉类,在没有其他选择下,只好仍然多买一些面包,此时面包就成了吉芬商品。这种消费情形最早是由 19 世纪的英国经济学家吉芬所发现,所以把这种商品称为吉芬商品。

3. 投机性商品 投机性商品如股票、债券、黄金、邮票等,其价格发生波动时,需求呈现不规则变化,受心理预期影响大,有时出现"买涨不买落"的现象,即价格上涨时反而抢购,价格下跌时反而抛出。

学生活动三

思考:以上三种情况是否真实地违反了需求定理呢?如果并没有真实地违反,其根本原因是什么?这告诉我们在学习经济理论时要注意什么?

四、需求量的变动与需求的变动

在经济分析中特别要注意区分需求量的变动和需求的变动这两个概念。在西方经济学文献中,需求量的变动和需求的变动都是需求数量的变动,它们的区别在于引起这两种变动的因素是不相同的,而且,这两种变动在几何图形中的表示也是不相同的。

(一)需求量的变动

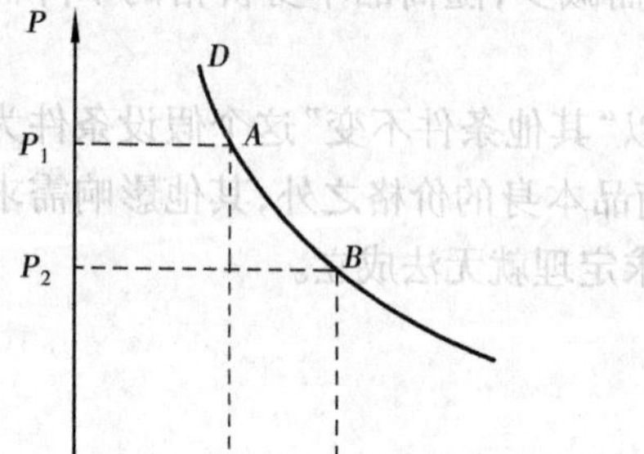

图 2-2 需求量的变动

需求量的变动是指在其他条件(非价格因素)不变时,由商品的价格变化所引起的该商品的需求量的变化。

在几何图形中,需求量对应需求曲线上的一个点。需求量的变动表现为商品的"价格-需求量"组合点沿着同一条既定的需求曲线的运动。

例如,在图 2-2 中,当商品的价格为 P_1 时,需求量为 Q_1;当价格下降到 P_2 时,需求量增加到 Q_2,"价格-需求量"组合由 A 点沿着既定的需求曲线运动到 B 点。需要指出的是,这种变动虽然表示需求数量的变化,但是并不表示整个需求状态的变化。因为,这些变动的点都在同一条需求曲线上。

（二）需求的变动

需求的变动是指在某商品价格不变的条件下,由于其他因素（非价格因素）的变化所引起的该商品的需求量的变化。

在几何图形中,需求对应整个曲线。需求的变动表现为需求曲线的位置发生移动。

例如,在图2-3中,图中原有的曲线为D_0。在商品价格不变的前提下,如果其他因素的变化使得需求增加,则需求曲线向右平移,如由图中的D_0曲线向右平移到D_2曲线的位置。如果其他因素的变化使得需求减少,则需求曲线向左平移。显然,需求的变动所引起的需求曲线的位置的移动,表示整个需求状态的变化。

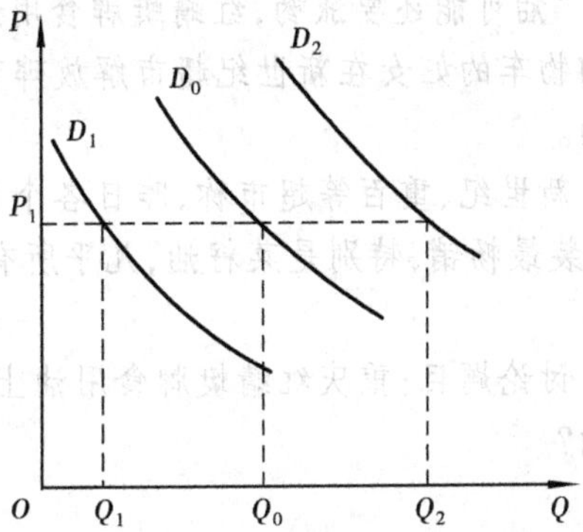

图2-3 需求的变动

【案例分析】

食用油涨价引发市民抢购

据重庆晨报2008年2月28日报道 红蜻蜓牌24款食用油全市统一调价,单品最高涨幅达36.28%,平均涨幅达到15%左右。

昨日,市民开始大量购买此轮未提价的其他品牌食用油,几乎每个品牌的油都出现了畅销品断货情况。"我们库存的油都卖空了。"新世纪北碚店向总部告急。

老太责怪促销员 没提前透露风声

"我昨天来买油的时候,你怎么不跟我说要涨价？早知道我多买些回家存着!"昨天,解放碑重百超市里,一位老太太气愤地质问促销员。促销员也觉得很无奈,"早知道我都要多买几桶提回去,这是昨天晚上突然接到的通知,又不是我说了算。"

在新世纪、重百、永辉等超市,食用油区域人头涌动,金龙鱼等品牌食用油柜台出现了一些空位和此货短缺提示。

由于之前金龙鱼、福临门等品牌食用油提价,红蜻蜓牌未跟风,成为同类型食用油中价格最便宜的油，而此轮提价后，红蜻蜓牌价格比部分金龙鱼、福临门品牌等还略高。

超市油卖断货　5升装最畅销

在加州新世纪超市，蔡婆婆详细比较了各品牌的价格后，搬了4桶5升装福临门牌调和油去收银台结账，“本来我家一直吃红蜻蜓牌食用油，现在这么贵，改吃福临门牌食用油算了”。

“油可能还要涨哟，红蜻蜓牌食用油涨价了，我们就买其他牌子。”两位推着购物车的妇女在新世纪超市解放碑商都店一口气买了6桶鲁花和口福牌调和油。

新世纪、重百等超市称，昨日各个品牌的食用油都出现了断货现象，其中5升装最畅销，特别是菜籽油，几乎所有品牌都卖断货了。

（资料来源：重庆晨报，2008-02-28）

讨论题目：重庆红蜻蜓牌食用油上调价格为什么会引发市民抢购其他食用油？

第二节　供　给

【导入案例2-2】

技术进步与计算机供给

20世纪80年代个人计算机的价格按运算次数、速度和储存能力折算，每台为100万美元。尽管价格如此高昂，但供给量极少，只有少数工程师和科学家使用。如今同样能力的个人计算机已降至1 000美元左右。价格只是当初价格的千分之一，但供给量增加了不止1万倍。现在个人计算机的普及程度是许多未来学家所未预见到的。

计算机供给的这种增加不是由于价格的变动引起的，而是由于技术进步引起的。技术已经成为决定某种商品供给的决定性因素。正因为如此，经济学家越来越关注技术进步。

（资料来源：缪代文. 微观经济学与宏观经济学[M]. 3版. 北京：高等教育出版社，2008.）

人类不能创造或增加物质,只能不断改变物质的效用,供给人类所需各种劳动产品。生产供给就是人类通过劳动变更物质的用途,提供人类谋生所需要的产品。产品可分为两种形式,一种是有形的物品,一种是无形的劳务。随着社会经济的发展,劳务所占的比例越来越大,将逐步成为主要产品形式。

一、供给

(一)供给量与供给

供给量是指生产者在一定时期内,在其他条件不变的情况下,在某一给定的价格水平上愿意而且能够提供的商品数量。

注意:“愿意”是指生产者有提供的欲望。“能够”是指生产者有提供的能力。有提供的欲望但没有提供的能力,或者有提供的能力但没有提供的欲望都不能形成有效的供给。

供给是指生产者在一定时期内,在其他条件不变的情况下,在各种可能的价格水平上愿意并且能够提供的商品数量。

注意:供给量是一个单一的数量,供给表明的是“价格-供给量”组合关系,不是某个价格水平上的供给量。

(二)供给表与供给曲线

供给表:表明某种商品的价格与供给量关系的表,是用数字的形式来表明供给的概念。

学生活动四

问答:从表2-2可以看出该商品的价格与供给量之间有什么关系?

表2-2　某商品的供给表

价格-供给量组合	*A*	*B*	*C*	*D*	*E*
价格/元	1	1.5	2	2.5	3
供给量/千克	50	80	100	150	200

供给曲线:根据供给表画出来的曲线,表示某种商品的价格与供给量关系的曲线(图2-4)。

学生活动五

实作:以纵轴表示价格 P,以横轴表示供给量 Q,根据表2-2绘出该商品的供给曲线,并回答这是怎样的一条曲线?

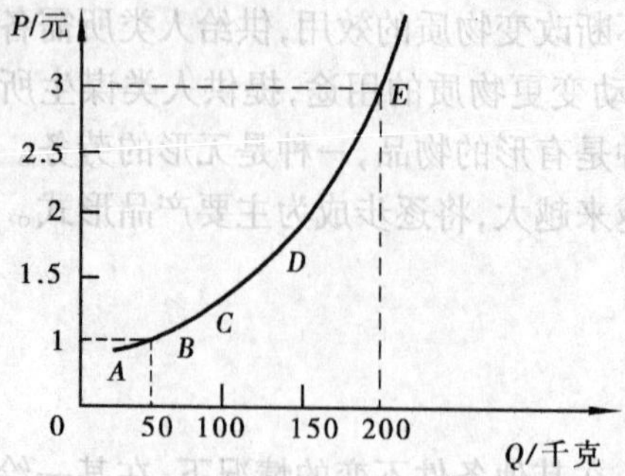

图 2-4　某商品的供给曲线

二、影响供给的因素

一种商品的供给取决于多种因素的影响，其中主要的因素有：

(1)商品本身的价格。一般来说，一种商品的价格越高，生产者提供的产量就越大。相反，商品的价格越低，生产者提供的产量就越小。

(2)相关商品的价格。当一种商品的价格保持不变，而与其相关的其他商品的价格发生变化时，该商品的供给量会发生变化。两种互补商品之间，甲商品价格下跌会使乙商品的供给减少，反之增加。两种替代商品之间，甲商品价格下跌会使乙商品的供给增加，反之减少。例如，对某个生产两种替代品小麦和玉米的农户来说，在玉米价格不变和小麦价格上升时，该农户就可能增加小麦的耕种面积而减少玉米的耕种面积。

(3)生产要素的价格。在商品本身价格不变的条件下，生产成本上升会减少利润，从而使得商品的供给量减少。相反，生产成本下降会增加利润，从而使得商品的供给量增加。

(4)厂商目标。利润大小决定厂商供给多少，有时厂商也为市场占有率，销售量最大化以及政治、道义、名誉等目标而决定其供给。

(5)技术进步。在一般情况下，生产技术水平的提高可以提高劳动生产率，降低生产成本，增加生产者的利润，生产者会提供更多的产量。

(6)政府的政策。如财政政策、价格政策、产业政策、分配政策、货币政策等会刺激或抑制供给。政府的税收政策是 1980 年代以来一直引起重视的一大因素。

(7)厂商预期。如果厂商对未来的预期是乐观的，如预期商品的价格会上涨，厂商在制订生产计划时就会增加产量供给。如果厂商对未来的预期是悲观的，如预期商品的价格会下降，厂商在制订生产计划时就会减少产量供给。

(8)自然条件、社会条件、政治制度等。

三、供给定理

供给定理：在其他条件不变的情况下，某商品的供给量与价格成同方向变动，即供给量随着商品本身价格的上升而增加，随商品本身价格的下降而减少。

注意：供给定理也是以“其他条件不变”这个假设条件为前提的。离开了这一前提，供给定理无法成立。例如，如果厂商生产某种产品的目的不是实现利润最大化，而是为了某种社会目的（例如为了人道而生产残疾人用品），那么商品本身的价格与供给量就不一定成同方向变动。

劳动力的供给。当劳动的价格——工资增加时，劳动会随着工资的增加而增加，但当工资增加到一定程度时，随着工资进一步提高，劳动的供给反而减少。（这并不一定是普遍的，仅代表一些经济学家的观点）

一些供给是固定的商品，则不随价格的变化而变化。如不可再生的字画、古玩等。

四、供给量的变动与供给的变动

供给量的变动和供给的变动都是供给数量的变动，它们的区别在于引起这两种变动的因素是不相同的，而且，这两种变动在几何图形中的表示也是不相同的。

（一）供给量的变动

供给量的变动是指在其他条件不变（非价格因素）时，由某商品的价格变动所引起的该商品供给数量的变动。

在几何图形中，供给量对应需求曲线上的一个点。这种变动表现为商品的"价格-供给量"组合点沿着同一条既定的供给曲线的运动。

例如，在图 2-5 中，当商品的价格为 P_1 时，供给量为 Q_1；当价格上升到 P_2 时，供给量增加到 Q_2，"价格-供给量"组合点由 A 点沿着既定的需求曲线运动到 B 点。需要指出的是，这种变动虽然表示供给数量的变化，但是并不表示整个供给状态的变化。因为，这些变动的点都在同一条供给曲线上。

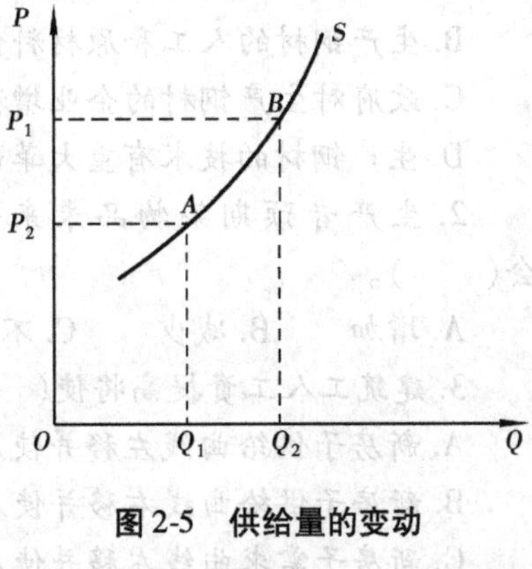

图 2-5　供给量的变动

（二）供给的变动

供给的变动是指在商品价格不变的条件下，由于其他因素（非价格因素）变动所引起的该商品供给数量的变动。

在几何图形中，供给对应整个曲线。供给的变动表现为供给曲线的位置发生移动。

例如，在图 2-6 中，图中原有的供给曲线为 S_0。在商品价格不变的前提下，如果其他因素的变化（比如由手工生产改为自动化生产）使得供给增加，则供给曲线向右平移，如由图中的 S_0 曲线向右平移到 S_1 曲线的位置。如果其他因素的变化使得供给减少，则供给曲线向左平移。显然，供给的变动所引起的供给曲线的位置的移动，表示整个供给状态的变化。

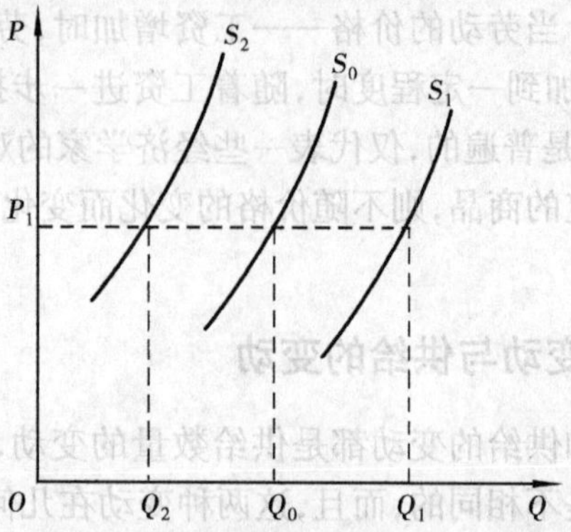

图 2-6　供给的变动

学生活动六

课堂练习

（一）单项选择题

1. 下列事件使钢材的供给增加的是（　　）。

A. 在生产钢材的行业内，企业数目减少了

B. 生产钢材的人工和原材料价格上涨了

C. 政府对生产钢材的企业增税

D. 生产钢材的技术有重大革新

2. 生产者预期某物品未来价格要下降，则对该物品当前的供给会（　　）。

A. 增加　　B. 减少　　C. 不变　　D. 上述三种情况都有可能

3. 建筑工人工资提高将使（　　）。

A. 新房子供给曲线左移并使房子价格上升

B. 新房子供给曲线右移并使房子价格下降

C. 新房子需求曲线左移并使房子价格下降

D. 新房子需求曲线右移并使房子价格上升

（二）分析题

粮食价格提高对猪肉的供给曲线有何影响？猪肉价格提高对猪肉销售量和猪肉供给曲线是否会发生影响？

【资料链接】

从捕鱼话供给

海南为期两个月的伏季休渔解禁开捕,海南市场上又恢复了海洋捕捞产品的供给。从休渔到解禁,影响最大的当然是海洋捕捞产品的供给问题。根据经济学的分析,要形成有效的供给,必须同时具备供给的愿望和供给的能力这两大条件。

影响供给愿望的因素主要有:供给品的价格,投入品的价格以及预期等。实际上,供给品的价格越高,投入品的价格越低,预期赚到的利润越多,生产者就会越倾向于多供给。因为生产者的供给愿望主要来源于追求利润的动机。以海南海洋捕捞为例,虽然海南四面环海,海产资源十分丰富,但在改革开放之前,也很难见到大量的海洋捕捞产品供应市场,其原因就是那时海洋捕捞产品价格很低,而且定得很死,渔民也就没有生产的积极性。改革开放以后,海洋捕捞产品价格放开,渔民出海的积极性提高了。从投入品的角度来看,使用以风力为动力的帆船作渔船的主要投入就是人工和设施的费用了,但在使用机动渔船的情况下,还要考虑燃料消耗的费用。在海洋捕捞产品价格一定的前提下,渔民出海捕鱼所需投入品的这些费用越高,渔民就会越倾向于少出海;这些费用越低,渔民就会越倾向于多出海。

哪些因素影响供给的能力呢? 主要有生产技术和经营管理等因素。任何供给行为都是建立在一定的技术水平的基础上的,只有掌握了某种产品的生产技术,生产者才有可能向市场提供该种产品。不同的生产技术所能生产的产品的数量和质量也是有很大差别的。以捕鱼为例,用帆船作渔船只能捕到数量不多、种类有限的海鱼;而使用大吨位、适航性能好的渔船进行捕捞就是另一种概念了。比如,在海南省护渔行动中,省海洋与渔业厅组织了大吨位、适航性能好的渔船结帮开赴中、深海区作业,探索中深海捕捞的组织方式,提高捕捞生产的组织化程度。在技术一定的前提下,生产者的经营管理知识也能影响供给,科学的经营管理使资源的配置更有效。所以,一个管理有方的船队要比一个管理混乱的船队更有生产效率。

政府政策可能是既影响到供给愿望又影响到供给能力的一个因素。比如,政府对某种产品征税,如果税收不能完全转嫁出去,就会影响该种产品供给的积极性,同时也削弱了该种产品的供给能力。政府有些政策可能是禁令,即不准做什么,比如,禁止供应毒品;或在规定时间内不准做什么;比如,规定时间内休渔。以休渔为例,休渔期内海鱼的供给就中断了,但从渔业资源的可持续发展来看,定期休渔是完全必要的。据“世界鱼类中心”和国际食品政策研究所最新发布的研究报告称,由于世界人口的急骤增长和无节制的滥渔滥捕,未来20年内发展中国家的10亿人将无鱼可吃。按全世界现有的人口增长速度和人类消费鱼类数量要翻番来计算,50年之内海洋的鱼类储量将无力满足人类的消费。可见,如不采取措施,海洋鱼类的市场供给将会出现危机。

通过一定时期的休渔,实现了渔业资源的可持续供给。据了解,海南在今年休渔期间,海洋渔业部门认真落实各项休渔措施,加强监管,使休渔工作落到实处,全省3 279艘休渔渔船全部入港,违规作业渔船明显减少。从休渔的效果来看,海南省休渔4年,效果十分明显,渔业资源得以迅速恢复,捕捞产量连年递增。南海水产研究所提供的资料表明,近几年开捕后的平均鱼获率比休渔前提高1.5倍,鱼的个体增大一倍以上。在品种方面,马鲛、乌鲳、蓝圆鱼参、带鱼等鱼汛旺发。通过休渔实现了生态、经济和社会效益的综合发展。现在,休渔在海南已变成渔民的自觉行动。通过休渔,实际上是提高了渔民海洋捕捞产品的长期供给能力。

(资料来源:海南大学网站.)

第三节　均衡价格

【导入案例2-3】

是先有蛋还是先有鸡

究竟是先产生需求再产生供给,还是先产生供给再产生需求呢?这有点像问"是先有蛋还是先有鸡"。我想,可能有时候是需求带动供给,很多的新产品就是在人们强烈的需求下产生的;也有时候是供给诱导需求,比如新潮的时装,常常是提供出来之后,才左右了人们的视线,引发了人们的需求。但在某一种商品的价格决定中,供给与需求就像一把剪刀的两个刀片,作用是不分彼此共同决定一种商品的价格;同时价格又像一只无形的手在市场经济中自发地调节需求,调节供给,调节的最后结果使市场达到了均衡——社会资源配置合理。

总之,许多的东西在经济学家眼里都成了产品,都可以从供给和需求的角度来进行分析。需求是提供产品的动力,供给是满足需求的前提。比如要兴办教育,是因为存在大量的对"教育"产品有需求的人,而有了"教育"产品的供给,才能满足"教育"产品的需求。如果想上学的都能上学,教育资源得到充分利用，也就达到了教育市场的供求平衡。

（资料来源：梁小民. 微观经济学纵横谈[M]. 上海：生活·读书·新知三联书店. 2000.）

在经济社会中，各种各样的经济活动非常复杂。每一种产品，都有大量的生产者和消费者，供给和需求又在不断地变化，怎样来协调如此庞杂的经济活动，使它能够有机地循环运行呢？是一只“看不见的手”——价格机制或市场机制在指挥。

一、均衡价格的决定

（一）均衡价格的含义

学生活动七

思考：我们用下表2-3重新列出表2-1的某商品的市场需求表和表2-2的该商品的市场供给表。看看在各种可能的需求价格与供给价格下，哪一个会成为实际的市场价格？

表2-3　某商品市场的均衡价格与均衡数量

某商品价格（元/千克）	市场需求量	市场供给量	供求相比
1	200	50	-150
1.5	150	80	-70
2	100	100	0
2.5	80	150	70
3	50	200	150

从表中可以看出，当该商品市场价格在2元/千克以下时，供不应求，价格必然上涨；当价格在2元/千克以上时，供过于求，价格必然下降。只有当价格为2元/千克时，市场才能达到均衡：所有愿意以供给价格出售的该商品都能卖完，所有愿意以需求价格购买的该商品都能买到，市场上的该商品既没有剩余，也没有短缺。如果其他条件不变，价格和数量都将稳定在这个水平上，没有理由再发生变动。这时的成交价格（2元/千克），叫均衡价格，又叫出清价格，这时的成交数量（100千克），叫均衡数量。

均衡价格是指需求量与供给量相等时的价格。这个价格既是消费者愿意支付的价格，同时也是厂商愿意出售的价格。此时相等的需求量与供给量，称为均衡数量。

从几何图形看，下图2-7是把图2-1中的需求曲线和图2-4中的供给曲线结合在一起，相交于交点C（交点C称为均衡点），所对应的价格和数量分别为均衡价格与均衡数量。

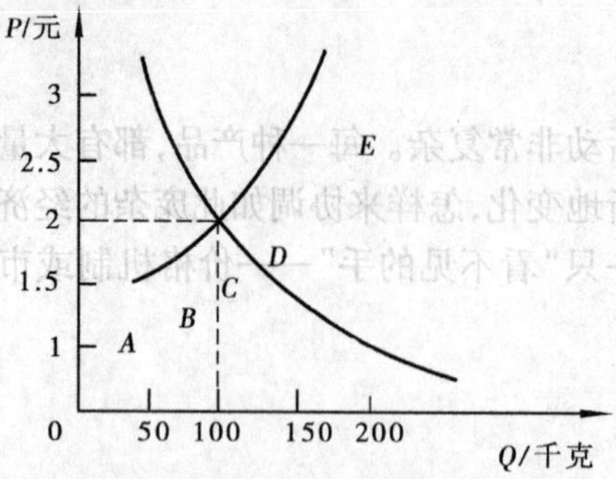

图2-7　均衡价格与均衡数量

（二）均衡价格的形成

均衡价格的形成过程就是价格决定的过程，它是通过市场上供求双方的竞争自发形成的。当市场价格偏离均衡价格时，市场上会出现需求量和供给量不相等的非均衡状态。一般说来，在市场机制的作用下，这种供求不相等的非均衡状态会逐步消失，实际的市场价格会自动地回复到均衡价格水平。

当供求不平衡时，市场会出现两种状态：过剩与短缺。

当市场价格高于均衡价格时，市场出现供大于求的商品过剩或超额供给的状况，在市场自发调节下，一方面会使需求者压低价格来得到他要购买的商品量，另一方面，又会使供给者减少商品的供给量。这样，该商品的价格必然下降，一直下降到均衡价格的水平。

当市场价格低于均衡价格时，市场出现供不应求的商品短缺或超额需求的状况，同样在市场自发调节下，一方面需求者提高价格来得到他所需要购买的商品量，另一方面，又使供给者增加商品的供给量。这样，该商品的价格必然上升，一直上升到均衡价格的水平。

由此可见，当实际价格偏离时，市场上总存在着变化的力量，最终达到市场的均衡或市场出清。

【案例分析】

演唱会门票

唱片公司拟邀请世界知名女歌手麦当娜举办演唱会，主办方如果将票价订得越高，并租借很大的场地或增加演出的场次，以容纳更多入场观众，就可以获取更多的门票收入。因此，对主办方而言，价格与供给量呈同方向变动关系。另一方面，以歌迷对门票的需求而言，票价越低，其购买的意愿（需求量）

就会提高，价格与需求量呈反方向变动关系。但是，如果歌迷要求的票价过低，主办方会因不敷成本而不愿意举办演唱会；相对地，如果主办方票价订得过高，大多数的歌迷不愿意购买，主办方的收入反而有限，因此，歌迷为了满足看演唱会的需求，主办方也为了吸引更多歌迷来买票，在需求及供给之间必然会找出一个双方都能接受的价格与数量，因而形成了演唱会的均衡价格（这里假设均衡价格是300元）。

如果演唱会票价比均衡价格更贵或更便宜，结果会如何呢？假设票价降为200元，此时因为价格偏低，消费者需求的数量远超过主办方提供的数量，形成供不应求的现象，因而造成价格上涨。这时没买到票的人为了要目睹偶像风采，不得不花高于200元的价钱去买"黄牛票"。直到消费者因价格提高使需求量逐渐减少，或者主办方为了满足原先买不到票的观众而增加门票供给量，使得最后仍会趋向均衡价格。

反之，当票价订为500元的高价，会使表演场地出现大量空位，由于供过于求，主办方不得不降价出售，或以打折、赠送纪念品的方式来吸引观众，避免"存货累积"。消费者也因为感觉门票变便宜了而增加需求量，使供需间的差额逐步缩小，趋向最后的均衡价格。

（资料来源：温美珍．图解经济学[M]．天津：天津教育出版社，2007．）

二、均衡价格的变动

我们已经知道，供求双方共同决定了均衡价格。由于市场上的供给与需求并非一成不变而是经常变化的，因而需求与供给的变动都会对均衡价格产生影响。

（一）需求变动对均衡价格的影响

通过本章第一节的学习，我们知道，除商品本身的价格外，相关商品的价格、消费者收入水平和分配平等程度、消费偏好、人口数量与结构、政府的经济政策、消费者对未来的预期等非价格因素也会引起需求量的变化，我们称之为需求的变动。

需求的变动会影响均衡价格的变动。例如：在当前受"韩剧""日剧"的影响下，消费者会因为对日、韩商品的需求量大增，在整体需求大于供给的状况下，就会造成均衡价格上涨。又如：一般人做投资决策时，当某家上市公司发布产业利多消息，很多人预期未来一周该股票会上涨而选择在目前股价下进场买入，使得市场对该股票的需求增加，同时也因预期将获利，需求量可能随价格上涨而提升。再如：旅游旺季时，人们对机票的需求增加，机票需求量大，票价也较贵；但到了淡季时，人们对机票的需求减少，机票需求量变小，票价也

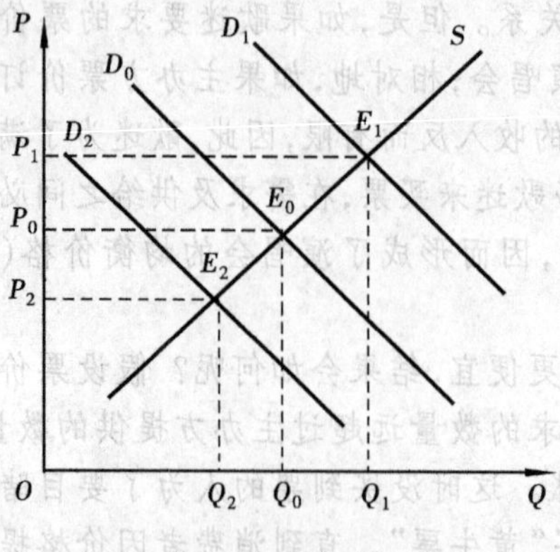

图 2-8 需求变动效应图

变便宜了。

由此,我们可以归纳出:需求增加的结果使均衡价格与均衡数量同时增加;反之,需求减少的结果使均衡价格与均衡数量同时减少。

几何分析:如图 2-8 所示,在供给不变的情况下,需求增加会使需求曲线向右平移,从而使得均衡价格和均衡数量都增加;需求减少会使需求曲线向左平移,从而使得均衡价格和均衡数量都减少。

【资料链接】

减少香烟需求量的两种方法

公共政策制定者常常想减少人们吸烟的数量。政策可以努力达到这一目标的方法有两种。减少吸烟的一种方法是使香烟或其他烟草产品的需求曲线移动。公益广告、香烟盒上有害健康的警示,以及禁止在电视上做香烟广告,都是旨在任何一种既定价格水平时减少香烟需求量的政策。如果成功了,这些政策就使香烟的需求曲线向左移动。

此外,政策制定者可以试着提高香烟的价格。例如,如果政府对香烟制造商征税,烟草公司就会以高价格的形式把这种税的大部分转嫁给消费者。较高的价格鼓励吸烟者减少他们吸烟的数量。在这种情况下,吸烟量的减少就表现为沿着同一条需求曲线移动到价格更高而数量更少的点上。

吸烟量对价格变动会有多大的反应呢?经济学家试图通过研究香烟税变动时出现的情况来回答这个问题。他们发现,香烟价格上升 10% 会引起需求量减少 4%。还发现青少年对香烟价格特别敏感:香烟价格上升 10% 使青少年的吸烟量减少 12%。

(资料来源:东北财经大学网站.)

(二)供给变动对均衡价格的影响

通过本章第二节的学习,我们知道,除商品本身的价格外,相关商品的价格、生产要素的价格、厂商目标、技术进步、政府的政策、厂商预期、自然条件、社会条件、政治制度等非价格因素也会引起供给量的变化,我们称之为供给的变动。

供给的变动也会影响均衡价格的变动。例如：电子科技的日新月异，使电脑生产成本下降，市场供给量增加，在供过于求的情况下，使得均衡价格下跌。再如：当消费者预期产品价格上升，因而抢购会造成缺货的现象；企业也会基于囤积居奇的心理，想在未来价格上涨时大赚一笔，而刻意减少目前的供给量，即企业的投机影响供给量。

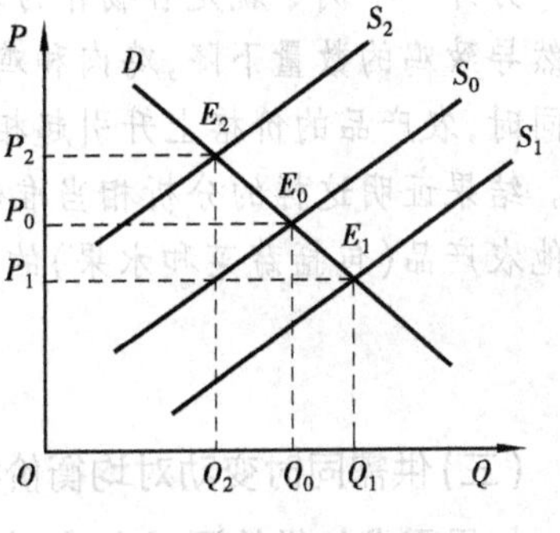

图 2-9　供给变动效应图

由此，我们可以归纳出：供给增加的结果使均衡价格降低，均衡数量增加；反之，供给减少的结果使均衡价格提高，均衡数量减少。

几何分析：如图 2-9 所示。在需求不变的情况下，供给增加会使供给曲线向右平移，从而使得均衡价格下降，均衡数量增加；供给减少会使供给曲线向左平移，从而使得均衡价格上升，均衡数量减少。

【资料链接】

1988 年旱灾对供给的冲击

1988 年，美国中西部出现了有史以来最严重的旱灾。当年的玉米产量比原来雨季下降 35%，黄豆产量下降超过 20%，小麦产量下降超过 10%，有必要对其后果作出预测，以便供政府参考，制定有关应变措施。而他们的预测依据并不是什么特别高深的手段和理论，而是有关供求关系的基本法则。

首先，我们确定一件事，即这场旱灾已经大幅度减少了谷物的产量，供不应求的局面已经不可避免。因此，这场旱灾可以看作是将谷物的供给曲线向左移动，我们由此得出结论：在需求曲线一定的前提下，供给曲线大幅度左移应该导致农产品价格大幅度上升。具体而言就是当年夏末时节玉米价格已经迅速上升 80%，黄豆价格也上升了接近 70%，而小麦价格则上升 50%。

由于谷物是许多其他产品（尤其是畜牧产品）的基础，经济学家同时运用供求关系模型预测这场旱灾对其他产品的供求状况的影响。例如，谷物是牲畜的主要食粮，随着谷物价格的上升，养殖牛羊等各种牲畜的利润便相应下降，农民的积极性难免受到负面影响。因为牲畜每天都需要喂养，多留一天无疑意味着耗费更多的谷物，成本也相应提高，于是农场里出现了农民纷纷提前宰杀牲畜出售的现象。结果在 1988 年，市场上可供选择的肉类供应量稍稍上升，虽然只是短期现象，却引起了肉类价格的轻微下降。

另外一个例子就是谷物作为养鸡场的主要饲料来源，其价格大幅度上升必然导致鸡的数量下降，鸡肉和鸡蛋供给曲线向左移动，价格因此略上升。与此同时，农产品的价格上升引起相关替代产品的需求曲线向右移动，即需求上升。结果证明这样的分析相当准确，仅在当年7月间，不受中西部旱灾影响的其他农产品（包括蔬菜和水果）的价格已经上升5%，而且继续看涨。

（资料来源：东北财经大学网站.）

(三)供需同时变动对均衡价格的影响

如果需求与供给同时变动，商品的均衡价格和均衡数量的变化是难以肯定的。这要结合需求和供给变化的具体情况来决定，如图2-10所示。

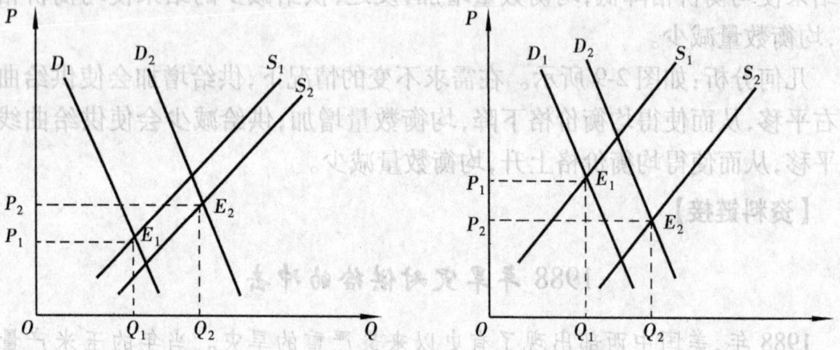

图2-10 供需同时变动对均衡价格的影响

例如：东南亚地区爆发禽流感，大量的鸡鸭遭到捕杀，市场的供应量大减，消费者也不敢吃鸡鸭肉。在鸡鸭肉的供需同时减少的情况下，供需的均衡数量一定会下降，然而价格不一定会下跌。要造成鸡鸭肉价格的下跌，只有当消费者需求下降的幅度大于供给下降的幅度才有可能，例如，消费者直接购买猪肉作为鸡鸭肉的替代品，使得对鸡鸭肉的需求大幅下滑，鸡鸭肉因而滞销且市场上的价格暴跌。因此供需同时变动下，需求下供给哪个变动的幅度较大，哪个将会对均衡价格产生直接影响。这种由供需双方互动的结果，会使市场发挥资源最佳配置的经济效率，就称为市场机制或价格机制。

三、供求定理与供求分析

(一)供求定理

供求定理：需求的变动引起均衡价格和均衡数量同方向变动；供给的变动引起均衡价格反向变动而引起均衡产量同方向变动。

(二)供求分析

由于影响均衡的因素太多、太复杂,因此,在分析某个事件如何影响一个市场时,我们按三个步骤进行:

第一步,确定该事件是使供给曲线移动,还是使需求曲线移动,或者是使两条曲线都移动;

第二步,确定曲线是向右移动,还是向左移动;

第三步,用供求图考察这种移动对均衡价格和均衡产量的影响。

学生活动八

分析讨论:根据供求分析的三个步骤分析以下事件对均衡价格和均衡数量的影响。

(1)天气炎热对冰激凌市场的影响;

(2)地震使冰激凌厂商中止生产及对其市场的影响;

(3)天气炎热和地震同时发生对冰激凌市场的影响。

四、政府价格管制

为调节和稳定某些产品的供求,政府根据不同的经济形势通常会采取两种价格政策:最高限价和最低限价。

(一)最高限价

最高限价也称为限制价格,它是政府所规定的某种产品的最高价格。最高价格总是低于市场的均衡价格的。

政府实行最高限价的目的往往是为了抑制某些产品的价格上涨,特别是为了对付通货膨胀。当然为了限制某些行业,如一些垄断性很强的公用事业的价格,政府也采取最高限价的做法。但是政府实行最高限价的做法也会带来一些不良的影响。最高限价下的供不应求会导致市场上消费者排队抢购和黑市交易盛行。在这种能够情况下,政府往往又不得不采取配给的方法来分配产品。此外,生产者也可能粗制滥造,降低产品质量,形成变相涨价。

(二)最低限价

最低限价也称为支持价格,它是政府所规定的某种产品的最低价格。最低价格总是高于市场的均衡价格的。

政府实行最低限价的目的通常是为了扶植某些行业的发展。农产品的支持价格就是西方国家所普遍采取的政策,在实行这一政策时,政府通常收购市场上过剩的农产品。

学生活动九

课堂练习

简答:在下列情况下,磁带的价格与交易量会发生什么变化?

(1)CD 唱片价格上升。

(2)录音机价格上升。

(3)音乐会的供给增加。

(4)消费者收入增加,企业在生产磁带时使用了节约成本的技术。

(5)生产磁带所用的要素价格上升了。

(6)新产品进入市场,磁带过时了。

第四节 弹性分析

【导入案例 2-4】

日本商人"精"在哪里

1987 年,福建省某机械厂进口一套设备。据调查,当时有 6 个国家能够生产这种设备,价格在 800 万 ~1 200 万美元。该厂首先找一家日本企业谈判,开价 800 万美元,争取 1 000 万美元成交。岂知,第一次谈判,日商就满口答应,并表示可以立即签订合同。厂长心里直打鼓:"这么好说话? 其中必定有'鬼'!"但想来想去,货真价实,无可挑剔,便拍板敲定。

设备到货使用一年以后,许多易损零部件需要更换,厂长便请日商按合同供货。日商表示可以,但价格提高一倍(合同并未规定日后供应零部件的价格)。厂长心想,这是敲竹杠,便设法向其他生产同类设备的国家购买,但由于不配套,最后被迫以高价向日商购买这些专用零部件。几年下来,这比当初花 1 200 万美元买还贵。

后来,这位厂长有机会学到需求价格弹性原理,方才恍然大悟:由于国际市场竞争激烈,成套设备的主机极富弹性,而专用零配件几乎完全无弹性。因此,日商的销售策略是先在主机上让价,把你套住以后再在零配件上提价,这叫"堤内损失堤外补",厂长深有感慨地说:"这本是经销 ABC,不能说日本人'鬼',只能怪自己笨!"

(资料来源:商务部编写组. 微观经济[M]. 北京:中国商务出版社,2007.)

百货公司周年庆时都会推出折扣以刺激购买，我们也会因商品价格下跌而愿意趁此多添购一些，因而使需求量增加，但是会增加多少呢？还有，西方的情人节这一天，为什么玫瑰价格猛涨而巧克力价格涨幅甚微呢？这就是弹性分析所要解决的问题。

一、需求价格弹性

(一)需求价格弹性的定义

需求量随价格的变化而变化，但不同的商品在不同的价格水平上，需求量对价格的反应程度是不一样的。比如黄金与食盐，价格都下跌 20%，黄金的需求量会大增(比如增加 30%)，而食盐的需求量变化却不十分明显(比如仅增加 5%)。经济学上就用不同商品不同的需求价格弹性来表示这种区别。

需求价格弹性(通常被简称为需求弹性)是指：一种商品需求量的变化率与其自身价格变化率之比。它是衡量价格变动引起需求量改变的程度，其一般公式为：

$$需求价格弹性(E_d) = -\frac{需求量的变动率/\%}{价格的变动率/\%} = -\frac{\Delta Q/Q}{\Delta P/P} = -\frac{\Delta Q}{\Delta P}\cdot\frac{P}{Q}$$

注意：公式中 Q 是需求量，ΔQ 是需求量增量，P 是价格，ΔP 是价格增量。根据需求定理，需求量与价格成反向变动关系，因而这个比值通常为负值。为了简单起见，经济学以其绝对值来衡量弹性大小，所以公式中加了一个负号。

(二)需求价格弹性的五种情况

根据需求价格弹性的大小，经济学上一般把商品的需求弹性分为以下五类：

1. **富有弹性**　当需求价格弹性大于 1 时，表示价格的任何变动，会引起需求量较大程度的变动，称为富有弹性。通常，高档奢侈品富有弹性，需求量的变动幅度大于价格变动的幅度。例如：珠宝、首饰、化妆品，本属可有可无的奢侈品，如果降价不仅多买，而且会买很多；如果涨价不仅少买，而且会少买很多。

2. **缺乏弹性**　当需求价格弹性在 0～1 时，表示价格的任何变动，会引起需求量较小程度的变动，称为缺乏弹性。通常，生活必需品缺乏弹性，需求量的变动幅度小于价格变动的幅度。例如：柴米油盐等日用品，无论涨价或降价，需求量变化不大。

3. **单一弹性**　当需求价格弹性等于 1 时，表示价格的任何变动，会引起需求量同等程度的变动，称为单一弹性。如果家庭预算中对某种商品的消费支出一定，这种商品就是单一弹性，需求量的变动幅度等于价格变动的幅度。如果涨价便少买一些，如果降价便多买一些，但始终就花那么多钱。

4. **完全弹性** 当需求价格弹性等于∞时，表示价格的任何变动，会引起需求量无限的变动，称为完全弹性。在完全竞争市场上，产品价格是由很多买者的需求与很多卖者的供给共同决定的，而且是唯一的。如果有个卖者将产品价格略为降低一点，买者就会都去买他的产品，需求量就会趋向无限。

5. **完全无弹性** 当需求价格弹性等于0时，表示不管价格如何变动，需求量恒定不变，称为完全无弹性。这种情况并不多见，但专用零配件就属于这种情况，火葬费也可以算做一个例子。

在消费商品的需求价格弹性方面，人们做了大量的研究工作，见表2-4。

表2-4 若干商品测算的需求价格弹性

商　品	需求价格弹性
西红柿	4.6
青豆	2.8
出租车服务	1.2
家具	1.0
电影	0.87
鞋	0.70
香烟	0.51
医疗保险	0.31
客车旅行	0.20
居民用电	0.13

（资料来源：缪代文. 微观经济学与宏观经济学[M]. 2版. 北京：高等教育出版社，2004.）

（三）影响需求价格弹性的因素

影响需求价格弹性的因素有很多的，其中主要的有以下几个：

1. **商品的可替代性** 一般来说，一种商品的可替代品越多，相近程度越高，则该商品的需求价格弹性往往就越大；相反，该商品的需求价格弹性往往就越小。例如，在水果市场，相近的替代品较多，这样，苹果的需求弹性就比较大。又如，对于食盐来说，没有很好的替代品，所以，食盐价格的变化所引起的需求量的变化几乎为零，它的需求价格弹性是极其小的。

对一种商品所下的定义越明确越狭窄,这种商品的相近的替代品往往就越多,需求价格弹性也就越大。譬如,某种特定商标的豆沙甜馅面包的需求要比一般的甜馅面包的需求更有弹性,甜馅面包的需求又比一般的面包的需求更有弹性,而面包的需求价格弹性比一般的面粉制品的需求价格弹性又要大得多。

2. **商品用途的广泛性**　一般来说,一种商品的用途越是广泛,它的需求价格弹性就可能越大;相反,用途越是狭窄,它的需求价格弹性就可能越小。这是因为,如果一种商品具有多种用途,当它的价格较高时,消费者只购买较少的数量用于最重要的用途上。当它的价格逐步下降时,消费者的购买量就会逐渐增加,将商品越来越多地用于其他的各种用途上。

3. **商品对消费者生活的重要程度**　一般来说,生活必需品的需求价格弹性较小,非必需品的需求价格弹性较大。例如,馒头的需求价格弹性是较小的,电影票的需求价格弹性是较大的。

4. **商品消费占支出的比例**　消费者在某种商品上的消费支出在预算总支出中所占的比重越大,该商品的需求价格弹性可能越大;反之,则越小。例如,名牌牛仔裤的价格远高于路边小店的牛仔裤,当两者都打7折时,即使名牌牛仔裤降价后的价格仍比路边小店的高,但消费者会因为有赚到的感觉而提高购买意愿。又如,火柴、盐、铅笔、肥皂等商品的需求价格弹性就是比较小的。因为,消费者每月在这些商品上的支出是很小的,消费者往往不太重视这类商品价格的变化。

5. **时间的长短**　一般来说,时间越长,则需求价格弹性就可能越大。因为,当消费者决定减少或停止对价格上升的某种商品的购买之前,他一般需要花费时间去寻找和了解该商品的可替代品。例如,当石油价格上升时,消费者在短期内不会较大幅度地减少需求量。但设想在长期内,消费者可能找到替代品,于是,石油价格上升会导致石油的需求量较大幅度地下降。

需要指出,一种商品的需求价格弹性的大小是各种影响因素综合作用的结果。因此,在分析一种商品的需求价格弹性的大小时,要根据具体情况进行全面的综合分析。

二、供给价格弹性

(一)供给价格弹性的定义

供给量随价格的变化而变化,但不同的商品在不同的价格水平上,供给量对价格的反应程度也是不一样的。经济学上就用不同商品不同的供给价格弹性来表示这种区别。

供给价格弹性(通常被简称为供给弹性)是指:一种商品供给量的变化率与其自身价格变化率之比。它是衡量价格变动引起供给量改变的程度,其一般公式为:

$$供给价格弹性(Es) = \frac{供给量的变动率(\%)}{价格的变动率(\%)} = \frac{\Delta Q/Q}{\Delta P/P} = \frac{\Delta Q}{\Delta P} \cdot \frac{P}{Q}$$

注意:公式中 Q 是供给量,ΔQ 是供给量增量,P 是价格,ΔP 是价格增量。很容易看出,供给价格弹性与需求价格弹性的定义是相同的,唯一的差别在于:根据供给定理,供给量与价格成同向变动关系,因而这个比值通常为正值。

(二)供给价格弹性的五种情况

根据供给价格弹性的大小,经济学上一般也把商品的供给弹性分为以下五类:

(1)富有弹性:当供给价格弹性大于1时,表示价格的任何变动,会引起供给量较大程度的变动,称为富有弹性。

(2)缺乏弹性:当供给价格弹性在0~1时,表示价格的任何变动,会引起供给量较小程度的变动,称为缺乏弹性。

(3)单一弹性:当供给价格弹性等于1时,表示价格的任何变动,会引起供给量同等程度的变动,称为单一弹性。

(4)完全弹性:当供给价格弹性等于∞时,表示价格的任何变动,会引起供给量无限的变动,称为完全弹性。

(5)完全无弹性:当供给价格弹性等于0时,表示不管价格如何变动,供给量恒定不变,称为完全无弹性。

(三)影响供给价格弹性的因素

影响供给价格弹性的因素有很多的,其中主要的有以下几个:

1. **时间长短**　时间因素是一个很重要的因素。当产品的价格发生变化时,厂商对产量的调整需要一定的时间。在很短的时间内,厂商若要根据产品的涨价及时地增加产量,或者根据产品的降价及时地缩减产量,都存在不同程度的困难,相应地,供给价格弹性是比较小的。但是,在长期内,生产规模的扩大与缩小,甚至转产,都是可以实现的,供给量可以对价格变动作出较充分的反应,供给价格弹性也就比较大了。

2. **生产成本**　随产量变动所引起的成本的变动越低,则产品的供给价格弹性可能越大。相反,随产量变动所引起的成本的变动越高,则产品的供给价格弹性可能越小。

3. **生产周期**　就产品的生产周期来说,在一定的时期内,对于生产周期较短的产品,厂商可以根据市场价格的变化较及时地调整产量,供给价格弹性相应就比较大。相反,生产周期较长的产品的供给价格弹性就往往较小。

4. **供给增加的难易程度** 如果在现行市场价格下很容易购买投入品,就像纺织行业的情况那样,那么,微小的价格上涨,就会引起产量大幅度增加。这就意味着供给价格弹性相对较大。假定生产能力受到严重限制,就像南非金矿开采那样,即使黄金价格急剧上升,南非的黄金产品也只是作出微小的反应。

【案例链接】

"非典"疫情使口罩需求量大增

2003 年爆发的"非典"疫情至今让人难忘,给很多国家和地区的经济尤其是作为重灾区的我国经济造成了严重影响。有人说"非典"对经济的打击甚于金融危机,也有人说"非典"对经济的影响比伊拉克战争还"坏",但"非典"也为生产和提供口罩、医用防护服、空气清洁器、自行车、汽车、通信业务、电子商务、消毒除菌类产品、运动健身器材等产品和服务的行业和企业提供了商机。由于"非典"突然发生,使得口罩在市场上出现供不应求的情况,供应商需紧急向生产商下订单,厂商必须临时加班赶工生产及调整产量,再加上必须在短期内交货的限制,都使得生产成本提高,供给弹性变小。这些供给面因素造成价格上涨,原本进货成本为 5 元的 N95 口罩,厂商可以在价格升到 20 元时出售以赚得丰厚的利润。

(资料来源:温美珍. 图解经济学[M]. 天津:天津教育出版社,2007.)

三、弹性理论的运用

弹性理论可以用来解释很多经济现象,从而有助于经济问题的解决。下面介绍这方面的几个事例:

(一)薄利多销

在实际的经济生活中,会发生这样一些现象:有的厂商提高自己的产品价格,能使自己的销售收入得到提高,而有的厂商提高自己的产品价格,却反而使自己的销售收入减少了。这意味着,以降价促销来增加销售收入的做法,对有的产品适用,对有的产品却不适用。如何解释这些现象呢?这便涉及商品的需求价格弹性和厂商的销售收入两者之间的相互关系。

通过人们研究和分析,得出了价格变化、弹性大小与销售收入变化有如下关系:

表 2-5 价格变化、弹性大小与销售收入变化的关系

需求价格弹性	种 类	对销售收入的影响
$E_d > 1$	富有弹性	价格上升,销售收入减少 价格下降,销售收入增加
$E_d = 1$	单位弹性	价格上升,销售收入不变 价格下降,销售收入不变
$E_d < 1$	缺乏弹性	价格上升,销售收入增加 价格下降,销售收入减少

可见,在需求价格弹性大时,厂商宜采用薄利多销的方式来增加销售收入;当需求价格弹性小时,则可考虑以提高价格的方式来达到增加销售收入的目的。

学生活动十

思考:降价是市场上常见的促销方式。但为什么餐饮业可以降价促销,而中小学教科书不采用降价促销的方式?

(二)谷贱伤农

谷贱伤农是我国流传已久的一句成语,意思是在丰收年份,农民的收入反而减少。

原因:供给的快速增长超过了需求的有限增加,同时,由于需求缺乏弹性,因此,随着价格的下降,农业收入必然减少。

为此,某些西方国家的一些援助农民的计划,就是通过减少农产品的种植面积,来减少农产品的供给以支持农产品的价格,从而保证农民的总收入。

当然,消费者在限制种植和较高的价格中遭受了损失。但这是通过闲置生产性农业资源达到支持农民的目的时,社会必须付出的代价。

(三)价格放开

在我国经济体制改革中,为了增加那些在市场上供给数量相对缺乏的政府限价商品生产,有一种看法认为:只要把政府的限价取消,这类商品的供给量就会增加。事实是否如此呢?

在多数情况下,对于限价商品来说,随着政府限价的取消,商品的供给量会得到提高。尤其是,供给价格弹性很大的商品,限价的取消可以带来供给量的大幅度增加。

但是,在考虑这一问题时,还应该考虑到其他特殊的情况。某些商品的生产由于受资源条件和技术水平等因素的限制,供给数量在较长时期内是固定

不变的。这就是说,这些商品的供给价格弹性为0。在这样的特殊情况下,限价的取消不会带来供给量的改变,而只能使商品的市场价格上涨。所以,在这种情况下,要增加那些原先由政府限价生产的商品的产量,除了取消政府限价外,还应根据具体情况作出综合分析,从根本上消除制约产量增长的因素。

【案例分析】

旧帽换新帽一律八折

店家的意思是,如果你买安全帽时交一顶旧安全帽的话,当场退两成的价款;如果直接买新帽,对不起,只能按原定价格买。这种促销方式让人觉得好奇,是不是店家加入了什么基金会或是店家和供帽厂家有什么协定,回收旧安全帽可以让店家回收一些成本,因此拿旧帽来才有两折的优惠呢?如果大家这么想,可就猜错了。但凡这种以旧换新的促销活动,主要是针对不同消费者的需求弹性而采取的区别定价方法。购买者需求数量变动较大的称为需求弹性较大,变动较小的称为需求弹性较小,对需求弹性较大的顾客制订较低价格。而这家安全帽专卖店的促销做法正是个理论的实际应用。实际上,店家拿到你那顶脏脏旧旧的安全帽,并没有什么用处,通常是在你走后往垃圾筒一丢了事。既然没有用,为何还要多此一举呢?答案是店家以顾客是否拿旧安全帽来区别顾客的需求弹性。简单地说,没拿旧安全帽来的顾客说明他没有安全帽,由于法令规定驾驶摩托车必须要戴安全帽,故无论价格高低,购买摩托车的人一定要买顶安全帽。相对地,拿旧安全帽来抵两折价款的顾客表明他本来就有一顶安全帽,如果安全帽的价格便宜他就可能有以旧换新的需求,如果价格太贵他可以以后坏了再买,因为已有了一顶安全帽,对该商品的需求没有迫切性。针对不同消费者需求的定价方法,不仅不会减少营业收入,反而会吸引那些本不想购买新帽的消费者前来购买,增加了收益。

(资料来源:张淑方.西方经济学教程[M].2版.北京:化学工业出版社,2008.)

学生活动十一

讨论:西方的情人节这一天,为什么玫瑰价格猛涨而巧克力价格涨幅甚微呢?

【小结】

微观经济学的核心是价格理论。价格是由市场需求与供给两方面共同决定的。需求是指在其他条件不变的情况下,消费者在一定时期内在每一价格

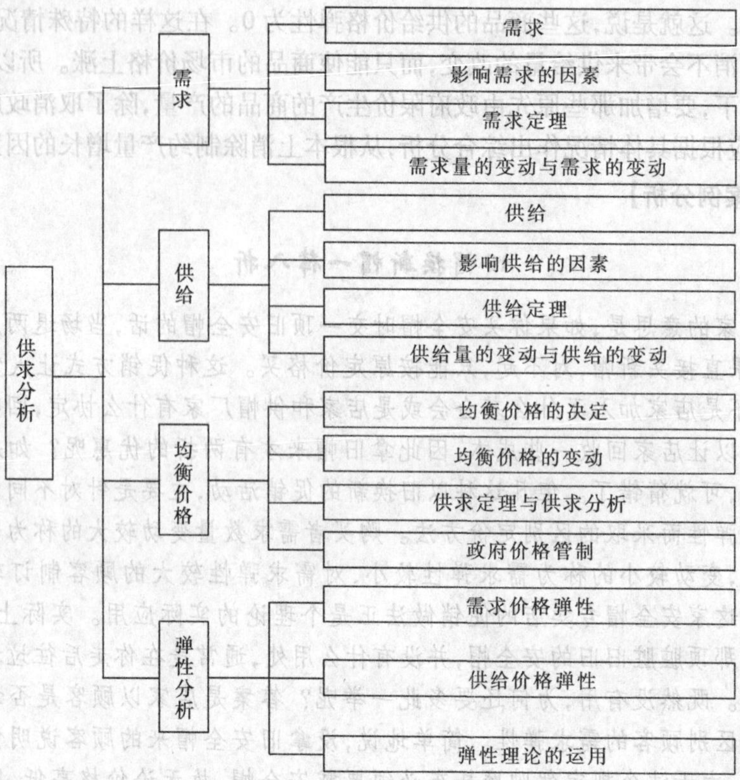

水平愿意而且能够购买的该商品的数量。供给是指生产者在一定时期内,在其他条件不变的情况下,在各种可能的价格水平上愿意并且能够提供的商品数量。影响需求与供给的因素很多,包括价格因素和非价格因素,对一般商品而言,价格是主要因素。在其他条件不变的情况下,某种商品的需求量与价格成反方向变动的关系,供给量与价格成同方向变动的关系。需求与供给的变动都会对均衡价格产生影响。需求的变动引起均衡价格和均衡数量同方向变动,供给的变动引起均衡价格反向变动而引起均衡产量同方向变动。为调节和稳定某些产品的供求,政府根据不同的经济形势通常会采取两种价格政策:最高限价和最低限价。价格变化时,不同的商品需求量或供给量的变化程度不一样,对价格变化反应敏感的商品称为富有弹性商品,反应不敏感的商品则称为缺乏弹性商品,此外还有单一弹性、完全无弹性和完全弹性三种特殊情况。商品的需求弹性并不是绝对不变的,同种商品在不同地方,不同时期其弹性很可能不同。富有弹性的商品价格变化时,其销售收入会出现反方向变化;缺乏弹性的商品价格变化时,其销售收入会出现同方向变化。

【复习思考题】

1. 分析讨论:

(1)假如鸭或鸭蛋的价格下降,为什么对它们的需求会增加? 当鸭和鸭蛋价格下降后,假如养猪的饲料的价格不变,预计猪的销售量和价格会发生什么变化?

(2)指出发生下列几种情况时某种蘑菇的需求曲线的移动方向? 为什么?

①卫生组织发布一份报告,称某种蘑菇会致癌;

②另一种蘑菇的价格上涨了;

③消费者的收入增加了;

④培育蘑菇的工人工资增加了。

(3)如果考虑到提高生产者的收入,那么对农产品和电视机应采取提价还是降价的办法? 为什么?

2. 市场调查:

(1)观察超市某商品市场的需求与供给。

(2)观察并分析超市某商品市场均衡价格的形成、变动,演练供求分析的"三步法"。

(3)选择超市某种特价商品,分析其需求价格弹性和供给价格弹性。

3. 案例讨论:

从供给弹性看彩电的由短缺到过剩

记得20世纪80年代初时,彩电相当紧俏,有人就是靠"倒彩电"发了财。尽管国家控制着价格,但与当时的收入水平相比,价格还相当高。买彩电凭票,据说有的彩电厂把彩电票作为奖金发给工人,每张票卖到好几百元。20世纪90年代之后,彩电供求趋于平衡,再以后就是彩电卖不出去,爆发了降价风潮,拉开了中国价格战的序幕。

20世纪80年代时随着人们收入普遍增加,彩电成为首选的奢侈品,能买得起1 200元左右一台14英寸彩电的人相当多,于是彩电需求剧增。当时彩电价格仍受到严格控制(记得在一次价格风波中,当时有关领导曾保证彩电不涨价),所以,无法用调高价格来抑制需求。彩电生产受到生产能力的制约,供给无法迅速增加,这就产生过度需求或供给不足,为"倒彩电"和彩电票变成货币创造了条件。这告诉我们,像彩电这样的产品在需求迅速增加、价格上升(或变相价格上升)时,供给是无法立即大量增加的。

彩电的短缺刺激了国内各地引进彩电生产线,建设彩电厂。彩电业在全国开花,除西藏外各省市都有了彩电厂。这就引起彩电市场走向均衡,甚至很快又走向过剩。这个过程说明在需求增加、价格(或变相的价格)上升后,供给的变动是与时间长短相关的。我们可以用供给弹性的概念来说明这一点。

某一种物品供给弹性的大小与生产所需生产要素与技术相关。所以,不同行业产品的供给弹性是不同的。一般来说,所用设备先进、生产规模一旦确定就不易改变的重工、化工、电子、汽车等行业的产品往往供给缺乏弹性,需求增加时,供给难以马上增加,需求减少时,供给也难以马上减少。彩电的情况就是这样。20 世纪 80 年代彩电需求激增时,彩电厂受生产规模限制,难以很快增加,但 20 世纪 90 年代后供大于求时,彩电产量也难以有大幅度减少。正因为如此,这些行业要确定一个最优规模。规模小会失去赚钱的机会,规模大又会形成生产能力过剩。彩电业现在的困境正在于当年遍地开花,生产能力过剩。这种产品缺乏供给弹性,产量减少不易,剩下的一条路只有降价"煮豆燃豆萁"了。

对同一种产品来说,供给弹性也不是一成不变的,而与时间长短相关。对许多产品来说,当需求与价格变动时,供给变动的可能性很小。例如,即使彩电涨价 100%,在很短时期内,产量也难以增加,因为设备与生产能力是固定的,原料与人力也难以增加,除了把库存投入市场外,供给变动不大。这就是说在即期内,供给弹性几乎是零。在短期内,尽管设备与生产能力不能变,但可增加原料与劳动,产量还是可以增加的,这时供给缺乏弹性,但比即期要大。长期中,设备与生产能力可以根据市场需求与价格预期来调整,供给是富有弹性的。从 20 世纪 80 年代到 90 年代,彩电由短缺走向平衡正是供给弹性随时间而加大的过程。至于以后的过剩局面则是在调整长期生产能力时预期失误的恶果。

一般来说,企业在投资时要根据长期市场需求和行业规模经济特点确定最优规模。短期中要根据暂时的市场变动做出反应。在做出这种决策时一定要考虑到供给弹性这个因素。彩电市场就是没有考虑到这一点,以致现在彩电产量难以随价格下降而减少。恐怕除了开拓国外市场增加需求之外,难以迅速改变彩电市场过剩的局面。

(资料来源:梁小民. 微观经济学纵横谈[M]. 北京:生活·读书·新知三联书店,2000.)

试分析:(1)供给弹性在企业规模决定中起什么作用?

(2)在长期和短期中供给弹性有什么不同?

第三章

消费者效用分析

我们的晚餐并非来自屠宰商、酿酒师和面包师的恩惠，而是来自他们对自身利益的关切。

——亚当·斯密

【教学目标】

通过本章教学，学习者应达到以下目标：

1. 掌握消费、消费者的含义；
2. 掌握效用、基数效用；
3. 明确边际效用递减规律；
4. 了解消费者均衡；
5. 掌握序数效用原理；
6. 明确无差异曲线和预算线；
7. 了解替代效应和收入效应。

【能力标准】

能力元素	能力表现水平描述
认识效用、基数效用	掌握消费、消费者的概念、类型
	理解效用、基数效用及分析方法的运用
	明确边际效用递减规律
	掌握消费者均衡的内容和条件
认识序数效用	了解序数效用及分析方法运用
	掌握无差异曲线、预算线和均衡
	了解替代效应、收入效应及应用

第一节 效用和基数效用

【导入案例 3-1】

不断更新的手机

CASON 是一名广告公司的青年设计师，刚买了一部蓝色的索尼爱立信手机，可是 3 个月后，同事就发现 CASON 的手机变成了红色，手机音乐的铃声从《两只蝴蝶》变成了《童话》——正当大家以为 CASON 换了一部新手机时，CASON 得意洋洋地告诉大家，他只不过将手机的外壳换了，并下载了新的手机音乐、新的待机画面，而这些细节的改变，使他获得了一部新手机的感觉。

手机可以更换外壳、MP3 随身听可以变换背景的颜色、家具可以自由组合，相比以往，许多产品的设计变得更加灵活多变——80 后消费群对于产品新鲜感追求的倾向性比其他年代消费群更为明显，在这种心理趋势驱动下，许多产品本身的核心功能反倒成了次要因素，而一些额外的附加功能却成为他们决定购买的关键。对于他们来说，手机不再是通讯的工具，而是一种时尚的炫耀品，佩戴某款价格昂贵的手表更不是为看时间，而是为了得到某个群体的认可或者获得一种时尚的标签。"好好时尚，天天向上"。这一生活准则不仅反映了 80 后消费群的突出心理特征，更成为许多企业制订营销策略时的关键考虑因素。

80 后消费群对于品牌、时尚的追求，对于产品品牌精神与消费感受的注重，使得许多企业必须对产品赋予新的定义——在产品功能使用的基础上，要想赢得这批年轻一代消费者的青睐，就必须为产品注入一种容易打动他们的品牌精神——比如动感地带用周杰伦的"酷"来表现"我的地盘听我的"理念，百事可乐用 F4 等明星的"时尚"来演绎"年轻一代的选择"的品牌内涵。

80 年代人作为一个正在不断崛起的消费群体，他们的消费权力、消费意识、消费话语正在深刻影响着许多企业的市场策略。如何深刻地解读他们的消费心理，把握时代潮流的发展趋势，这对于任何一家企业抢占未来市场都具有非常重要的意义。

（资料来源：林景新. 解读 80 后消费密码[J]. 销售与管理，2006(5)：43-45）

学生活动一

谈谈你有哪些消费习惯?

一、消费及消费者

(一)消费及其类型

1. 消费的含义 消费是社会再生产过程中的一个重要环节和活动。它是指利用社会产品来满足人们各种需要的过程和活动。

2. 消费分为生产消费和生活消费 前者指物质资料生产过程中的生产资料和活劳动的使用和消耗即生产要素需求;后者是指人们把生产出来的物质资料和精神产品用于满足个人生活需要的行为和过程,即生活品包括商品和劳务的需求(最终需求)。通常讲的消费,是指生活消费(也称为个人消费)。

3. 消费结构 消费结构是在一定的社会经济条件下,人们在消费过程中所消费的各种不同类型的消费资料(包括劳务)的比例关系。有实物和价值两种表现形式。实物形式指人们在消费中,消费了一些什么样的消费资料,以及它们各自的数量。价值形式指以货币表示的人们在消费过程中消费的各种不同类型的消费资料的比例关系。在现实生活中具体的表现为各项生活支出。

4. 消费方式 在一定社会经济条件下,消费者同消费资料相结合的方式即消费方式,包括消费者以什么身份、采用什么形式、运用什么方法来消费消费资料,以满足其需要。

(二)消费者

消费者就是需要者,进而需求者,即市场主体中的买方。一般所说的消费者是生活消费者,他们即为最终消费者,其需要是生产活动的起点,也是生产活动的终点。所以,消费者行为的分析有重要意义。

消费者的生活消费包括两类:一是物质资料的消费,如衣、食、住、行、用等方面的物质消费。二是精神消费,如旅游、文化教育等方面的劳务消费。

【资料链接】

据新华社电 中国消费者协会在2009年3月15日主办的“消费与发展”论坛上,向全国消费者推出《科学消费指引》,呼吁广大消费者树立科学、健康、合理、文明的消费理念,不断提高自我保护的意识和能力。中国消费者协会副会长兼秘书长杨红灿希望《科学消费指引》能得到广大消费者的认可。

(资料来源:四川新闻网-成都商报.http://www.sina.com.cn[2009-03-16].)

二、效用

消费品之所以能够满足人们的欲望,就是因为有效用。效用可以分为两类:客观效用和主观效用。

客观效用是指由具体劳动创造出来,能满足人们的某种需要。客观效用是产品的自然属性,构成社会财富的物质内容,不会因人、因事、因地、因时而异。例如:粮食能够充饥这种客观存在的功能,对任何地点、任何时间、任何人都是一样的。因此,客观效用易于测定,也便于相互比较。主观效用是消费者对商品满足自己欲望的能力的一种主观体验和评价。一般所讲的效用就是主观效用。

主观效用将因人、因事、因时而异,而且只能自我比较,难以相互比较。也就是说,可以比较不同商品对同一个人的主观效用,却无法比较同一商品对不同人的主观效用。例如:辣椒具有刺激胃口的客观效用,对爱吃辣的人来说,不怕辣甚至怕不辣,具有很高的主观效用,但对怕吃辣的人来说,主观效用却是负数,越辣越难受。

对于如何分析主观效用,存在两种不同的理论——基数效用论与序数效用论,因而产生两种不同的度量方法——边际效用分析方法与无差异曲线分析方法。

三、基数效用

基数效用论是早期(19 世纪和 20 世纪初)研究消费者行为的一种理论。

基数效用论者认为:效用如同长度、重量等概念一样,其大小可以用基数来具体衡量并加总求和,具体的效用量之间可以进行比较。例如:假定对某人来说,吃一个苹果得到的效用为 4,听一支歌的效用为 8,那么对他来说,一支歌的效用是一个苹果效用的两倍。

学生活动二

体验:1. 吃一个香蕉和吃 5 个香蕉的感受。
2. 口渴的时候,喝 1 瓶可乐和 3 瓶可乐的满足程度。

(一)总效用与边际效用

总效用(total utility,TU)是指消费者在一定时间内从一定数量商品的消费中所得到的效用量的总和。

边际效用(marginal utility,MU)是指消费者在一定时间内每增加一单位商品的消费所得到的新增的效用。

表3-1说明了李明吃爆米花的总效用和边际效用。

表3-1 李明吃爆米花得到的总效用和边际效用

爆米花的消费量(*Q*)	总效用(*TU*)	边际效用(*MU*)
0	0	
1	5	5
2	9	4
3	12	
4	14	
5	15	
6	15	
7	14	

学生活动三

计算表3-1中的边际效用。并指出总效用与边际效用各有什么变化趋势？二者之间有什么关系？

(二)边际效用递减规律

1. 边际效用递减规律 通过表3-1,我们可以发现,吃爆米花的边际效用是递减的。在经济生活中边际效用递减的现象司空见惯。

边际效用递减规律:在一定时间内,一个人消费一种商品的边际效用,随其消费量的增加而减少。

2. 边际效用递减规律的特点 通过上述吃爆米花的例子,我们可以看到:

(1)边际效用的大小与欲望的强弱成正向变动。当李明非常饿时,第一份爆米花的边际效用很大,当他不那么饿时,第一份爆米花的边际效用很小,甚至为零。

(2)边际效用的大小与消费数量成反向变动。由于欲望强度有限,并随满足的增加而递减,因此,消费数量越多,边际效用越小。李明吃第三份爆米花的边际效用必小于第二份爆米花。

(3)边际效用是特定时间内的效用。由于欲望具有再生性,边际效用也具有时间性。李明在这一次,爆米花的边际效用从5降为0;在下一次,第一份爆米花的边际效用又恢复到5。

(4)边际效用是决定商品价格的主观标准。商品的价格,不取决于总效用,而取决于边际效用。消费数量少,边际效用高,需求价格也高;消费数量多，边际效用低，需求价格也低。

我们可以根据吃爆米花得到的总效用和边际效用数据（见表 3-1）作出图 3-1，直观地表现总效用与边际效用的关系。

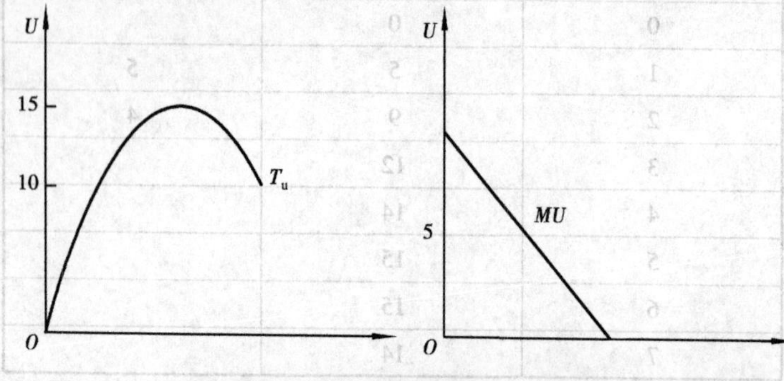

图 3-1　总效用曲线和边际效用曲线

横轴表示爆米花的消费量（Q），纵轴表示效用量（U），总效用曲线是 TU 曲线，边际效用曲线是 MU 曲线。

可以看出：边际效用曲线是向右下方倾斜的，表明边际效用是递减的。总效用曲线 TU 以递减的速度先上升后下降。

当边际效用为正值时，总效用呈上升趋势；当边际效用递减为零时，总效用曲线到达最高点；当边际效用继续递减为负值时，总效用呈下降趋势。

3. 边际效用递减规律的应用　消费者购买物品是为了效用最大化，而且，物品的效用越大，消费者愿意支付的价格越高。根据效用理论，企业在决定生产什么时首先要考虑商品能给消费者带来多大效用。

消费者连续消费一种产品的边际效用是递减的。如果企业连续只生产一种产品，它带给消费者的边际效用就在递减，消费者愿意支付的价格就低了。因此，企业的产品要不断创造出多样化的产品，即使是同类产品，只要不相同，就不会引起边际效用递减。例如，同类服装做成不同式样，就成为不同产品，就不会引起边际效用递减。如果是完全相同，则会引起边际效用递减，消费者不会多购买。

边际效用递减原理告诉我们，企业要进行创新，生产不同的产品满足消费者需求，避开边际效用递减规律，使总效用最大化。

【案例分析】

从春晚看边际效用递减规律

大约从 20 世纪的 80 年代初期开始，我国老百姓在过春节的年夜饭中增添了一席诱人的文化大餐,那就是春节联欢晚会。记得1982年第1届春节联欢晚会的出台,在当时娱乐事业尚不发达的我国引起了极大的轰动。晚会的节目成为全国老百姓在街头巷尾和茶余饭后津津乐道的题材。

晚会年复一年地办下来了,投入的人力物力越来越大,技术效果越来越先进,场面设计越来越宏大,节目种类也越来越丰富。但不知从哪一年起,人们对春节联欢晚会的评价却越来越差了,原先在街头巷尾和茶余饭后的赞美之词变成了一片骂声,春节联欢晚会成了一道众口难调的大菜,晚会也陷入了"年年办,年年骂;年年骂,年年办"的怪圈。

春晚本不该代人受过,问题其实与边际效用递减规律有关。在其他条件不变的前提下,当一个人在消费某种物品时,随着消费量的增加,他(她)从中得到的效用是越来越少的,这种现象普遍存在,就被视为一种规律。边际效用递减规律虽然是一种主观感受,但在其背后也有生理学的基础:反复接受某种刺激,反应神经就会越来越迟钝。第一届春节联欢晚会让我们欢呼雀跃,但举办次数多了,由于刺激反应弱化,尽管节目本身的质量在整体提升,但人们对晚会节目的感觉却越来越差了。

尽管有时我们没有明确地意识到边际效用递减规律,但它时时在支配着我们的生活。

(资料来源:李仁君.吃苹果与看晚会[N].海南日报,2002-09-25.)

分析:1.举例说明什么是边际效用递减规律?

2.边际效用递减规律的启示是什么?

(三)消费者均衡

消费者的消费行为受到物品价格和其自身收入的双重制约。理性的消费者总是倾向于选择在他们看来具有最高价值的物品或服务。

效用最大化法则:在消费者的收入固定和他面临的各种物品的市场价格既定的条件下,当花费在任何一种物品上的最后一单位货币所得到的边际效用都相等时,该消费者就得到了最大效用。

消费者均衡是指在既定的收入和商品价格下,消费者购买一定数量组合的商品使其消费实现效用最大化的稳定状态。

在运用边际效用分析法来说明消费者均衡时,消费者均衡的条件是:消费者用全部收入所购买的各种物品所带来的边际效用,与为购买这些物品所支付的价格的比例相等,或者说每1单位货币所得到的边际效用都相等。假定消费者用既定的收入购买 n 种商品,$P_1, P_2, P_3, \cdots, P_n$,分别为 n 种商品的价格,$MU_1, MU_2, MU_3, \cdots, MU_n$ 分别表示 n 种商品的边际效用,用公式表示为:

$$MU_1/P_1 = MU_2/P_2 = MU_3/P_3 = \cdots = MU_n/P_n \tag{3-1}$$

【案例链接】

把每一分钱都用在刀刃上

消费者均衡就是消费者购买商品的边际效用与货币的边际效用相等。这就是说消费者的每一元钱的边际效用和用一元钱买到的商品边际效用相等。假定一元钱的边际效用是5个效用单位,一件上衣的边际效用是50个效用单位,消费者愿意用10元钱购买这件上衣,因为这时的一元钱的边际效用与用在一件上衣的一元钱边际效用相等。此时消费者实现了消费者均衡,也可以说实现了消费(满足)的最大化。低于或大于10元钱,都没有实现消费者均衡。我们可以简单地说在你收入既定商品价格既定的情况下,花钱最少得到的满足程度最大就实现了消费者均衡。

商品的连续消费边际效用递减,其实货币的边际效用也是递减的。在收入既定的情况下,你存货币越多,购买物品就越少,这时货币的边际效用下降,而物品的边际效用在增加,明智的消费者就应该把一部分货币用于购物,增加他的总效用;反过来,消费者则卖出商品,增加货币的持有,也能提高他的总效用。通俗地说,假定你有稳定的职业收入,你有银行存款50万元,但你非常节俭,吃、穿、住都处于温饱水平。实际上这50万元足以使你实现小康生活。要想实现消费者均衡,你应该用这50万元的一部分去购房、用一部分去买一些档次高的服装,银行也要有一些积蓄;相反如果你没有积蓄,购物欲望非常强,见到新的服装款式,甚至借钱去买,买的服装很多,而效用降低,如遇到一些家庭风险,没有一点积蓄,使生活陷入困境。

经济学家的消费者均衡的理论看似难懂,其实一个理性的消费者,他的消费行为已经遵循了消费者均衡的理论。比如你在现有的收入和储蓄下是买房还是买车,你会作出合理的选择。你走进超市,见到如此之多的琳琅满目的物品,你会选择你最需要的。你去买服装肯定不会买回你已有的服装。所以说经济学是选择的经济学,而选择就是在你资源(货币)有限的情况下,实现消费满足的最大化,使每1分钱都用在刀刃上,这种就实现了消费者均衡。

(资料来源:http://online.njtvu.com.)

(四)消费者剩余

消费者剩余就是用来表示消费者在购买商品时所得到的总效用与按市场价格的实际支付之间的差额。它衡量的是消费者从某一物品的购买中所得到的超过他们为之支付的那部分额外效用。

【资料链接】

消费者剩余的原因

消费者剩余是指消费者愿意支付的价格高于商品实际市场价格的差额。

分工和交换社会中,每个人都可能享受消费者剩余,原因在于:对于我们所购买的某一商品的每一单位,从第一单位到最后一单位,我们支付了相同的价格。对于每一个鸡蛋或每一杯水,我们支付了相同的价格。同时,我们所支付的每一单位的代价是它最后一单位的价格。根据边际效用递减规律,对于我们来说,前面的单位要比最后的单位具有更高的价值。因此,我们就从前面的每一单位中享受了消费者剩余(效用剩余)。消费者剩余概念在做经济决策解释经济现象方面有广泛的应用。

(资料来源:商务部编写组.微观经济[M].北京:中国商务出版社,2007.)

第二节 序数效用

一、序数效用

20 世纪 30 年代,为了弥补基数效用论的缺点,另一种研究消费者行为的理论——序数效用论被提出来。

序数效用论者认为:效用作为人的主观感受,不能用基数来测量,而只能排出偏好次序,用序数第一,第二,第三,……来表示效用的高低。例如:如果消费者认为,听歌的效用高于吃苹果的效用,那么,不管两者的效用是 10 与 9,还是 10 与 1,都可以认为听歌第一,苹果第二。

序数效用论者对消费者偏好作了这些基本假设:对任意商品组合,消费者总能够明确地说出自己的偏好程度,消费者偏好是可传递的,消费者的需求尚未完全满足,还没有饱和。

(一)无差异曲线

无差异曲线是用来表示两种商品的不同数量的组合给消费者所带来的效用完全相同的一条曲线,又称为等效用线。无差异曲线是给消费者带来相同效用水平的两种商品的不同数量的各种组合,是消费者偏好的几何表现。在这一概念中,无差异的含义就是对消费者来说效用是相同的,满足程度是无差别的。

根据表 3-2 可绘制无差异曲线，如图 3-2 所示。图中的横轴和纵轴分别表示商品 X_1 和商品 X_2 的数量，曲线 I_1, I_2, I_3 依次代表与子表 a、子表 b 和子表 c 相对应的三条无差异曲线。

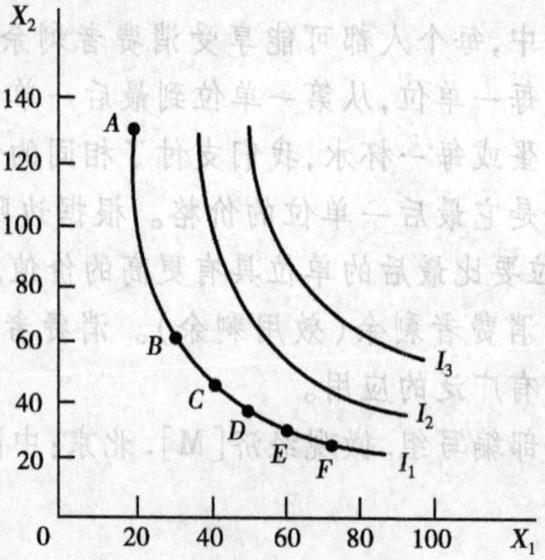

图 3-2　某消费者无差异曲线

表 3-2　某消费者的无差异表

商品组合	表 a		表 b		表 c	
	X_1	X_2	X_1	X_2	X_1	X_2
A	20	130	30	120	50	120
B	30	60	40	80	55	90
C	40	45	50	63	60	83
D	50	35	60	50	70	70
E	60	30	70	44	80	60
F	70	27	80	40	90	54

由图中可以看出，无差异曲线具有以下特点：

第一，无差异曲线向右下方倾斜，斜率为负。

第二，在同一个平面上有无数条无差异曲线，离原点越远的总效用越大。

第三，任意两条无差异曲线不能相交。

第四，无差异曲线凸向原点。

我们可以用边际替代率递减规律解释无差异这种现象。

边际替代率（marginal rate of substitution，MRS）：为保持同等的效用水平，

消费者要增加一单位 X 商品的消费，就必须放弃一定数量的 Y 商品，这两者的比率，即 X 对 Y 的边际替代率 = Y 商品的减少量/X 商品的增加量，可以写成：

$$MRS_{XY} = \frac{\Delta Y}{\Delta X} \tag{3-2}$$

为便于比较和使用，边际替代率常取其正值，即取其绝对值。

边际替代率递减规律：在维持效用水平不变的前提下，随着一种商品的消费数量的连续增加，消费者为了得到每一单位的这种商品而放弃的另一种商品的消费数量是递减的。

（二）预算线

预算约束线，简称预算线，它是一条表示在消费者收入和商品价格既定的条件下，消费者的全部收入所能购买到的两种商品的不同数量组合的曲线。

如果以 I 表示收入，以 P_X 和 P_Y 表示 X 商品和 Y 商品的价格，以 Q_X 和 Q_Y 表示 X 商品和 Y 商品的数量，则预算线的方程为：

$$P_XQ_X + P_YQ_Y = I \tag{3-3}$$

将式表 3-2 描绘在图 3-3 中，AB 线即是预算线。AB 的斜率的绝对值为 P_Y/P_X，即 Y 商品价格和 X 商品的价格之比。

假定某消费者收入为 80 元，全部用来购买商品 1 和商品 2，商品 1 的价格为 4 元，商品 2 的价格为 2 元，那么，全部收入可用来购买 20 单位的商品 1 和 40 单位的商品 2。由此可作出的预算线如图 3-4 中的 AB 线段。

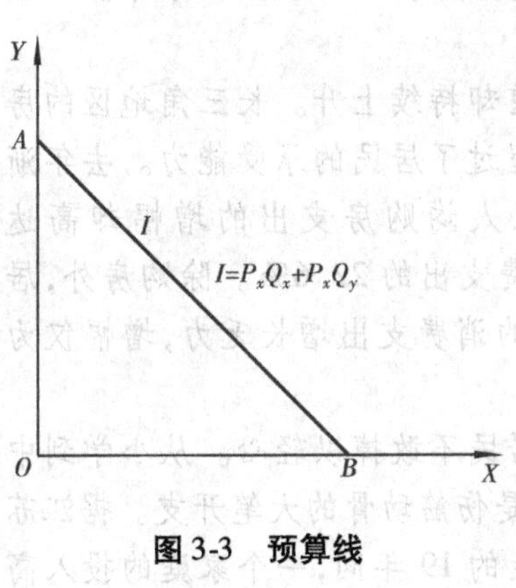

图 3-3 预算线

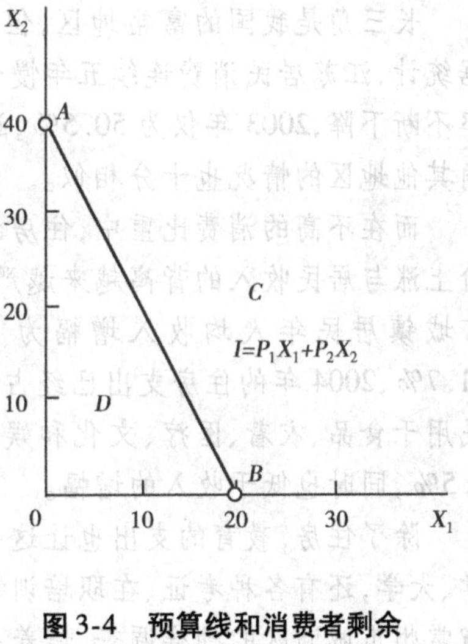

图 3-4 预算线和消费者剩余

在图 3-4 中,预算线把平面坐标图分为三个区域:预算线 AB 以外的区域中的任何一点,如 C 点,是消费者利用全部收入不可能实现的商品购买组合点。预算线 AB 以内的区域中的任何一点,如 D 点,是消费者的全部收入在购买该点的商品组合以后还后剩余。唯有预算线 AB 上的任何一点,才是消费者的全部收入刚好花完所能购买到的商品组合点。

预算约束线的变动。预算是以消费者的收入和商品价格既定为条件,所以如果消费者的收入和价格发生变化消费者的预算约束线也会随之变动。一般会有以下几种情况:

(1)如果价格不变,收入变化,则消费预算线平行向右上方移动,即预算水平增加;反之,情况相反。

(2)在收入不变的情况下,若一种商品价格发生就会改变预算线的斜率,使预算线发生偏转。

(3)如果所有商品的价格以同一方向同一比例发生变动,则消费者预算约束线位置不发生变动,如果商品价格及消费者收入发生相对变化,则预算线的斜率发生变动。同理,在收入不变的时候,两种商品的相对价格发生变动,也会导致斜率的变动,各种情况可类推。

【资料链接】

长三角居民收入与消费的困惑

现实的压力让长三角人过得有点累

长三角是我国的富裕地区,但居民生活水平的提高却跟不上经济增长。据统计,江苏居民消费连续五年慢于 GDP 的增长,消费对 GDP 新增量的贡献率不断下降,2003 年仅为 50.5%,远远低于发达国家 80% 以上的水平。长三角其他地区的情况也十分相似。

而在不高的消费比重中,住房消费的比重却持续上升。长三角地区的房价上涨与居民收入的背离越来越严重,已经超过了居民的承受能力。去年浙江城镇居民年人均收入增幅为 10.4%,但人均购房支出的增幅却高达 21.7%,2004 年的住房支出已经占到全部消费支出的 22.6%。除购房外,居民用于食品、衣着、医疗、文化和娱乐等方面的消费支出增长乏力,增幅仅为 9.5%,同时也低于收入的增幅。

除了住房,教育的支出也让这一地区的居民不敢掉以轻心。从小学到中学、大学,还有各种考证、在职培训等等,无不是伤筋动骨的大笔开支。据江苏省常州市城调队的抽样调查,培养一个大学生的 19 年间,一个家庭的投入高达13.1万元左右,这比1999年的测算增加了5.1万元。

未来的预期“捆”住了长三角人的手脚

南京的陈义勇夫妇俩均在事业单位工作,家庭月收入6 000元,应该说吃喝不愁。但陈义勇夫妇用钱却显得格外节省,因为他们预期的支出太多。除购买了一套普通商品房,在以后的20年中每个月要还2 000元以外,夫妻俩还得存钱为四位老人防老;另外,他们已经开始为还未出生的孩子储蓄教育费用了。

住房、医疗、养老、教育等改革过于集中,使城镇居民承受着巨大的心理压力,预期不稳定导致居民储蓄意愿强烈,即期消费受到抑制。正如江苏省社会科学院研究员沈卫平所说:“当居民预期住房、教育等要大把地掏空自己的钱袋子时,他们不得不压缩即期消费。”

中等收入群体尚且如此,低收入人群就更不敢有消费奢望了。据调查,占长三角地区10%的最低收入人群,他们的收入仅能维持基本生活:吃、住、行及子女的基本教育;加之药价虚高、医疗费用偏高的问题尚未从体制上得到根本解决,这些基本的生活需求无疑要占去他们收入的全部。

物价上涨也使居民的增收额有所“缩水”。去年浙江省居民消费价格上涨3.9%,涨幅创近八年来最高,食品类的上涨甚至高达11.1%;去年前三季度,消费价格的上涨使江苏省城镇10%最低收入家庭人均多支出134.80元。物价上涨对城镇低收入家庭影响加大,有的家庭由此减少了部分生活必需品的消费。

中低收入家庭的日子过得不宽松,高收入者花钱也不痛快。江苏省城调队调查显示:去年高收入家庭的平均消费倾向仅为0.60,甚至还低于低收入家庭的0.86和中等收入家庭的0.78。南京大学商学院史有春教授说,“富人”的消费带有明显的享受性和发展性,而目前社会为他们提供的个性化消费品种出现脱节,服务业发展相对滞后,满足这一群体“享受”的消费太少、上市太慢。此外,消费环境不理想、没有适当的消费时间,也是高收入者普遍面临的问题。

解放出一部分“消费能力”和“心理承受力”

最近,随着国家对房地产市场宏观调控措施的出台,长三角一度热得烫手的房市有所降温,普通居民的消费信心开始增强。健康的消费是经济发展的动力。江苏省社会科学院研究员沈卫平说,要想保证国民经济的良性发展,必须采取措施提高居民的消费倾向,如果过度依赖投资,不仅会造成经济的忽冷忽热,还无法达到经济增长的最根本目的。

由于房价快速上涨，一些居民还未购房的居民甚至提早节省开支，“精简”生活。在一家驻沪机构工作的陈浩杰从2003年起就打算购房，但当时上海房价太高，他便决定等等再说，没想到此后房价一路走高，他几年来省吃俭用攒下的积蓄已经严重“贬值”。现在陈浩杰一边眼巴巴地盼着房价下跌，一边继续节衣缩食，生活得很“不痛快”。

谈起近年来不断攀升的房价，沈卫平表示，有必要抑制目前房价持续上涨的势头，保持房价的温和上涨，在保持经济平稳健康增长的同时，从中解放出一部分“消费能力”和“心理承受力”，用于其他的消费支出，以提高居民的生活水平。

此外，专家还建议具备相当财政实力的长三角政府应该把关注点多投入到社会事业当中。特别是在教育产业化后，很多费用不适当地扩大到义务教育领域，过度加重了学生家长的负担。专家认为，教育消费支出增长过快严重挤占了居民其他消费状况必须得到改变。

“中低收入者一个不敢消费的重要原因是社会保障体系还未到位，”浙江大学经济学院常务副院长姚先国教授认为，“这就需要尽快完善社保制度，扩大各项社保的覆盖面，包括养老保险、失业保险、医疗保险、大病保险、工伤保险和最低生活保障等，这有助于他们增加消费，提高生活质量。”

（资料来源：浙江在线新闻网站.2005-04-13.）

二、消费者均衡

把预算线和无差异曲线结合起来，当预算线与无数条无差异曲线中的一条相切于点 E 时，切点 E 即是均衡点。在 E 点，消费者获得最大效用（如图3-5）。

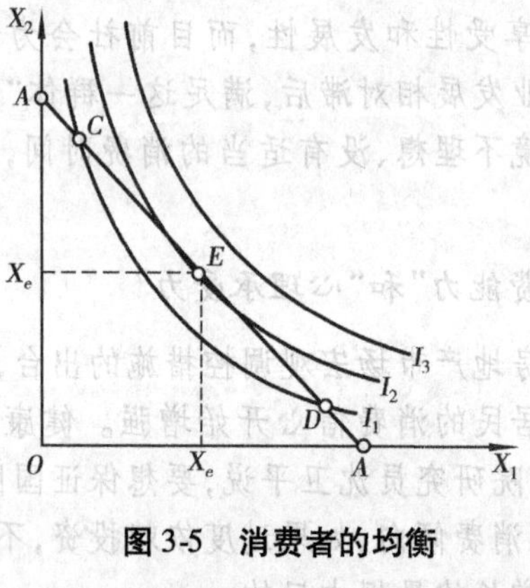

图3-5 消费者的均衡

学生活动四

讨论:你有1 000元人民币,需要用来购买生活用品和学习用品,如何安排才是最好的?

消费者均衡点的变动是收入或价格变化后,引起预算线的变化,导致均衡点的移动。移动的规则可以用收入-消费扩展线、价格-消费扩展线来表达。

1. 收入-消费扩展线的定义 收入-消费扩展线是指在商品价格保持不变的条件下,随着消费者收入水平的变动,消费者的消费均衡点变动的轨迹。收入-消费扩展线,反映的是消费长期变动趋势的曲线。该曲线强调的是收入变动对消费均衡的长期影响。一般说来,随着收入水平的提高,收入-消费扩展线就是一条与收入水平方向一致向右上方倾斜的曲线,即把各个短期消费均衡点用一条光滑连接起来的曲线。

收入-消费扩展线的产生:假设消费者偏好和商品价格不变,而消费者收入变化,这将会使预算线平行移动。如图3-6(a)所示,当收入增加时,在图上表现为预算约束线平行地向外移动;反之,则平行向内移动。预算约束线的移动又会引起预算线和无差异曲线的切点的移动,即引起消费者的均衡点的移动。如图3-6(b)所示,把所有这些均衡点连接起来,就可以得到一条新的曲线。这条新的曲线被称为收入-消费曲线。

收入-消费扩展线的应用:

第一,用来表示在偏好和价格不变的情况下最优消费组合如何对收入的变化做出反应而发生变动。

第二,推导出恩格尔曲线(恩格尔是19世纪德国统计学家),反映在价格保持不变的情况下,收入的变化与某一商品消费数量变化之间的关系。结合图3-6(b)、图3-6(c)描述恩格尔曲线。

学生活动五

讨论:如果你现在有2 000元人民币,在价格不变的情况下,你会怎样安排?

2. 价格-消费扩展线的定义 价格-消费扩展线是指在消费者收入和其他商品价格不变的情况下,随着一种商品价格的变动,消费者的消费均衡点变动的轨迹。价格-消费扩展线,反映的是消费短期变动的曲线。该曲线强调的是价格变动对消费均衡的影响。一般说来,随着一种收入水平的提高,收入-消费扩展线就是一条与收入水平方向一致向右上方倾斜的曲线,即把各个短期消费均衡点用一条光滑连接起来的曲线。

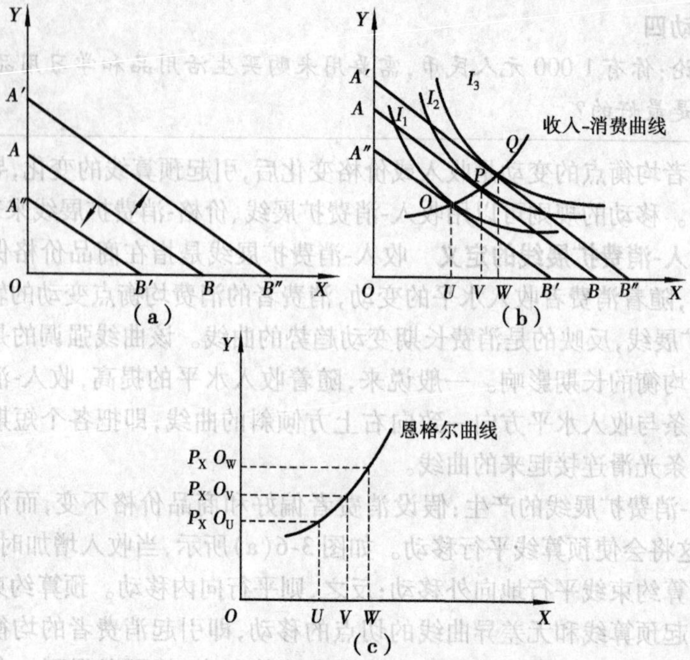

图 3-6　收入对消费均衡的影响及恩格尔曲线的导出

(a)收入预算线;(b)收入-消费曲线;(c)恩格尔曲线

价格-消费扩展线的产生:假设消费者偏好和消费者收入不变,Y 商品的价格也保持不变,而 X 商品的价格上升。如图 3-7(a)所示,预算线将以 A 点为中心旋转到 AB'。如果商品 Y 的价格不变,商品 X 的价格下跌,预算线以 A 点为中心旋转到 AB''。预算约束线的旋转又会引起消费者均衡点的移动,如图 3-7(b),把这些消费均衡点连接起来,便得到一条价格-消费曲线。

价格-消费扩展线的应用就是可以用来推导个人需求曲线。结合图 3-7(b),(c),描述个人需求曲线的推导过程。

三、替代效应和收入效应

1. 替代效应和收入效应的含义　一种商品价格变动,会对消费者产生两方面的影响,一是使商品的相对价格发生变动,二是使消费者的收入相对于以前发生变动。

(1)替代效应的含义:由于一种商品价格变动而引起的商品的相对价格发生变动,从而导致消费者在保持效用不变的条件下,对商品需求量的改变,称为价格变动的替代效应。

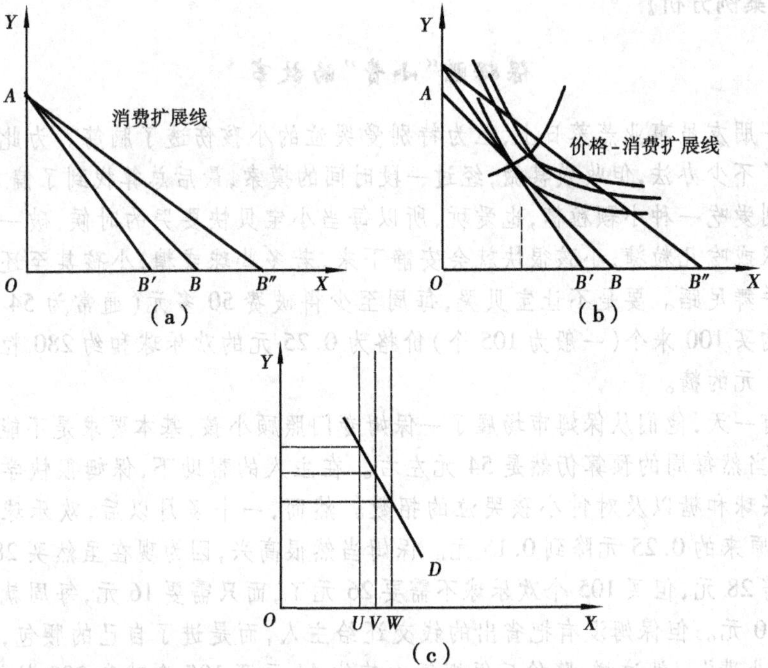

图 3-7　商品 X 的价格变化对消费均衡的影响及需求曲线的导出

(2)收入效应的含义:由于一种商品价格变动而引起的消费者实际收入发生变动,从而导致的消费者对商品需求量的改变,被称为价格变动的收入效应。公式为:

$$总效应=替代效应+收入效应$$

2. 正常商品、低档商品、吉芬商品的替代效应和收入效应分析

(1)对正常商品而言,商品价格下降的替代效应和收入效应都使得该商品需求量增加;正常商品的替代效应为正,收入效应也为正。

(2)对于低档商品而言,价格下降的替代效应使商品需求量增加,但收入效应却使得商品需求量下降。低档商品的替代效应为正,收入效应为负。

(3)吉芬商品的替代效应和收入效应分析。如果为负的收入效应的绝对值大于替代效应,使得需求量随价格上升而上升,则该商品为吉芬商品。吉芬商品价格变动的替代效应为正,收入效应为负,并且收入效应大于替代效应,使得需求量随价格上升而上升。

【案例分析】

保姆赚"小费"的故事

一朋友虽事业蒸蒸日上,但为特别爱哭泣的小孩伤透了脑筋。为此两口子想了不少办法,但收效甚微,经过一段时间的摸索,最后总算找到了偏方:小孩特别爱吃一种小颗粒糖,也爱玩,所以每当小宝贝快要哭的时候,破一两个欢乐球或吃几粒糖,小孩很快就会安静下来,若多些球或糖,小孩甚至还会高兴得手舞足蹈。要是不让宝贝哭,每周至少得破费50多元(通常为54元),包括购买100来个(一般为105个)价格为0.25元的欢乐球和约280粒价格为0.1元的糖。

有一天,他们从保姆市场雇了一保姆专门照顾小孩,基本要求是不能让宝贝哭,当然每周的预算仍然是54元左右。在主人的帮助下,保姆很快学会了如何买球和糖以及对付小孩哭泣的招数。然而,一个多月以后,欢乐球降价了,由原来的0.25元降到0.15元。保姆当然很高兴,因为现在虽然买280粒糖仍需28元,但买105个欢乐球不需要26元了,而只需要16元,每周就可以省出10元。但保姆没有把省出的钱交还给主人,而是进了自己的腰包,算是赚点"小费"。就这样,降价后保姆每次花约44元买105个球和280粒糖,并赚10元小费,主人全然不知。日复一日,循环往复,但保姆总琢磨着,既然球降价了,为什么不多买点球,而少买点糖。经过不断尝试,她觉得花上44元,买145个球和220粒糖效果最好,不仅能制止小孩哭泣,有时还会看到小孩的笑脸。

一次周末,保姆利用每周给的一天假,到正在上经济系研究生的哥哥处串门,并洋洋得意地把在主人家的故事一五一十讲给哥哥听。哥哥听后,觉得挺有意思,夸妹妹有心计,但仔细想想,心计还不够,因为让小孩高兴当然好,但这并不是妹妹的本职工作,她完全可以在不让小孩哭泣的前提下,更好地组合球与糖,省出更多的钱,赚更多的"小费"。经此点拨,妹妹觉得言之有理。回去之后,又经过不断尝试,她每次买大约140个球和210粒糖,花费约42元,就能保证小孩不哭。结果,每次可赚约12元"小费",比哥哥点拨前多赚2元。

转眼间已是春节临近,保姆打算回家过年,期间只能由主人替代去买东西和照顾小孩。她知道,如果主人去买东西,必使其赚"小费"之事暴露无遗。为此,她以退为进,开始将每次能省出的12元分文不要,即把主人所给的54元全部购买球和糖。至于购买的数量,经尝试,最后觉得每周买180个球和270粒糖,能使小孩最高兴。见此情景,主人当然非常高兴,夸保姆很能干,而保姆就将球降价的事告诉主人，还得了个"诚实"的美名。

（资料来源：http://blong. sina. com. cn/s/blong-4926414a01009def. htm）

分析：保姆在一种商品价格下降时所采取的三种不同对策说明了什么？

【小结】

消费者行为是消费者获取、使用、处理消费物品所采用的各种行动以及事先决定这些行动的决策过程。用总效用和边际效用概念来说明消费者行为，并且用边际效用概念和边际效用递减规律来解释消费者的需求和支付意愿。消费者均衡是指在收入和价格既定时，消费者在购买多种商品时，要使每一种商品的边际效用与价格之比同其他商品的边际效用与价格之比相等，这样他就能实现效用最大化。序数效用论用无差异曲线和预算线来说明消费者均衡。无差异曲线是表示两种物品的各种组合，这些组合对消费者产生的总满足程度（即提供的效用）是相同的。序数效用论用无差异曲线和预算线的切点是均衡点。商品价格变动，会对消费者产生两方面的影响即替代效应和收入效应。

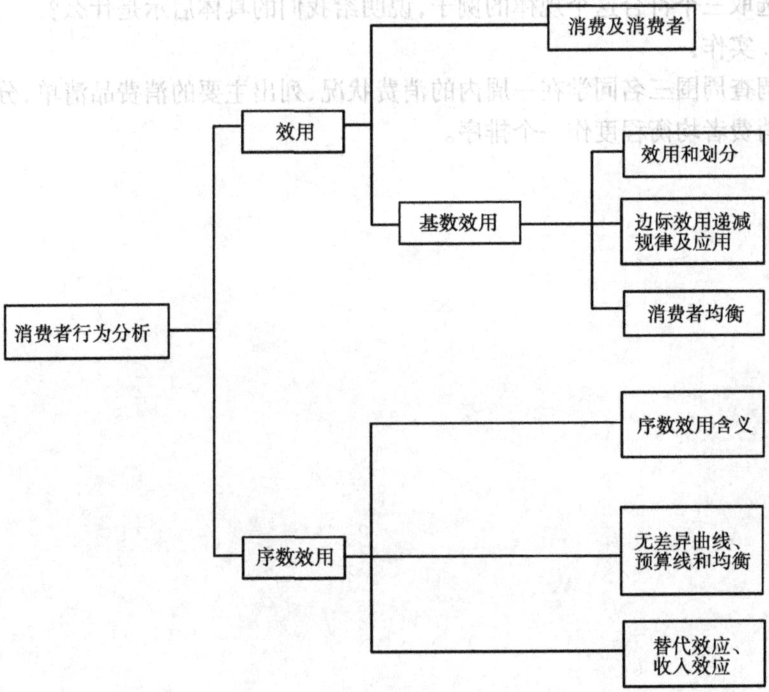

【复习思考题】

1. 案例分析:分析比例税与收入税对消费者的影响。假设某市政府通过调查发现本市普通家庭的年收入为5 000元,其中用于食物支出平均为2 000元,政府通过有关研究认为在目前物价情况下,普通家庭食物支出应达到2 500元较为合理,于是决定给予家庭相应的食物补贴,但面临两种选择:一种方案是直接提供相当于500元食物,另一种方案是提供500元现金。

试从消费者均衡角度来帮助政府分析这两种方案的结果。

2. 辨析

(1)边际效用就是效用的改变量。

(2)边际效用随着消费量的增加而增加。

(3)在均衡状态,消费者在每一种物品上得到的效用相等。

(4)离原点越远的无差异曲线代表越大的效用。

3. 资料获取:

边际效用递减规律是普遍存在的,并且给我们相应的启示。请自己去查找并选取三个符合这个规律的例子,说明给我们的具体启示是什么?

4. 实作:

调查周围三名同学在一周内的消费状况,列出主要的消费品清单,分析并按照消费者均衡程度作一个排序。

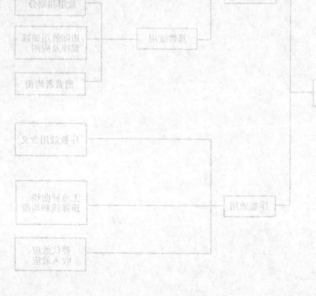

第四章

厂商行为分析

马克思主义者认为人类的生产活动是最基本的实践活动,是决定其他一切活动的东西。

——毛泽东

【教学目标】

通过本章教学,应让学习者达到以下目标:

1. 明确短期生产中的一般规律;
2. 了解长期生产函数的规模收益和要素投入的最优组合;
3. 了解等产量曲线的定义及其性质,等成本线的定义及其性质;
4. 掌握短期成本分析和长期成本分析。

【能力标准】

能力元素	能力表现水平描述
认识生产活动	了解生产与生产活动
	了解总产量、平均产量及边际产量的含义
	了解等产量曲线的定义及其性质,等成本线的定义及其性质
	掌握边际产量递减规律、规模报酬分析
认识成本与利润	掌握会计成本、机会成本和经济成本的定义及其联系和区别
	掌握成本、收益和利润之间的关系
	掌握成本理论的应用

第一节　厂商的生产活动

【导入案例 4-1】

鲁滨逊在荒岛上的活动是生产活动吗?

1651 年 9 月 1 日,在海港城市赫尔,鲁滨逊·克鲁索,这个 19 岁的小伙子决定登上一艘驶往伦敦的船只。鲁滨逊乘坐的一艘非洲商船突然遭到土耳其海盗登船袭击,他被卖为奴隶。然而他偷了一条不比鱼划子大多少的小船冒死逃脱,得到一艘驶往巴西去的葡萄牙货船的搭救。在巴西他从事甘蔗种植业大获成功。可是他感到他需要黑奴来替他开垦种植园,于是便在另一英国种植园主的劝说下前往非洲奴隶口岸。他们的船在南美洲东北海岸一个不知名的岛屿附近失事,鲁滨逊是唯一的幸存者。他被海浪卷到一个荒无人烟的小岛上,身上只带着一把小刀、一个烟斗和一些烟草。幸运的是他们的船并未真的沉没,而是撞毁在几块礁石上。次日天气晴朗,鲁滨逊设法游到失事的船边,他发现满船的有用的物品依然完好无损。回到岛上后他扎制了一只简陋的木筏,撑着它往返于破船与海岸之间达两周之久,运回了枪支、弹药、锯子、斧子和锤子。鲁滨逊感激上帝保佑他幸免于难,并为他提供了在这荒岛上生存下去的机会。他开始每天写日记,将自己的活动及思想记录下来。如此生活了 24 年后,第 25 年的一天,他搭救了一个野人,给他取名叫星期五,以纪念他获救的日子。鲁滨逊将星期五带回他的住处,逐渐教会他说一些英语,足以使他们相互之间交流思想,就成了他忠诚可信的仆人与朋友。后来他们又救出了星期五的父亲及一位西班牙人,还有其他一些白人水手。28 年后他们最终获救回国。

(资料来源:http://www.stuln.com/lilunketang/jiaoxueanli/yuanlike/2008-8-28/Article_21698.shtml.)

一、厂商的生产与生产活动

西方经济学中所谓的"生产",是指一切能够创造或增加效用的人类活动,生产活动不仅包括物质资料的生产,也包括劳务如理发、看病、政府、警察、音乐演奏等等。而生产过程就是各种生产要素进行组合、共同协作、生产出产品的过程。从物质技术的角度来分析,生产过程可以分解为两个方面:一是投入(input),即生产过程所使用的各种生产要素如劳动、土地、资本和企业家才能等;二是产出(output),即生产出来的各种物质产品的数量。

由此可见,生产是对各种生产要素进行组合以制成产品的行为。在生产中要投入各种生产要素并生产出产品,所以,生产也就是把投入变为产出的过程。

二、一种可变生产要素的合理投入

(一)短期与长期生产理论——影响厂商决策的条件

在生产中长期与短期不是指时间的长短,而是就生产要素是否全部可变而言的,而不管它们的实际时间有多长。生产上的短期是指,有一种或多种生产要素是固定投入①,厂商只能在既定生产规模内通过调整变动投入调整产量,即是在短期内,至少有一种生产要素的固定投入数量是不变的,变动的只是使用强度;生产上的长期是指,如果所有的生产要素都是变动投入,即是没有一种生产要素存在固定投入。比如,某企业,生产的产品供不应求,作为企业老板应该在最短的时间作出反应,购买生产用的原材料、燃料,并要求工人延长劳动时间,这就是短期的含义。如果该产品连续几个月始终保持供不应求的局面,精明的老板应作出扩大生产规模的决策。购买生产该产品的机器设备,直至建立分厂,同时要增加管理人员。生产规模扩大了,还需要增加原材料、燃料,增加工人,也就是说在长期中能够调整一切生产要素。

(二)总产量、平均产量和边际产量的含义

总产量是指一定的生产要素投入量所能提供的全部产量。平均产量是指单位生产要素提供的产量。边际产量是指增加一个单位可变要素投入量所增加的产量。如某企业在一定时期内生产的产品总数量为60件,雇佣了7个工人,每个工人平均生产8.6件。第3个工人生产的产量是36件,第4个工人比第3个工人只增加了12件。因此,这个企业在定时期内生产总产量是60件;平均产量是8.6件;第4个工人的边际产量是12件,最后一个工人的边际产量是0。我们用表4-1来说明这三个量之间的关系。

① 在一定生产时期和生产规模内,凡随产量变动而变动的要素,称为变动投入,不随产量变动而变动的要素,称为固定投入。

表 4-1　总产量，平均产量和边际产量的关系表

资本投入量 K	劳动投入量 L	劳动的总产量 TP	劳动的平均产量 $AP(AP=TP/L)$	劳动的边际产量 MP $(MP=TP_{Li}-TP_{L(i-1)})$
10	0	0	0	0
10	1	8	8	8
10	2	20	10	12
10	3	36	12	16
10	4	48	12	12
10	5	55	11	7
10	6	60	10	5
10	7	60	8.6	0

学生活动一

思考：假如你是这个企业的老板，根据我们上表中给出的数据，应该投入多少劳动量最佳？

（三）劳动力的合理投入区域——生产的三个阶段

根据上表总产量、平均产量和边际产量的关系，把可变生产要素投入划分为三个阶段，以说明一种生产要素的合理投入问题。

第一阶段，劳动量的投入 1 ~4 人；一开始增加劳动量总产量递增，边际产量大于等于平均产量，平均产量是递增的。这表明，在这一阶段，相对于不变的资本量而言，劳动量投入小于 4 人时，劳动量不足，所以继续增加劳动量的投入可以使资本得到充分利用，从而引起总产量、平均产量和边际产量递增。当劳动量的投入等于 4 人时，平均产量最大。

第二阶段，劳动量的投入 5 ~7 人；劳动量的平均产量开始下降，边际产量递减。由于边际产量仍然大于零，总产量是递增的。投入劳动量在大于 4 人且小于 7 人时，总产量还在增加，但平均产量和边际产量递减。劳动量投入 7 人时，总产量最大，边际产量七零。

第三阶段，劳动量的投入 7 人以上：这时劳动量的边际产量为负，总产量绝对减少。相对于不变的资本量而言，劳动量投入过多，会出现人浮于事的现象。

(四)边际产量递减规律的应用

用两种(或两种以上)生产要素相结合生产一种产品时,如果其中一种要素是可以变动的,那么,在其他条件不变的情况下,随着这一可变要素连续地等量增加,其边际产量开始会出现递增的现象,但在达到一定数量后,会呈现递减现象。这就是经济学中著名的边际产量递减规律①。

边际产量递减规律是从社会生产实践和科学实验中总结出来的,在现实生活的绝大多数生产过程中都是适用的。早在1771年,英国农学家A.杨格就用在若干相同的地块上施以不同量肥料的实验,证明了肥料施用量与产量增加之间存在着这种边际产量递减的关系。农民在一亩土地上撒一把化肥能增加产量1千克,撒两把化肥增产3千克,但化肥的增产效果会越来越差,过量施肥甚至会导致土壤板结及粮食减产。如果是边际产量递增,全世界有一亩土地就能养活全世界所有的人,那才是不可思议的事。边际产量递减规律告诉我们,在一定的条件下,高投入未必带来高产出,因此要注意投入的合理限度,寻找最佳的投入数量。

【案例分析】

三季稻不如两季稻

1958年"大跃进"是一个不讲理性的年代,时髦的口号是"人有多大胆,地有多大产"。于是一些地方把传统的两季稻改为三季稻。结果总产量反而减少了。从经济学的角度看,这是因为违背了边际产量递减规律。

两季稻是我国农民长期生产经验的总结,它行之有效,说明在传统农业技术下,土地、设备、水利资源、肥料等生产要素得到了充分利用。在农业耕作技术没有发生重大改变的条件下,两季稻改为三季稻并没有改变上述生产要素,只是增加了劳动、种子的投入量,这导致土地因过度利用而引起肥力下降,设备、水利资源、肥料等由两次使用改为三次使用,每次使用的数量不足。这样,三季稻的总产量反而低于两季稻。后来,四川省把三季稻改为两季稻之后,全省的粮食产量反而增加了。江苏省邗江县1980年的试验结果表明,两季稻每亩总产量达1 007千克,而三季稻只有755千克。更不用说两季稻还节省了生产成本。群众总结的经验是"三三见九,不如二五一十"。这就是对边际产

① 边际产量递减规律又称边际收益递减规律,最早是在18世纪由法国重农学派经济学家杜尔阁提出的。19世纪初英国古典经济学家威斯特、李嘉图、马尔萨斯等人也提出了这个规律。马尔萨斯的人口论正是以这一规律为基础的。正因为这一规律与人口论相关,所以,在马尔萨斯人口论遭到彻底否定的中国,这一规律也受到最严厉、最广泛的批判。

量递减规律的形象说明。

（资料来源：梁小民．微观经济学纵横谈[M]．北京：三联书店，2000．）

三、两种可变生产要素投入的最优组合

（一）等产量曲线

等产量曲线是表示在技术水平不变的条件下，两种生产要素的不同数量组合所带来的商品的产量是相同的一条曲线。

假如，现在用资本与劳动两种生产要素，它们有如表 4-2 中的四种组合方式，这四种组合方式都可以达到相同的产量。

表 4-2 等产量曲线上各种生产要素配比表

组合方式	资本（K）	劳动（L）
A	6	1
B	3	2
C	2	3
D	1	6

根据上表，可作出图 4-1：

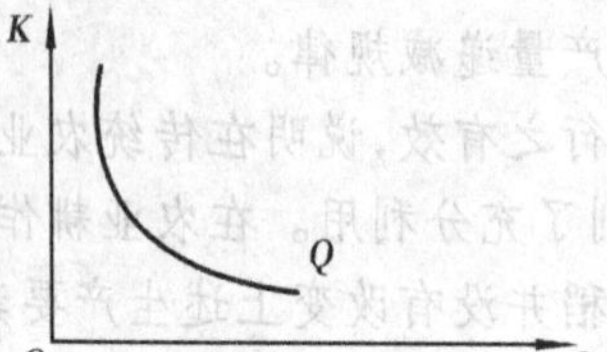

图 4-1 等产量曲线图

在图中，横轴 OL 代表劳动量，纵轴 OK 代表资本量，Q 为等产量线，即线上任何一点所表示的资本与劳动不同数量的组合，都能生产出相等的产量。等产量线与无差异曲线相似，所不同的是，它所代表的是产量，而不是效用。

从图上可知，等产量曲线有四个基本特征：

（1）等产量线是一条向右下方倾斜的线。其斜率为负值。这就表明，在生产者的资源与生产要素价格既定的条件下，为了达到相同的产量，在增加一种生产要素时，必须减少另一种生产要素。两种生产要素的同时增加，是资源既定时无法实现的；两种生产要素的同时减少，不能保持相等的产量水平。

（2）在同一平面图上，可以有无数条等产量线。同一等产量线代表相同的产量，不同的等产量线代表不同的产量水平。离原点越远的等产量线所代表的产量水平越高，离原点越近的等产量线所代表的产量水平越低。可用图 4-2 来说明这一点：

上图中，Q_1，Q_2，Q_3 是三条不同的等产量线，它们分别代表不同的产量水平，其顺序为：$Q_1 < Q_2 < Q_3$。

(3)在同一平面图上，任意两条等产量线不能相交。因为在交点上两条等产量线代表了相同的产量水平，与第二个特征相矛盾。

(4)等产量线是一条凸向原点的线。这是由边际技术替代率递减所决定的。

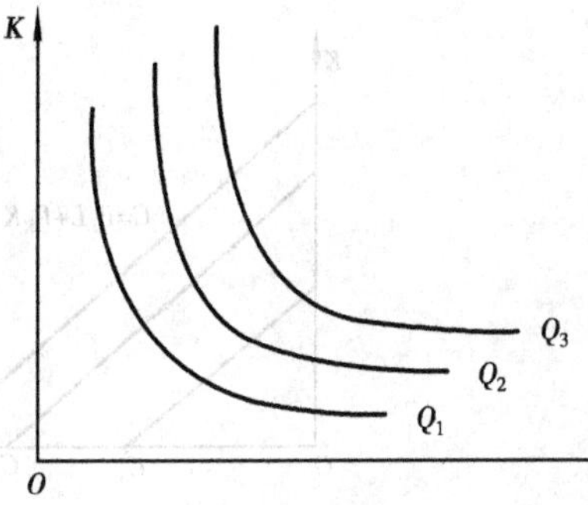

图 4-2　不同产量的等产量曲线

(二)等成本线

等成本曲线又称企业预算线，它是一条表明在生产者的货币量与生产要素价格既定的条件下，生产者所能够买到的两种生产要素数量的最大组合的线。

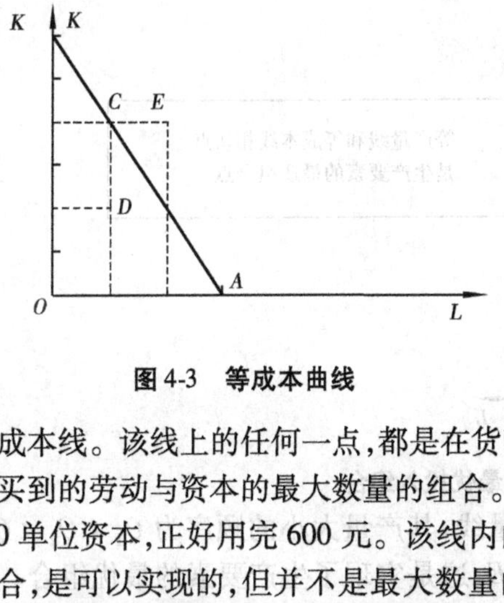

图 4-3　等成本曲线

假定某企业有货币成本 600 元，劳动的价格为 2 元，资本的价格为 1 元，如果全购买劳动，可购买 300 单位，如果全购买资本，可购买 600 单位。(图4-3)

在图中，如用全部货币购买劳动，可以购买 300 单位(A 点)，如用全部货币购买资本，可以购买 600 单位(B 点)，连接 A，B 点则为等成本线。该线上的任何一点，都是在货币量与生产要素价格既定条件下，能够买到的劳动与资本的最大数量的组合。例如，在 C 点，购买 100 单位劳动，400 单位资本，正好用完 600 元。该线内的任何一点所购买的劳动与资本的组合，是可以实现的，但并不是最大数量的组合，即没有用完货币。例如，点 D，在该线外的任何一点，所购买的资本与劳动的组合大于 C 点，但无法实现，因为所需要的货币超过了既定的成本。例如点 E。

等成本曲线是用等产量分析法研究生产要素最优组合时的限制条件，如图 4-4。

等成本曲线随着厂商的成本和生产要素的价格改变而改变。

价格不变，成本上升，等成本曲线向右上方平行移动到 C_2。

成本不变，生产要素的价格同时成倍上升，等成本曲线向左下方平行移动

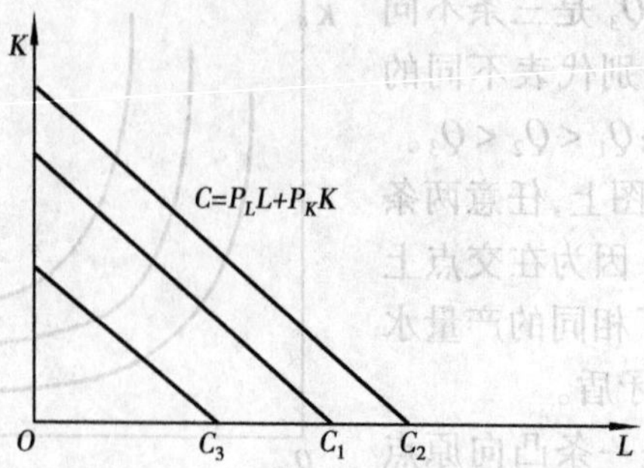

图 4-4　等成本曲线平移图

到 C_3。

（三）最优投入组合

现在我们把等产量线与等成本线结合起来分析生产要素的最优组合。

如果把等产量线与等成本线合在一个图上，那么，等成本线必定与无数条等产量线中的一条相切于一点。在这个切点上，就实现了生产要素最适组合。可以用图 4-5 来说明这一点：

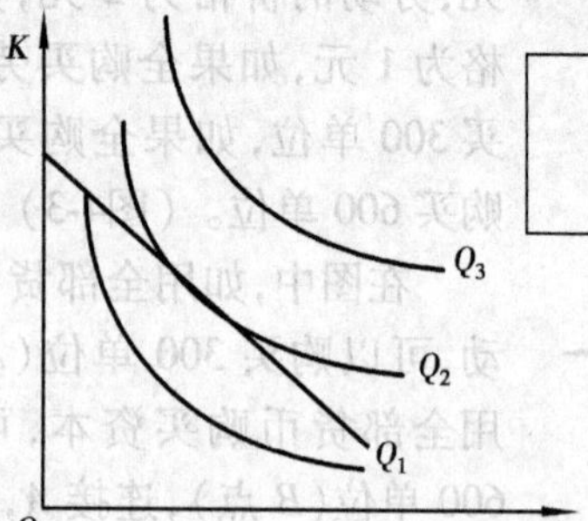

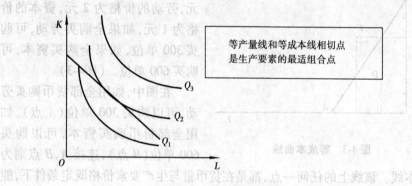

等产量线和等成本线相切点是生产要素的最适组合点

图 4-5　最优投入组合

在图中，Q_1,Q_2,Q_3 为三条等产量线，其产量大小的顺序为 $Q_1<Q_2<Q_3$。AB 为等成本线，AB 线与 Q_2 相切于 E，这是实现了生产要素的最优组合。这就是说，在生产者的货币量与生产要素价格既定的条件下，OM 的劳动与 ON 的资本结合，能实现利润最大化，既定产量下成本最小或既定成本下产量最大。

四、规模报酬分析——适度规模

在经济繁荣时期，当人们的着眼点放在市场竞争力的比较时，人们认为美国的 IBM、微软、通用、波音、AT&T、可口可乐、摩托罗拉，日本的松下、本田、丰田、索尼、尼桑,韩国的现代、三星、LG和中国的长虹、海尔等大企业好;在萧条时期,当大企业陷入短期困境时,人们又认为德国、中国台湾、中国温州的中小企业好。

怎样的规模才具有竞争力?

1. **生产扩张路径** 在长期中,当要素价格不变时,厂商投入的成本增加,则等成本曲线就会向远离原点的方向移动,它们与各等产量曲线会有一系列的切点,其均衡产量就沿着这些切点逐步增加。我们把这些切点连接而成的线条,称作生产扩张路径,或称生产扩张线。

2. **规模报酬原理** 规模报酬是指在其他条件不变的情况下,厂商内部各种生产要素按相同比例变化时所带来的产量变化。规模报酬变动的三种情况:规模报酬递增、规模报酬不变、规模报酬递减。

(1)规模报酬递增。规模报酬递增是指当企业的生产规模扩大时,企业产量或者收益的增加速度快于生产要素投入成本的增加速度。例如当企业投入增加一倍时(100%),即规模扩大一倍,企业的收益增加量大于一倍(超过100%)。这就是我们常说的出现了规模经济。

(2)规模报酬固定。规模报酬固定是指当企业的生产规模扩大时,企业产量或者收益的增加速度等于生产要素投入成本的增加速度。

(3)规模报酬递减。规模报酬递减是指当企业的生产规模扩大时,企业产量或者收益的增加速度慢于生产要素投入的成本增加速度。这就是我们常说的出现了规模不经济。

【案例分析】

移动梦网短信的故事

中国移动集团推出梦网计划以来,手机短信以其特有的技术和业务优势,很快打破电话声讯业务在信息平台的垄断,形成竞争格局。据中国移动统计,2002年上半年中国移动用户发送短信总数为282亿条,远远超过2001年全年158亿的总量,接近中国移动原定全年300亿条的预期目标。另外,在第六届中国GSM年会上,中国移动高层人员向媒体透露,目前中国手机用户正以每月500万的数量高速增长,预计2002年以手机短信为代表的移动数据业务将会为移动数据市场贡献至少60亿元收入。2000年只有10亿元市场规模,两年后可能上升到60亿元,短信市场高速发展令人惊叹不已。我们可以从规模经济的角度来分析这一市场快速发展的原因。

为实现向用户提供更有价值服务这一最终目标,中国移动将走出运营商的传统定位,转而与众多内容/应用提供商合作,实现开放和公平接入,并以客户聚集者的身份架起服务提供商与用户之间的桥梁。现有的WAP平台、短消息平台都可向社会不同合作伙伴开放,并以“一点接入,全网服务”为原则,通过不断升级和完善计费系统,给合作伙伴充分施展才能提供条件。

中国移动之所以能够提供网络平台和网络服务,关键在于这类网络信息产品具有很强的规模经济效应。移动电话系统包括遍布全国的交换和传输系统以及成千上万个基站,但它传输的是信息产品,传递每个呼叫或短信的边际成本很小。由于边际成本小,运用商的话务量越大,其平均成本就越低。移动梦网“一点接入,全网服务”,进一步降低了运营商的边际成本。反观固定电话声讯系统,由于是以本地网为单位建立,每增加一个节目源,或者不能全网服务,或者每个本地网都要修改和增加相应数据(涉及流程装载、计费和结算等内容)。因而需要耗费大量额外人力物力,难以提供真正意义的全网服务功能。从供给方面看,移动梦网竞争力的基础是强大的规模经济效应。

(资料来源:卢锋.商业世界的经济学观察[M].北京:北京大学出版社,2003.)

学生活动二

边际产量递减规律早在18世纪就由经济学家提出,有人把这一规律应用到农业领域却描述出一幅人类悲惨前景的画面来。因为耕地等自然资源毕竟是有限的,要增产粮食最终只能依靠劳动力的增加,但边际产量递减规律表明,劳动力投入带来的边际粮食产量递减,于是人口不断增长的必然结果是,人类不能养活自己。无独有偶,1994年一位叫莱斯特·布朗的人重复类似悲观的预言,发表了一本题为《谁来养活中国》的小册子,宣称人口众多的中国将面临粮食短缺的问题,进而引发全球粮价猛涨的危机。杞人忧天的布朗不知是否知道我国农业科学家袁隆平的名字,是他利用科学技术发明了杂交水稻,使水稻每亩单产达到了405千克。事实证明,中国人养活自己靠的是农业技术进步。布朗先生之所以用错了边际产量递减规律是因为他不知道边际产量递减规律也是有条件的。

(资料来源:经济学——从理论到实践[M].北京:化学工业出版社.)

联合国发展项目委员会(UNDP)发布的一份报告称,因为中国的廉价商品充斥了整个市场,中国经济快速增长威胁到周边贫困国家的利益。亚洲穷国也曾尝试过开放和与国际接轨,但未能赶上中国的步伐,他们的产品无力与中国产品竞争,也无法进入中国市场。

(资料来源:http://finance.people.com.cn/GB/1045/4575783.html.)

"中国经济近年来迅猛增长，能源消费快速增加，有人认为这会对世界能源安全构成威胁"。

（资料来源：http://www.sdpc.gov.cn/mtbd/t20070309_120496.htm.）

摩根斯坦利公司发表的《中国因素》的报告。报告声称，"中国正在通过商品出口把自身的通货紧缩转向全球"。此后，日本及东南亚国家主要媒体转载并发表评论，也认为中国是当前世界经济通缩的重要来源之一。似乎世界经济的不景气，都是中国惹的祸。

（资料来源：http://finance.sina.com.cn/roll/20021226/1436295297.shtml.）

讨论：中国经济威胁论成立吗？

第二节　成本分析

【导入案例 4-2】

"没有成本"的烧鸡

1984 年的一个星期天，北京一名大学生去附近自由贸易市场，看到一个用编织袋卖烧鸡的保定区个体户，便攀谈起来。

大学生：这烧鸡怎么卖？

个体户：一斤一块五。

大学生：你跑这一趟能赚多少？

个体户：不多，也就 300 块左右。

大学生（估计两大编织袋烧鸡不过 200 斤）：我问的不是卖多少钱，而是赚多少钱，得刨去成本。

个体户：我没有成本。

大学生：不可能！这些鸡总不会是偷来的吧？

个体户：这哪能呀。听说我要做烧鸡到北京卖，孩子他叔、姑、舅、姨把能杀的鸡都送过来了，没花钱。

大学生：烧鸡总得烧，你买煤或买柴花了多少钱？

个体户：柴是我自己从后山上砍的，也没花钱。

大学生：坐车到北京，总得花钱吧？

个体户:我自己骑自行车驮来的,也没花钱。
大学生:那总得有地方住呀?
个体户(指指摊位):就一两夜,在铺板底下凑合凑合就行了,也没花钱。
大学生:那你总得吃呀?
个体户(拍拍口袋):自己做的馍,也没花钱。
大学生(大讲机会成本):你虽然没有财务成本,但有机会成本!
个体户(似懂非懂):反正我没花钱,卖多少就赚多少。
(资料来源:商务部编写组.微观经济[M].北京:中国商务出版社,2007.)

生产理论分析了生产要素投入量与产量之间的关系。但是,生产者为了实现利润最大化,不仅要考虑这种物质技术关系,还要考虑成本与收益之间的经济关系。成本也称为生产费用,是生产中使用的各种生产要素的支出。在分析成本时,实际上是分析生产要素的货币形态。这样就使成本分析与生产要素分析既有联系又有区别。

企业的生产成本通常被看成是企业对所购买的生产要素的货币支出。然而,西方经济学家指出,在经济学的分析中,仅从这样的角度来理解成本概念是不够的。为此,他们提出了机会成本的概念以及显成本和隐成本的概念。

一、成本的概念

(一)历史成本与机会成本

财务分析使用历史成本,它是企业在生产过程中按市场价格直接支付的一切费用,是业已发生的成本,这些成本一般均可通过会计账目反映出来。

经济资源一般是可以有多种用途的,但一定的资源用来生产某种产品后,就不可能用来生产其他产品,这就意味着,一定数量的资源用来生产某种产品时,就必须放弃别种产品的生产。经济分析使用的机会成本是指,将一定资源做某种用途时所放弃的其他各种用途中的最高收入,这也是将一定资源保持在这种用途上所必须支付的成本。例如,当人们将1吨原油用作燃料发电时,就不可能再用这1吨原油生产化纤等其他石化产品。按照理性人的假设,人们总是将资源用于收入最高的用途,假如化纤在各种石化产品中收入最高,那么,1吨原油生产化纤的收入,便是这1吨原油用于发电的机会成本,否则,追求利润最大的企业便会将这1吨原油的用途从发电改为化纤。由此可见,所谓机会成本,实质上是指选择的代价,即“选择成本”。它可以帮助人们进行可行性研究和最优化决策。当然,运用机会成本概念时,要适合以下三个条件:

第一,资源本身要有多种用途;第二,资源可以自由流动且不受限制;第三,资源能够充分利用。如果以上条件不具备,机会成本便毫无意义。

【案例分析】

上大学的机会成本

如今,家长们都舍得把大把钱花在子女教育上,特别是那些收入较低的家庭,做父母的宁愿节衣缩食,也愿供子女读完大学。那么,是否每个人都应作出上大学的决策呢?回答这个问题,需要比较上大学的成本和收益。

上大学的收益是使知识丰富和一生拥有更好的工作机会,以及较高的收入、高学历带来的名誉、地位等效应。但成本是什么呢?回答这个问题时,通常人们会把一个大学生上四年大学的学费、书费、生活费加总起来,但这种总和并不是一个大学生上大学所付出的全部代价。读四年大学的学费、书费和生活费只是上大学的会计成本,而计算上大学的成本需要考虑机会成本。一种东西的机会成本是为了得到这种东西所放弃的东西。从这一意义上讲,生活费并不是上大学的真正成本。一个人即使不上大学,也要有睡觉的地方,也要吃东西。只有在大学的住宿和伙食比其他地方贵时,贵的这一部分才是上大学的成本。

一个人在作出是否上大学的决策时,应当考虑上大学最大的成本——时间。当你把四年的时间用于听课、读书和写文章时,你就不能把这段时间用于工作。对大多数学生而言,为上学而放弃的工资是他们接受高等教育最大的一项成本。因此,计算上大学的代价时,应当把因上大学而付出的一切,包括显性的和隐性的成本都考虑在内。只有在上大学的收益大于为此而付出的成本时,上大学的决策才是正确的。

在现实生活中,许多人在作出决策时,通常知道应考虑伴随每一项可能的行动而来的机会成本。例如,那些有足球天赋的运动员,如果在高中毕业后去踢足球,每年就能赚上百万元人民币。而四年所赚的钱可能会远远高于一个大学生一生的收入。这些有天赋的青年深知他们上大学的机会成本极高,他们通常不会花费这种巨额成本去获取上大学的收益。类似的情况还有那些具备模特气质和条件的女孩子,她们放弃上大学也是因为当模特的收入高,上大学的机会成本太大。当我们了解机会成本的概念后就知道并不是每个年轻人都适合上大学。

(资料来源:张淑云,徐毅.经济学——从理论到实践[M].北京:化学工业出版社,2004.)

(二)显性成本与隐性成本

厂商的生产成本可以分为显性成本和隐性成本两个部分。

厂商生产的显性成本是指厂商在生产要素市场上购买或租用所需要的生产要素的实际支出。例如,某厂商雇佣了一定数量的工人,从银行取得了一定数量的贷款,并租用了一定数量的土地,为此,这个厂商就需要向工人支付工资,向银行支付利息,向土地出租者支付地租,这些支出便构成了该厂商的生产的显明成本。

厂商生产的隐性成本是指厂商本身自己所拥有的且被用于该厂商生产过程的那些生产要素的总价格。例如,为了进行生产,一个厂商除了雇佣一定数量的工人、从银行取得一定数量的贷款和租用一定数量的土地之外(这些均属显性成本支出),还动用了自己的资金和土地,并亲自管理企业。西方经济学家指出,既然借用了他人的资本需付利息,租用了他人的土地需付地租,聘用他人来管理企业需付薪金,那么,同样道理,在这个例子中,当厂商使用了自有生产要素时,也应该得到报酬。所不同的是,现在厂商是自己向自己支付利息、地租和薪金。所以,这笔价值就应该记入成本之中。由于这笔成本支出不如显性成本那么明显,故被称为隐性成本。隐性成本也必须从机会成本的角度按照企业自有生产要素在其他最佳用途中所能得到的收入来支付,否则,厂商会把自有生产要素转移出本企业,以获得更高的报酬。

【案例分析】

门脸房是出租还是自己经营

假如你们家有一个门脸房,你用它开了一家杂货店。一年下来,你算账的结果是挣了5万元人民币,你很高兴。可用经济成本分析后,你恐怕就高兴不起来了。因为,你没有把隐性成本算进去。假定门脸房出租,按市场价一年是2万元。假定你原来有工作,年收入也是2万元。那么,这4万元就是你自己经营的隐性成本。从经济学分析来看,这应该是成本,是你提供了自有生产要素房子和劳务所理应得到的正常报酬。而在会计账目上没有作为成本项目记入。这样算的结果是你一年没有挣5万元,只有1万元。如果再加上自己经营需要1万元的资金进货,这1万元的银行存款利息也是隐性成本。这样一算,你自己经营就非常不合适了,应该出租。但是如果你下岗了,也找不到高于3万元的工作,还是自己经营为上策。

显性成本和隐性成本之间的区别说明了经济学家与会计师分析经营活动的不同。经济学家关心和研究企业如何作出生产和定价决策,因此当他们衡量成本时就包括了隐性成本。而会计师的工作是记录流入和流出企业的货币,因此他们只衡量显性成本,忽略了隐性成本。

(资料来源:张淑云,徐毅.经济学——从理论到实践[M].北京:化学工业出版社,2004.)

(三)会计成本与经济成本

会计成本是指在购买生产要素时实际发生的、且高度可见的成本。它包括:使用他人劳动力所支付的工资和奖金,从其他企业购买的原材料和半成品价值、租用他人拥有的厂房的租金、支付他人资本的利息等,这些成本被概括为显性成本。

经济分析所用的成本是应有成本(经济成本),而财务分析所用的成本是企业实际支出的成本(会计)。

经济成本主要用于企业经营决策,会计成本主要用于考核企业经营业绩,两者具有重大差别。

经济成本不仅仅包括了显性成本,它还包括了隐性成本。后者是指在生产过程中使用的,但又未被支付报酬的那一部分费用。从以上讨论可知:

会计成本 = 显性成本

经济成本 = 显性成本 + 隐性成本 = 会计成本 + 隐性成本

如果有隐含成本的话,经济成本大于会计成本。

(四)增量成本与沉没成本

增量成本是由于某项生产决策而产生的相关成本,即总成本的增量。它主要是因新增产量而增加的直接材料、直接人工和制造费用,即变动成本。

沉没成本是业已发生而无法收回,或不因生产决策有所改变的成本。它主要是与产量决策无关的厂房、设备等无法转让的固定成本。过去购进的闲置设备,要根据其使用机会计算沉没成本。如果是别无他用的专用设备,或者是经济寿命终结的过时设备,购置成本就是沉没成本。如果这些设备还能以半价转让出去,沉没成本仅是购置成本的一半。

(五)生产成本、开发成本与交易成本

财务分析中的生产成本,主要指材料、工资、管理、销售费用,是在既定技术条件下所发生的成本。

开发成本则是进行技术创新中所发生的研究开发费用。在日益激烈的市场竞争中,创新能力是核心竞争力,特别是信息技术等高新技术产业,主要是开发成本,生产成本较少。盗版等违法行为,正是为了逃避开发成本。

交易成本则包括事先界定产权、搜寻信息、签订契约的费用，事后修订契约、执行契约、监督违约、制裁违约等费用。这些费用可以直接表现为货币支出，但更多地表现为时间、精力等非货币支出的机会成本。对某些行业来说，这种交易成本会占到总成本一半以上。

（六）短期成本与长期成本

只能对部分要素进行调整，而不能对全部要素进行调整的时期内所发生的成本为短期成本。对一切要素均可调整的时期内发生的成本称为长期成本。

1. 短期成本（图 4-6，图 4-7，表 4-3） 在短期中，由于生产要素分为固定投入和可变投入，因此短期中的成本相应地区分为总成本、固定成本、可变成本、平均成本、平均固定成本、平均变动成本、边际成本等七个成本概念。

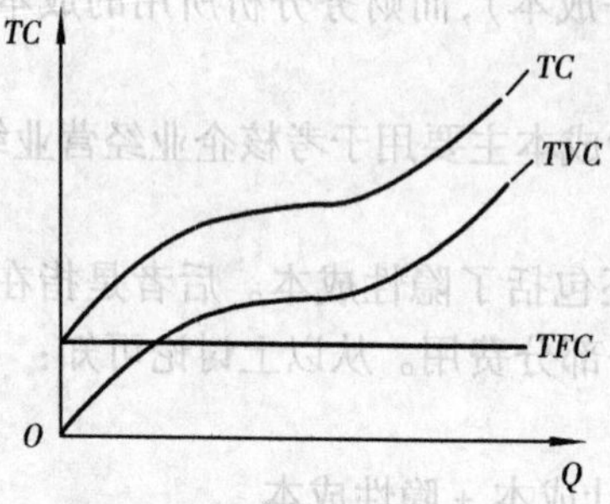

图 4-6 总成本、总固定成本和总变动成本曲线

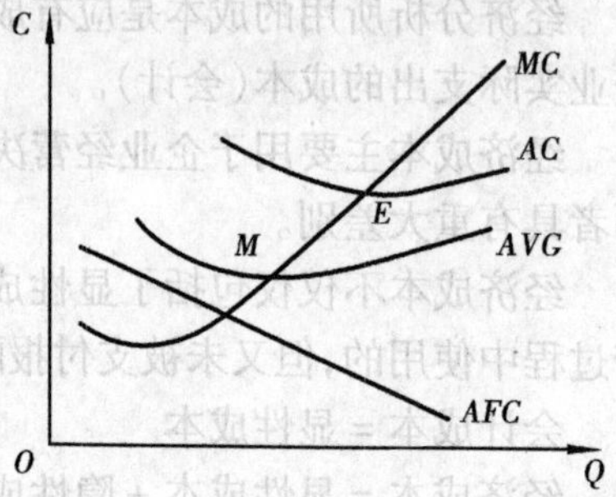

图 4-7 短期平均成本曲线和边际成本曲线

表 4-3 根据总成本计算的各项成本

产量	固定成本	可变成本	总成本	边际成本	平均成本	平均可变成本	平均固定成本
0	55	0	55	—	∞	0	∞
1	55	30	85	30	85	30	55
2	55	55	110	25	55	27.5	27.5
3	55	75	130	20	43.3	25	18.3
4	55	105	160	30	40	26.2	13.7
5	55	155	210	50	42	31	11
6	55	225	280	70	46.6	37.5	9.1
7	55	315	370	90	52.8	45	7.8
8	55	425	480	110	60	53.1	6.8
9	55	555	610	130	67.7	61.6	6.1
10	55	705	760	150	76	70.5	5.5

(1)短期总量成本——固定成本、可变成本和总成本。

固定成本(fixed cost):是指那些短期内无法改变的固定投入所带来的成本,这部分成本不随产量的变化而变化。一般包括厂房和资本设备的折旧费、地租、利息、财产税、广告费、保险费等项目支出。即使在企业停产的情况下,也必须支付这些费用。

可变成本(变动成本)(variable cost):是指短期内可以改变的可变投入的成本,它随产量的变化而变化。例如:原材料、燃料、动力支出、雇佣工人的工资等。当产量为零时,变动成本也为零,产量越多,变动成本也越多。

总成本(total cost):指短期内生产一定产量所付出的全部成本,厂商总固定成本与总变动成本之和。用公式表示为

$$TC(Q) = TFC + TVC(Q)$$

(2)短期平均成本——平均固定成本、平均可变成本、平均成本。

平均固定成本(average fixed cost):是指厂商短期内平均生产每一单位产品所消耗的固定成本。公式为

$$AFC = \frac{TFC}{Q}$$

平均可变成本(average variable cost):是指厂商短期内生产平均每一单位产品所消耗的总变动成本。公式为

$$AVC = \frac{TVC}{Q}$$

平均成本(average total cost):是指厂商短期内平均生产每一单位产品所消耗的全部成本,公式为

$$AC = \frac{TC}{Q} \text{或} AC = AFC + AVC$$

(3)边际成本。

边际成本(marginal cost):是指厂商在短期内增加一单位产量所引起的总成本的增加。公式为

$$MC = \frac{\Delta TC}{\Delta Q}$$

边际成本递增规律:随着可变投入的增加,边际成本在开始时递减,随着可变投入的继续增加,最终会不断上升。

在图 4-7 中,平均成本 AC 的最低点称为盈亏平衡点,平均可变成本 AVC 的最低点称为停止营业点。

2. 长期成本 讨论厂商长期成本,实际上是假定厂商有足够充足的时间,全部调整其生产要素,是考察厂商从预计提供的产量出发,根据技术状况,可

以利用的各种规模的厂房、设备、投入。因此,在长期成本分析中,所有的生产要素都是可变的,没有固定成本和变动成本的区别。这样,长期中用到的成本概念只有三个:长期总成本、长期平均成本和长期边际成本。

长期总成本(long total cost):是指厂商长期中在各种产量水平上的最低总成本。生产要素投入的变动意味着规模的调整。长期中所有生产要素都是可变的,意味着厂商可以任意调整生产规模。因此长期中厂商总是可以在每一个产量水平上选择最优的生产规模进行生产。

长期平均成本(long a vevage cost):是指厂商在长期内按产量平均计算的最低成本。公式为

$$LAC = \frac{LTC}{Q}$$

长期边际成本(long marginal cost):是指长期中增加一单位产量所增加的总成本。公式为

$$LMC = \frac{\Delta LTC}{\Delta Q}$$

【案例分析】

刚过去那几小时的运输成本是多少

某铁路区段过去一年运货 10 万吨,每年折旧和贷款利息在内的全部成本是 100 万元。于是可以得出每运出一吨货的成本是 10 元,这就是平均成本。这种方法广泛应用在计划经济中。但这种方法的重要依据是过去的事物,并不反映当前的情况。1 吨货的成本是 10 元,刚过去的那几小时的运输成本是多少?这就是边际成本,即每增加一单位的产量所增加的成本。这个例子的边际成本只包括直接与运量有关的成本,如工资、材料、电力等。现在边际分析方法的不断发展,人们进一步懂得使用边际成本的概念,并结合目前形势下的某些特点就可以更科学地对未来加以预测。上例中如果该区段铁路的运输能力已达饱和,再增加运量已无可能。除非是进行一些重大的技术改造,例如,改用大马力的机车、加固路基等。这些投资都是很大的,铁路运输的边际成本也会提高。这个例子说明对边际成本应经常进行分析,它比平均分析更能提供有用的信息。

边际成本分析方法对工矿企业的产量决定有着重大意义。当产量很低时,再多生产一件产品的成本呈下降趋势。当产量增加时,边际成本由降变升。当产量超过设计能力时,边际成本急剧上升。例如上面提到的铁路运输的边际成本就服从这一规律。我国大多数企业领导和会计师还不懂得边际成

本的意义,更谈不上对边际成本曲线有什么研究。如果能改变这一局面,全国每年多创造几十亿利润是毫不费劲的事。

(资料来源:茅于轼. 寻求社会致富之道[M]. 成都:四川人民出版社,2002.)

二、成本分析的应用

【案例分析】

亏损的QC公司为什么没有退出市场?

QC公司是世界上最大的食品生产企业之一,1990年,QC公司瞄准发展中的中国饮用水行业,投资近2亿元人民币在天津兴建矿泉水厂。1998年又耗资4 000万元人民币收购上海某饮料厂,并增加投资3亿元人民币扩建成年产5亿L纯净水的现代化生产基地。

然而,QC在中国饮用水市场上面临挑战。第一,从市场需求角度看,中国由于生活水平、消费者对茶饮料偏好等方面因素,饮用水市场总体规模还比较小。第二,从市场竞争情况看,中国市场上有几千家质量低、效率低但成本也很低的地方瓶装水厂。由于饮用水缺乏明确的卫生和技术质量标准,进入门槛比较低。QC公司基于在饮用水行业的经验和对自身品牌的严格质量要求,引进意大利、法国等现代化大型设备,严格控制生产流程,检测要求精益求精,使其产品质量优异但生产成本(特别是固定资产折旧成本)高昂。因而,QC饮用水面临的困难是,相对于国内很多竞争对手缺少价格优势,相对于达能集团这样的国际竞争对手又缺少规模优势。

在上述背景下,虽然QC公司凭借其成功的中国营销队伍、优质品牌效益可以吸引一部分高端客户群并占有一定市场,然而维持低价销售且无法达到规模产量,长期亏损则不可避免,退出似乎成为不得不考虑的选择。然而,实际上,由于存在巨大的沉没成本,QC想要退出也不容易。QC在华饮用水项目固定投资巨大,上海、天津两家工厂总投资迄今超过5.4亿元人民币,再加上每年大约3 000万元人民币广告投入,累计达3亿元人民币。如果退出,厂房、土地、通用机器设备虽有可能部分收回,但资产处置时间很长,针对饮用水的广告成本完全付之东流,沉没成本总计超过8亿元人民币。

反过来看,如果维持经营,市场分析结果表明QC公司仍有机会在高端产品保持优势,占有一定市场份额。特别在5加仑大桶水市场,QC公司又有丰富经验,是美国等地的市场领导者,具有明显优势。经过努力,饮用水产量可能达到1.5亿L以上。虽然仅为设计生产能力的三分之一,但是公司可以至少保持每年20%到30%的毛利,约为2 000万元人民币。

经过全面的市场调研和缜密分析,该公司董事会决定继续饮用水工厂的生产经营。提出利用QC公司在中国的成功的营销网络和经验,继续扩大市场和销售。同时公司还实施减少外籍人员、加快管理人员本地化,压缩广告开支等节流措施,努力降低亏损额。从2002年情况看,公司销售业绩与去年大体持平,但是管理费用和销售费用明显下降,净亏损大幅度下降,董事会维持亏损经营决策得到了较好的贯彻。

(资料来源:扬长江,陈伟浩.微观经济学[M].上海:复旦大学出版社,2004.)

【案例分析】

为什么民航公司愿意向顾客提供折扣机票?

经常坐飞机的人可以发现,有的航班满员,而另一些航班空座很多。当航班有空座时,民航公司总是以向乘客提供折扣机票的办法作为竞争的基本手段。民航公司的行为是理性的吗?我们可以用边际分析理论来回答这一问题。

从理论上说,短期内民航公司的成本分为固定成本和可变成本。固定成本包括飞机购置费(即购置飞机的贷款利息和折旧费)、乘务员工资、检修费用及机场设施和地勤人员费用等等。这部分费用是必须支出的。可变成本主要由燃料和服务费(安检、饮食、清洁)构成,这部分费用随着乘客人数的增加而增加。显然,就航空业而言,它的成本大部分是由固定成本构成的。当民航公司的一些航班空座很多的情况下,能否把机票的价格降低出售呢?边际分析告诉我们是可行的。因为根据边际分析法,决策不应当考虑全部成本,而应当考虑每增加一位乘客而额外增加的成本,这种额外增加的成本叫做边际成本。在这里,每增加一位乘客而引起的边际成本是很小的,它只包括乘客的餐饮费和飞机因增加载荷而增加的燃料支出。而航空公司多卖一张票而增加的收入叫做边际收益,如果航空公司机票打折后每多卖一张票所增加的边际收益大于边际成本,那么,多卖客票就能增加公司的总利润。否则,如果机票没有灵活性,因票价过高使一些航班空了座位,造成了浪费,这对航空公司是不利的。

当然,航空公司仅用让利的办法争取乘客是不够的,因为如果不能改进内部管理提高效率,光用让利的手段去竞争,也会造成企业的亏损。所以,机票打折后,航空公司还应该提高业务水平,既提高航空公司收入,又降低乘客负担。

（资料来源：张淑云，徐毅．经济学——从理论到实践[M]．北京：化学工业出版社，2004．）

学生活动三

鱼，我所欲也；熊掌，亦我所欲也。两者不可兼得，舍鱼而取熊掌也。机会成本就是用来衡量取得一个机会必然舍弃另一个机会的相当价值。

（资料来源：郑甲泳．10 不如 9 大．）

虽然我们每个人一天的时间都是 24 小时，但随着我们选择的不同，对时间的感觉却会产生很大的差异，“一寸光阴一寸金”还是“一日如三秋”？我们的选择决定了时间的质量。请结合本节所学内容，分析时间的机会成本，思考如何管理你的时间？

第三节　收益与利润

【导入案例 4-3】

为什么银行晚上不营业？

在我国，许多大商场和超市晚上仍开门营业，给白天工作繁忙的市民购物带来了极大的方便。但是，我们很少见到银行把工作时间延长到晚上。对此，有市民在报纸上刊文批评，但仍没有见到情况有所改善。为什么银行晚上不营业呢？我们知道，银行每延长 1 小时营业时间，就要支付 1 小时所耗费的成本，这些成本包括直接的物耗，比如水、电等，也包括由于延长工作时间而支付的银行员工的加班费，这些由于延长工作时间而增加的成本就是边际成本。假如某银行营业时间延长 1 小时增加的成本为 1 万元，在延长的 1 小时里银行由于办理各种业务而增加的收益小于 1 万元，表明该银行每多延长 1 小时所增加的收益小于延长 1 小时营业时间所增加的成本。这时，对该银行来说，在不考虑其他因素的情况下，延长营业时间就是不明智的了，因为营业会造成亏损。相反，如果它延长 1 小时营业时间增加的成本是 1 万元，增加的收益大于 1 万元，这时，对该银行来说，延长营业时间会使利润增加。作为一个精明的经营者，他一定会将营业时间延长到晚上，把该赚的钱赚到手。银行客户主要是企事业单位和居民。银行为每一客户办理存贷款业务所付出的成本基本相同。但是,由于企事业单位每次所办理的存贷款数额较大,银行为它们办理存贷款业务所得到的收益显然要大于为居民办理小额存贷款业务的收益。企事业单位办理存贷款事项多在白天的上班时间。出于安全等因素的考虑,一些办理较大数额存贷款事项的居民也会选择白天的时间,这样,晚上去银行的客户通常是一些办理小额存贷款的居民,银行为他们办理各种业务所得到的收益不足以抵偿晚上营业所增加的成本,这就是为什么银行不愿晚上营业的经济学上的道理。

(资料来源:张淑云,徐毅.经济学——从理论到实践.北京:化学工业出版社,2004.)

一、收益与利润的概念

厂商的收益是厂商销售商品所得到的收入,即销售收入。关于收益,有三个重要的概念,即总收益、平均收益和边际收益。总收益是指厂商按一定价格销售一定量商品所得到的全部收益,总收益等于单位商品价格与总销售量的乘积。平均收益是指厂商销售每一单位商品所得到的收入,平均收益等于总收益与总销售量之比。边际收益是指厂商每增加一单位商品销售所增加的收益。

厂商的总收益减去总成本就是利润。

二、会计利润与经济利润

会计成本与经济成本不相同,相应地,会计利润和经济利润也不相等。总收益与会计成本的差额,称为会计利润。总收益与经济成本的差额,称为经济利润。

需要指出,要使企业家在这个企业继续经营下去,必须使他至少获得正常利润。正常利润是企业家才能的价格,即企业家才能这种生产要素的所得到的收入,它包括在隐性成本之中,其性质与企业员工的工资相类似。因此,在经济分析中,正常利润列入经济成本,不算经济利润。

经济利润是超过正常利润的差额,又称超额利润。在进行决策分析时,企业必须同时作出财务分析和经济分析:如果财务分析通过而经济分析通不过,政府不会批准这个项目,因为社会不需要;如果财务分析通不过而经济分析通过,政府将根据社会需要,采取必要措施改善财务状况,批准这个项目。因此,经济分析合理是成立项目的必要条件,财务分析合理是成立项目的充分条件。

（表4-4）

表4-4　财务分析与经济分析中的成本与利润

项　目	财务分析	经济分析
成本	显成本	显成本+隐成本
	历史成本	机会成本
	生产成本	生产成本+开发成本+交易成本
	沉没成本	增量成本
利润	总收益—会计成本	总收益—经济成本

【案例分析】

利润在经济学家与会计师眼中是不同的

为了说明这个问题我们假设一例。假设王先生用自己的银行存款30万元人民币收购了一个小企业，如果不支取这30万元，在市场利息5%的情况下他每年可以赚到1.5万元的利息。王先生为了拥有自己的工厂，每年放弃了1.5万元的利息收入。这1.5元就是王先生开办企业的机会成本之一。经济学家和会计师以不同的方法来看待成本。经济学家把王先生放弃的1.5万元也作为他企业的成本，尽管这是一种隐成本。但是会计师并不把这1.5万元作为成本表示，因为在会计的账面上并没有货币流出企业去进行支付。

为了进一步分析经济学家和会计师之间的差别，我们换一个角度，王先生没有买工厂的30万元，只有自己的储蓄10万元，并以5%的利息从银行借了20万元。王先生的会计师只衡量显成本，将把每年为银行贷款支付的1万元利息作为成本，因为这是从企业流出的货币量。与此相比，根据经济学家的看法，拥有的机会成本仍然是1.5万元。

现在我们再回到企业的目标——利润。由于经济学家和会计师用不同方法衡量企业的成本，他们也会用不同的方法衡量利润。经济学家衡量企业的经济利润，即企业总收益减生产所销售物品与劳务的所有机会成本。会计师衡量企业的会计利润，即企业的总收益减企业的显成本。

（资料来源：张淑云，徐毅．经济学——从理论到实践［M］．北京：化学工业出版社，2004．）

三、成本与利润的应用

【案例分析】

让顾客自行定价的鞋城老板

天津市某鞋城它的促销口号是“公开成本价让顾客自由加价”。此口号一时间在天津有线电视台连续播放数日，一日张飞带着好奇也去这个鞋城买鞋。广告的效应不错，鞋城门庭若市，买鞋的人很多，张飞当时看到了一双喜欢的鞋标价是149.8元，拿出150元就和售货员小姐说：“我加2角。”售货员小姐说：“加价一般都在2元之上，如果都像你这样的顾客我们就赔了。”张飞说：“我1分钱不加，你们该赚的钱都赚到手了，不信你问你们老板。”说着走过来一位先生，好像是管理人员。同意了张飞加2角钱。于是，张飞买走了这双鞋。

鞋城所公开的成本就是经济学的成本，而不是我们中国老百姓所讲的会计成本，“公开成本价”所讲的成本即有实际成本(会计成本)，又有机会成本。鞋的实际成本包括鞋的进价、租用鞋城的场地租金、水电费、税收以及雇佣店员等销售费用的开支。假定实际成本支出是10万。机会成本是一种资源用于某种用途时，可能得到的收入。鞋的机会成本包括，开鞋城需要投资10万元，如果不用来开鞋城这10万元放在银行的利息1万元，鞋城的老板如果不开鞋城他有一份稳定的职业每年工资收入是2万，这两项之和为3万元，就是开鞋城的机会成本。这3万元也是开鞋城的正常利润，是开鞋城的老板的报酬。他的“公开成本”就是实际成本和机会成本之和13万元，如果顾客一分钱不加，鞋城老板把该赚的钱都赚到手了，如果顾客高于公开的成本价买鞋，假如一年顾客高于成本价累加起来是1万元，对鞋城老板来说，这1万元是超额利润，鞋城老板利用了经济学的成本与会计学成本差异，创造了这一新的销售方式，赚取了正常利润和超额利润。

鞋城老板为什么放弃原来稳定的工作而开鞋城？我们还是用机会成本来判断，鞋城老板作为一个人力资源，他不开鞋城一年工资收入是2万元，开鞋城获利是3万元。不开鞋城的机会成本是3万元，开鞋城的机会成本是2万元。在其他条件都一样的情况下，投资决策应选择成本低收益大，这是一个连小孩都知道的道理。鞋城老板选择成本低收益大的进行投资决策应是明智选择，他使他拥有的资源得到了最佳的配置。

(资料来源：张淑云. 经济学——从理论到实践. 北京：化学工业出版社，2004.)

【小结】

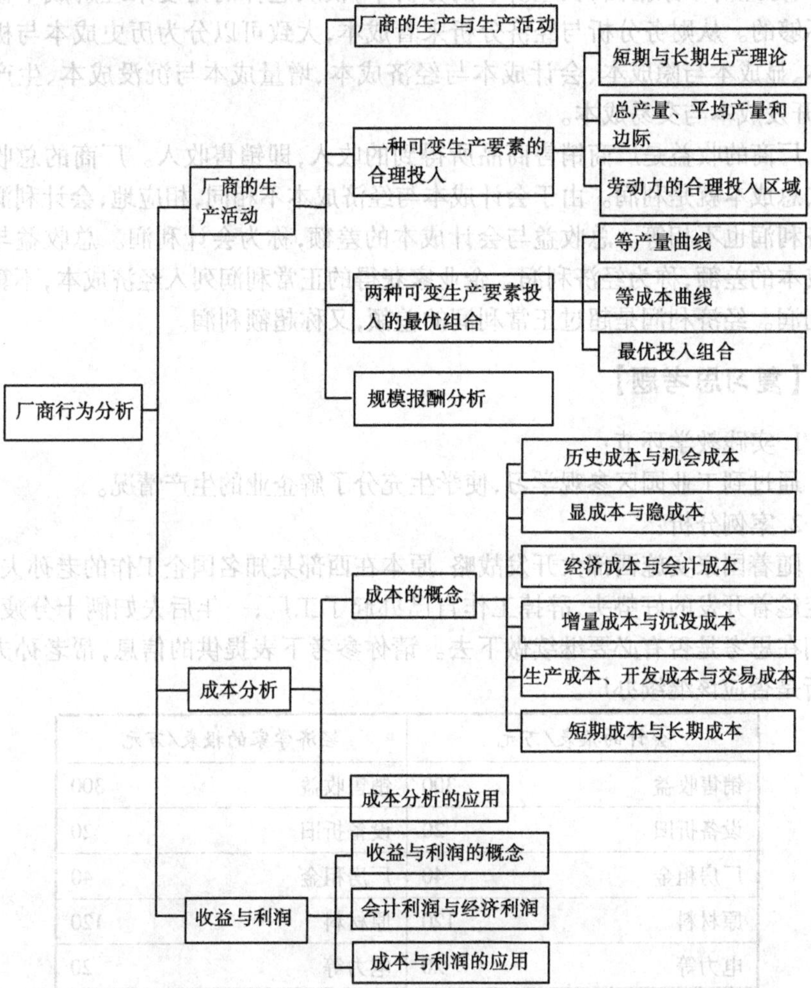

西方经济学中所谓的“生产”，是指一切能够创造或增加效用的人类活动，不仅包括物质资料的生产，也包括劳务。在生产中长期与短期不是指时间的长短，而是就生产要素是否全部可变而言的。只要有一个生产要素不变就是短期；如果所有的生产要素都变就是长期，而不管它们的实际时间有多长。

用两种（或两种以上）生产要素相结合生产一种产品时，如果其中一种要素是可以变动的，那么，在其他条件不变的情况下，随着这一可变要素连续地等量增加，其边际产量开始会出现递增的现象，但在达到一定数量后，会呈现递减现象。这就是经济学中著名的边际产量递减规律。

企业的生产成本通常被看成是企业对所购买的生产要素的货币支出。然而,西方经济学家指出,在经济学的分析中,仅从这样的角度来理解成本概念是不够的。从财务分析与经济分析来看成本,大致可以分为历史成本与机会成本、显成本与隐成本、会计成本与经济成本、增量成本与沉没成本、生产成本、开发成本与交易成本。

厂商的收益是厂商销售商品所得到的收入,即销售收入。厂商的总收益减去总成本就是利润。由于会计成本与经济成本不相同,相应地,会计利润和经济利润也不相等。总收益与会计成本的差额,称为会计利润。总收益与经济成本的差额,称为经济利润。企业家获得的正常利润列入经济成本,不算经济利润。经济利润是超过正常利润的差额,又称超额利润。

【复习思考题】

1. 实践教学环节:

通过到工业园区参观学习,使学生充分了解企业的生产情况。

2. 案例分析:

随着国家实施西部大开发战略,原本在西部某知名国企工作的老孙夫妇,决定趁着开发的好势头,辞掉工作自己办起了工厂,一年后夫妇俩十分疲惫,他们在思考是否有必要继续做下去。请你参考下表提供的信息,帮老孙夫妇分析是否应该继续办厂。

会计的报表/万元		经济学家的报表/万元	
销售收益	300	销售收益	300
设备折旧	20	设备折旧	20
厂房租金	40	厂房租金	40
原材料	120	原材料	120
电力等	20	电力等	20
工人工资	80	工人工资	80
贷款利息	15	贷款利息	15
		应得工资	5
		自有资金利息	3
总成本	295	总成本	303
利润	5	利润	-3

3. 分析讨论：

胡锦涛总书记提出“八荣八耻”的社会主义荣辱观，为推进依法治国和以德治国相结合的治国方略，加强社会主义思想道德建设，构建社会主义和谐社会提供了强大思想武器。其中，“以诚实守信为荣、以见利忘义为耻”，充分地说明了，一个社会要和谐发展，必须依靠法律和制度来规范，也必须借助道德的力量来引导。在人类的道德规范体系中，诚信的理念是最重要的基本理念之一。请以成本观为出发点，阐述诚信的重要性。

第五章 市场与市场博弈

亚当·斯密的看不见的手,就像皇帝的新装。之所以看不见,是因为本来就不存在的。信息总是不充分的,市场总是不完全的,也就是说市场总是不具有受约束的帕累托效率的。

——约瑟夫·斯蒂格利茨

在现代社会,你必须对博弈论有个大概的了解,才配称为一个有文化的人。

——保罗·萨缪尔森

【教学目标】

通过本章教学,应让学习者达到以下目标:

1. 了解四种市场类型及其特征;
2. 理解不同市场条件下经济效率的差异;
3. 了解博弈论的初步知识;
4. 能初步分析市场上的博弈。

【能力标准】

能力元素	能力表现水平描述
认识四种市场类型	了解四种市场类型
	了解四种市场类型的特征
	理解对四种市场类型的评论
	理解不同市场条件下经济效率的差异
了解市场博弈	了解几个主要的博弈模型
	能初步分析市场上的博弈

第一节 市场类型

【导入案例5-1】

竞争与垄断

打开电视经常看到的是化妆品、家用电器、洗涤用品等轻工业品的广告，而没有看到过石油、煤炭、钢铁的广告。这是为什么？

生产西装的公司很多，西装的样式，特别是男装，每家都差不多，可是价格却相差甚大。有的卖到几万元一套，如著名的纪凡希(Givench)，而服装批发市场上，有的仅卖几十元。为什么同样是做西服的，价格的差距这么大呢？

(资料来源：王福重.人人都爱经济学[M].北京：人民邮电出版社，2008.)

一、市场类型的划分

市场是从事商品买卖的交易场所或接洽点。任何一种交易物品都有一个市场，经济社会中有多少种交易物品，就相应地有多少个市场。我们可以把经济中所有的可交易的物品分为生产要素和商品这两类，相应地，经济中所有的市场也可以分为生产要素市场和商品市场这两类。

市场结构是指某一经济市场的组织特征，而最重要的组织特征，是那些影响竞争性质及市场价格确定的因素。决定市场竞争程度的具体因素有四个：

第一，卖者和买者的集中程度或数目。卖者和买者的数目越多，集中程度越低，竞争程度就越高。

第二，不同卖者之间各自提供的产品的差别程度。各厂商提供的产品愈是相似，可以预料，竞争就愈激烈。

第三，单个厂商对市场价格控制的程度。单个厂商若无法控制价格，表明市场竞争愈激烈。

第四，厂商进入或退出一个行业的难易程度。显然，厂商进出容易的市场，是竞争充分的市场，如果存在进入市场的障碍，意味着原有厂商拥有了一些新加入者不具备的有利条件。

根据市场竞争的范围和程度，微观经济学将市场划分为完全竞争市场、垄断竞争市场、寡头垄断市场和完全垄断市场四种类型。

与市场这一概念相对应的另一个概念是行业。行业是指为同一个商品市场生产和提供商品的所有的厂商的总体。市场和行业的类型是一致的。譬如，完全竞争市场对应的是完全竞争行业，垄断竞争市场对应的是垄断竞争行业，如此等等。

二、完全竞争市场

(一)完全竞争的含义及条件

完全竞争又称纯粹竞争，是指一种竞争完全不受任何阻碍和干扰的市场结构。完全竞争市场必须具备以下条件：

(1)市场上有大量的卖者和买者。作为众多参与市场经济活动的经济单位的个别厂商或个别消费者，单个的销售量和购买量都只占很小的市场份额，其供应能力或购买能力对整个市场来说是微不足道的。这样，无论卖方还是买方都无法左右市场价格，或者说单个经济单位将不把价格作为决策变量，他们是价格接受者。显然，在交换者众多的市场上，若某厂商要价过高，顾客可以从别的厂商购买商品和劳务，同样，如果某顾客压价太低，厂商可以拒绝出售给顾客而不怕没有别的顾客光临。

(2)参与经济活动的厂商出售的产品具有同质性。这里的产品同质不仅指商品之间的质量、性能等无差别，还包括在销售条件、包装等方面是相同的。因为产品是相同的，对于购买商品的消费者来说哪一个厂商生产的产品并不重要，他们没有理由偏爱某一厂商的产品，也不会为得到某一厂商的产品而必须支付更高的价格。同样对于厂商来说，没有任何一家厂商拥有市场优势，他们将以可能的市场价格出售自己产品。

(3)厂商可以无成本地进入或退出一个行业，即所有的资源都可以在各行业之间自由流动。劳动可以随时从一个岗位转移到另一个岗位，或从一个地区转移到另一个地区；资本可以自由地进入或撤出某一行业。资源的自由流动使得厂商总是能够及时地向获利的行业运动，及时退出亏损的行业，这样，效率较高的企业可以吸引大量的投入，缺乏效率的企业会被市场淘汰。资源的流动是促使市场实现均衡的重要条件。

(4)参与市场活动的经济主体具有完全信息。市场中的每一个卖者和买者都掌握与自己决策、与市场交易相关的全部信息，这一条件保证了消费者不可能以较高的价格购买，生产者也不可能以高于现行价格出卖，每一个经济行为主体都可以根据所掌握的完全信息，确定自己最优购买量或最优生产量，从而获得最大的经济利益。

完全竞争市场是一种理论假设，在现实的经济中没有一个市场真正具有以上四个条件，通常只是将某些农产品市场看成是比较接近的完全竞争市场类型。但是完全竞争市场作为一个理想经济模型,有助于我们了解经济活动和资源配置的一些基本原理,解释或预测现实经济中厂商和消费者的行为。

【资料链接】

牛奶市场

没有一个牛奶买者可以影响牛奶价格,因为相对于市场规模,每个买者购买的量很少。同样,每个牛奶卖者的对价格的控制是有限的,因为许多其他卖者也提供基本相同的牛奶。由于每个卖者可以在现行的价格时卖出他想卖的所有量,所以,他没有什么理由收取较低价格,而且,如果他收取高价格,买者就会到其他地方买。在竞争市场上买者和卖者必须接受市场决定的价格,因而被称为价格接收者。

如果任何一个人都可以决定开一个奶牛场,而且,如果任何一个现有奶牛场可以决定离开奶牛行业,那么,牛奶行业就完全满足了这个条件。

(资料来源:http://www.docin.com/p-4434766.html.)

(二)对完全竞争市场的评价

可以看出,在完全竞争的条件下,价格可以充分发挥其“看不见的手”的作用,调节整个经济的运行。通过这种调节实现了:

第一,社会的供给与需求相等,从而资源得到了最优配置,生产者的生产不会有不足或过剩,消费者的需求也得到了满足。

第二,在长期均衡时所达到的平均成本处于最低点,这说明通过完全竞争与资源的自由流动,使生产要素的效率得到了最有效的发挥。

第三,平均成本最低决定了产品的价格也是最低的,这对消费者是有利的。从以上来看,完全竞争市场是最理想的市场模型。

但是,完全竞争市场也有其缺点,这就在于:

第一,各厂商的平均成本最低并不一定是社会成本最低。

第二,产品无差别,这样,消费者的多种需求无法得到满足。

第三,完全竞争市场上生产者的规模都很小,这样,他们就没有能力去实现重大的科学技术突破,从而不利于技术发展。

第四,在现实中完全竞争的情况是很少的,而且,一般来说,竞争也必然引起垄断。

三、完全垄断市场

戴比尔斯的钻石垄断:产生于一种关键资源所有权垄断的典型例子是南

非的钻石公司德比尔。德比尔控制了世界钻石生产的80%左右。虽然这家企业的市场份额不是100%，但它也大到足以对世界钻石价格产生重大影响的程度。

(一)完全垄断的含义及特征

完全垄断又称独占、卖方垄断或纯粹垄断，与完全竞争市场结构相反，完全垄断市场结构是指一家厂商控制了某种产品全部供给的市场结构。在完全垄断市场上，具有以下特征：

(1)厂商数目唯一。在完全垄断市场上一家厂商控制了某种产品的全部供给，该企业排斥其他竞争对手，独自控制了一个行业的供给。由于整个行业仅存在唯一的供给者，企业就是行业。

(2)完全垄断厂商是市场价格的制订者。由于垄断企业控制了整个行业的供给，也就控制了整个行业的价格，成为价格制订者。完全垄断企业可以有两种经营决策：以较高价格出售较少产量，或以较低价格出售较多产量。

(3)完全垄断厂商的产品不存在任何相近的替代品。否则，其他企业可以生产替代品来代替垄断企业的产品，完全垄断企业就不可能成为市场上唯一的供给者。因此消费者无其他选择。

(4)其他任何厂商进入该行业都极为困难或不可能，要素资源难以流动。完全垄断市场上存在进入障碍，其他厂商难以参与生产。

完全垄断市场和完全竞争市场一样，都只是一种理论假定，是对实际中某些产品的一种抽象，现实中绝大多数产品都具有不同程度的替代性。

(二)完全垄断形成的原因

完全垄断厂商之所以能够成为某种产品的唯一供给者，是由于该厂商控制了这种产品的供给，使其他厂商不能进入该市场并生产同种产品。导致垄断的原因一般有以下几方面：

第一，对资源的独家控制。如果一家厂商控制了用于生产某种产品的全部资源或基本资源的供给，其他厂商就不能生产这种产品，从而该厂商就可能成为一个垄断者。最典型的例子是第二次世界大战之前的美国制铝公司，该公司从19世纪末到20世纪30年代一直控制着全美铝矾土矿的开采，从而成为美国制铝行业的垄断者。

第二，规模经济的要求形成自然垄断。如果某种商品的生产具有十分明显的规模经济性，需要大量固定资产投资，规模报酬递增阶段要持续到一个很高的产量水平，此时，大规模生产可以使成本大大降低。那么由一个大厂商供给全部市场需求的平均成本最低，两个或两个以上的厂商供给该产品就难以获得利润。这种情况下,该厂商就形成自然垄断。许多公用行业,如电力供应、煤气供应、地铁等是典型的自然垄断行业。

第三,拥有专利权。专利权是政府和法律允许的一种垄断形式。专利权禁止其他人生产某种产品或使用某项技术,除非得到发明人的许可。一家厂商可能因为拥有专利权而成为某种商品的垄断者,从而使其他厂商不能进入该市场。专利权是为促进发明创造,发展新产品和新技术,而以法律的形式赋予发明人的一种权利,因为进行研究开发和发明创造要投入大量的时间、人力和财力。例如,美国微软公司为研制"视窗 2000"电脑操作系统软件耗时 4 年,投入了 10 亿多美元的费用。但是,一旦新产品发明出来,仿制的成本要低得多,如果没有专利制度,那么谁愿意投资研究开发新产品呢?不过专利权带来的垄断地位是暂时的,因为专利权有法律时效。在我国专利权的法律时效为 15 年,美国为 17 年。究竟多长时间合理,还是一个有争议的问题。

第四,政府特许权。某些情况下,政府通过颁发执照的方式限制进入某一行业的人数,如大城市出租车驾驶执照等。很多情况下,一家厂商可能获得政府的特权,而成为某种产品的唯一供给者,如邮政、广播电视、公用事业等。执照特权使某行业内现有厂商免受竞争,从而具有垄断的特点。作为政府给予企业特许权的前提,企业同意政府对其经营活动进行管理和控制。

学生活动一

讨论:成为垄断者的厂商可以任意定价,这种说法对吗?

(三)垄断厂商的差别定价

垄断厂商对一定产量商品只索取统一价格,但在实际生活中,垄断厂商为了增加利润,对不同的买者索取不同的价格,即实行价格差别。所谓价格差别,亦称价格歧视,是指厂商在同一时间,对同一种产品向不同的购买者索取两种或两种以上的价格,或者对销售给不同购买者的同一种产品在成本不同时索取相同的价格。

实现差别定价的假定条件是:

第一,卖者是个垄断者,可以操纵价格;

第二,卖者了解不同的买者对商品所具有的弹性和各个市场所具有的不同的弹性;

第三,各个市场是相互分离的。如果某个厂商不能分离他的商品市场,那么买者都会到价格最低的市场去购买商品,这个厂商也就无法实行价格歧视。

差别定价的方法一般有三种,即一级价格差别、二级价格差别和三级价格差别。

一级价格差别是指垄断厂商在确切了解消费者购买意愿基础上,对同一种商品不同购买量索取不同的最高价格。在一级价格差别条件下,消费者剩余全部转变为垄断厂商的利润。典型的例子就是一个远离城市的乡村医生,对于相同的治疗,对富人和穷人分别收取不同的费用,而且是他们所愿意或能够付出的最高的价格。

二级价格差别是指垄断厂商把商品购买量划分为两个或两个以上的等级,对不同等级的购买者索取不同的价格。例如,某电力公司在收费价目表上把每日耗电量规定三个或三个以上的等级,耗电越少的等级价格越高。

三级价格差别是指垄断厂商把买者划分为两个或两个以上的类型,对每类买者收取不同的价格。例如某垄断厂商把买者划分为 A 和 B 两个市场,对同一种产品按不同的价格出售,垄断厂商为了使总收益达到最大,必须根据两个市场边际收益相等原则分配两个市场的销售量,并且根据需求弹性的大小来确定不同的价格,一般需求价格弹性大的市场上定价低些,而在需求价格弹性小的市场上定价高些。

【资料链接】

麦当劳连锁店的折扣券

麦当劳连锁店一直采取向消费者发放折扣券的促销策略。他们对来麦当劳就餐顾客发放麦当劳产品的宣传品,并在宣传品上印制折扣券。为什么麦当劳不直接将产品的价格降低?

回答是折扣券使麦当劳公司实行了三级差别价格。麦当劳公司知道并不是所有的顾客都愿意花时间将折扣券剪下来保存,并在下次就餐时带来。此外,剪折扣券意愿与顾客对物品支付意愿和他们对价格的敏感相关。富裕而繁忙的高收入阶层到麦当劳用餐弹性低,对折扣券的价格优惠不敏感,不可能花时间剪下折扣券并保存随时带在身上,以备下次就餐时用。而且折扣券所省下的钱他也不在乎。但低收入的家庭到麦当劳用餐弹性高,他们更可能剪下折扣券,因为他的支付意愿低,对折扣券的价格优惠比较敏感。

麦当劳连锁店通过只对这些剪下折扣券的顾客收取较低价格,吸引了一部分低收入家庭麦当劳用餐,成功地实行了价格歧视采取了三级差别价格。并从中多赚了钱。如果直接的将产品价格降低,不带折扣券的高收入阶层的高意愿消费而多得的收入就会流失。

(资料来源:www. tlu. edu. cn.)

学生活动二

讨论:武汉黄鹤楼的入场券采取差别价格政策,外国人的入场券价格比国内游客的入场券价格高很多,试用经济理论进行分析:

(1)为什么采用差别价格?

(2)在怎样的条件下,施行这种政策才能有效?

(四)对完全垄断市场的评价

一般认为,完全垄断对经济是有害的,这主要是因为:第一,在完全垄断下,垄断厂商可以通过高价少销来获得超额利润,这样就会是资源无法得到充分利用,引起资源浪费。第二,垄断厂商控制了市场,也就控制了价格,它所定的价格往往高于完全竞争时的价格,这就因其消费者剩余的减少和社会经济福利的损失。第三,垄断利润的存在是垄断厂商对整个社会的剥削,这就因其收入分配的不平等。第四,垄断的存在有可能阻碍技术进步。正因为这样,完全垄断被认为是一种不利于社会进步的状态。

但是,对完全垄断市场也要做具体分析。首先,有些完全垄断,尤其是政府对某些公用事业的垄断,并不以追求垄断利润为目的。这些公用事业往往投资大,投资周期长而利润率低,但它又是经济发展和人民生活所必需的。这样的公用事业由政府进行完全垄断,会对全社会带来好处。然而也应该指出,由政府完全垄断这些公用事业,往往也会由于官僚主义而引起效率低下。其次,对于完全垄断下的技术进步问题,有不同看法。有一种意见认为,垄断厂商具有更雄厚的资金与人力,从而能更有力地促进技术进步,从近年来的事实看,这种观点似乎更有道理。

完全竞争与完全垄断是经济中少见的情况。经济中更普遍的是垄断与竞争的不同程度组合。这就是包括垄断竞争与寡头垄断的不完全竞争。

四、垄断竞争市场

(一)垄断竞争的含义及特征

顾名思义,垄断竞争是一种同时包含垄断与竞争的一种市场结构。垄断竞争具有以下特征:

(1)市场中存在着较多数目的厂商,彼此之间存在着较为激烈的竞争。由于每个厂商都认为自己的产量在整个市场中只占有一个很小的比例,因而厂商会认为自己改变产量和价格,不会招致其竞争对手们相应行动的报复。

(2)厂商所生产的产品是有差别的,或称“异质商品”。产品差别是指同一产品在价格、外观、性能、质量、构造、颜色、包装、形象、品牌、服务及商标广告等方面的差别以及消费者想象为基础的虚幻的差别。由于存在着这些差别，使得产品成了带有自身特点的“唯一”产品了，也使得消费者有了选择的必然，使得厂商对自己独特产品的生产销售量和价格具有控制力，即具有了一定的垄断能力，而垄断能力的大小则取决于它的产品区别于其他厂商产品的程度。产品差别程度越大，垄断程度越高。

(3)厂商进出行业较容易，资源流动性较强。

(4)厂商对价格有一定影响力。

垄断竞争市场是常见的一种市场结构，如肥皂、洗发水、毛巾、服装、布匹等日用品市场，餐馆、旅馆、商店等服务业市场，牛奶、火腿等食品类市场，书籍、药品等市场大都属于此类。

(二)对垄断竞争市场的评价

可以把垄断竞争市场与完全竞争和完全垄断市场相比。

首先，从平均成本来看，垄断竞争市场上平均成本比完全竞争时高，这说明垄断竞争时由于有垄断的存在，生产要素的效率不如完全竞争时高。但这时的平均成本一般又低于完全垄断时，说明由于有竞争的存在，生产要素的效率又比完全垄断时高。

其次，从价格来看，即使在长期中，垄断竞争时的价格也高于完全竞争时，因为这时平均成本是高的。对消费者来说，付出高于完全竞争时的价格，得到的是丰富多彩各具特色的产品，可以满足不同的要求。但垄断竞争下价格又要低于完全垄断时，因为这时价格不是由垄断者决定的垄断价格，而是由市场竞争形成的价格。

最后，从产量来看，垄断竞争时的产量一般要低于完全竞争时而高于完全垄断时，这说明垄断竞争下资源的利用程度不如完全竞争时而优于完全垄断时。

在分析垄断竞争市场的优缺点时，还要注意两点：

第一，垄断竞争有利于鼓励进行创新。

第二，垄断竞争之下会使销售成本，主要是广告成本增加。

西方许多经济学家认为，垄断竞争从总体上看是利大于弊的。而在现实中，垄断竞争也是一种普遍存在的市场结构。

五、寡头垄断市场

(一)寡头垄断的含义及特征

寡头垄断市场又称寡头市场，指由少数几家大型厂商控制某种产品供给的绝大部分乃至整个市场的一种市场结构。寡头垄断是介于垄断竞争与垄断之间的一种市场结构。

寡头垄断市场的特征可概括如下：

(1)厂商数目较少。

(2)产品差别可有可无。寡头厂商之间生产的产品可以是同质的，如我们在钢铁、水泥、石油、有色金属、塑料、橡胶等行业中所看到的那样；而在有些行业，产品则是有差别的，如汽车、飞机、家用电器、铁路运输、电信服务业等。由此分为无差别寡头垄断市场和有差别寡头垄断市场。

(3)存在进入的障碍，其他厂商无法顺利地进入该行业。一种可能性是这些寡头行业存在规模经济，使得大规模的生产占有强大的成本优势和产量优势，大企业不断发展壮大，而小企业则无法生存，最终形成少数几个厂商竞争的局面；有时寡头厂商之间相互勾结，构筑进入的壁垒，阻止其他厂商进入；寡头厂商为了减少其竞争压力，也会采用收购、兼并一些小企业等形式来减少厂商的数目。在有的行业，寡头市场的形成则直接由于政府的产业政策所致(厂商数目较稳定)。

(4)厂商在一定程度上控制产品价格和绝大部分的市场份额。

寡头垄断市场在经济中占有十分重要的地位。例如，在美国，钢铁、汽车、炼铝、石油、飞机制造、机械、香烟等重要行业都是寡头垄断市场。这些行业中大都是四五家公司的产量占全行业产量的70%以上。在日本、欧洲等发达国家也存在着同样的现象。

(二)合作的寡头与竞争的寡头

为了获取最大利润，有时寡头勾结在一起共同行动，有时寡头也会采取独立的行动。

1. 合作的寡头 影响市场结构的一种重要因素就是企业之间的合作程度。当企业采取完全合作的方式行动时，它们就相互勾结起来。勾结或串谋这一术语表示这样一种情况：两个或更多的企业共同确定它们的价格、产量、广告，避免竞争性减价或过度的广告投入，或者共同制订其他生产策略。

(1)公开串谋——卡特尔。为了避免灾难性的竞争，企业公开相互勾结以提高它们的价格。在美国资本主义的早期阶段，寡头往往合并或形成一个托拉斯或卡特尔。卡特尔是生产相似产品的独立企业联合起来以提高价格和限制产量的一种组织，借助于午餐或宴会的形式相聚。1910年前后美国钢铁公司的加里先生经常组织这种聚会，从事公开的勾结。

【资料链接】

卡特尔实例:OPEC

世界石油的大部分生产国家形成了一个卡特尔,称为世界石油输出国组织(OPEC)。在1960年最初成立时,欧佩克包括伊朗、伊拉克、科威特、沙特阿拉伯和委内瑞拉。到1973年,又有其他八个国家加入:卡塔尔、印度尼西亚、利比亚、阿联酋、阿尔及利亚、尼日利亚、厄瓜多尔和加蓬。这些国家控制了世界石油储藏量的四分之三。正如任何一个卡特尔一样,欧佩克力图通过协调减少产量来提高其产品的价格。欧佩克努力确定每个成员国的生产水平。

欧佩克想维持石油的高价格。但是,卡特尔的每个成员都受到增加生产以得到更大总利润份额的诱惑。欧佩克成员常常就减少产量达成协议,然后又私下违背协议。

在1973年到1985年,欧佩克最成功地维持了合作和高价格。原油价格从1972年的每桶2.64美元上升到1974年的11.17美元,然后在1981年又上升到35.10美元。但在80年代初,各成员国开始扩大生产水平,欧佩克在维持合作方面变得无效率了。到了1986年,原油价格回落到每桶12.52美元。

现在,欧佩克成员继续每两年开一次会,但卡特尔在达成或实施协议上不再成功了,欧佩克成员主要是相互独立地做出生产决策,世界石油市场是相当有竞争性的。

(资料来源:浙江大学精品课程《微观经济学》.)

(2)暗中勾结——价格领导。今天,在大多数市场经济国家,公司相互勾结起来共同确定价格或瓜分市场是非法的。然而,如果在某一行业里只有少数几个大企业,那么,它们就可能进行暗中勾结,在没有明确或公开协商的条件下,寡头们会心照不宣地与行业中最大的厂商保持一致。通过这种无形的协议或默契把价格确定在较高水平,抑制竞争、瓜分市场。

2. 竞争的寡头 寡头垄断之间相互利害关系极为密切,双方均是反应后再决策,故在产量和价格上没有"确定的均衡"。由于市场中厂商的数目较少,每个厂商在市场中都占有一个很大的份额,对市场都有举足轻重的影响力。一个厂商的价格和产量变动,不仅影响到它自己的市场份额和所得利润,而且会直接影响到其他厂商的市场份额和利润,因而厂商所做的价格—产量策略也很容易遭到其竞争对手的报复。

由于寡头厂商在制订策略的时候必须考虑到其他厂商的可能策略,而其竞争对手的策略又是千变万化的,对手如何反应是它事前所无法准确预计的,因此,寡头垄断厂商的策略具有重要的不确定性。所以,寡头厂商的价格一产量决策过程就是该寡头厂商与其他寡头厂商之间相互博弈的过程,价格的确定实际上是一个搜寻的过程。我们知道,完全竞争厂商是价格的被动接受者,而垄断厂商则是价格的主动制订者,但寡头厂商则只能是"价格搜寻者"。

正是由于寡头厂商之间价格决策的不确定性,厂商之间往往尽力避免打"价格战"。在寡头行业中除价格竞争之外,更经常进行的是非价格竞争,比如广告竞争、品牌竞争、服务竞争等。

(三)对寡头垄断市场的评价

寡头垄断在经济中是十分重要的。一般认为,它具有两个明显的优点:第一,可以实现规模经济,从而降低成本提高经济效益。第二,有利于促进科学技术进步。各个寡头为了在竞争中取胜,就要提高生产率,创造新产品,这就成为寡头厂商进行技术创新的动力。此外,寡头厂商实力雄厚可以用巨额资金与人力来进行科学研究。例如,美国电话电报公司所办的贝尔实验室,对电子、物理等科学技术的发展作出了许多突破性贡献。而这一实验是以美国电话电报公司的雄厚经济力量为后盾的。对寡头垄断的批评就是各寡头之间的勾结往往会抬高价格,损害消费者的利益和社会经济福利。

六、不同市场类型的比较

按照传统经济理论,各种类型市场长期特征的比较见表5-1。

表5-1 各种类型市场长期特征的比较

市场类型	完全竞争	垄断竞争	寡头垄断	完全垄断
典型产业	农业	手工业	某些重工业	公用事业
企业数目	很多	较多	少数	一个
产品品质	同质	异质	同质或异质	同质
进出产业	容易	较易	不易	不能
市场价格	接受者	影响者	博弈者	制订者
超额利润	无	无	通常有	通常有
规模经济	缺乏	大企业存在	存在	存在
技术进步	较快	最快	较快或较慢	较慢
经济效率	最高	较高	较低或很低	最低

【资料链接】

充分竞争才是市场的最佳选择

我们以彩电市场为例，我国当前市场容量为 2 000 万台左右，而生产能力则有 4 000 万台左右，明显的供大于求注定了市场竞争将会日趋激烈。各个彩电企业又都是单独的利益主体，它们在市场竞争中当然会从争取更多的顾客和市场份额的动机出发，选择对自己有利的策略——竞相降价当为"杀手锏"。但是，当一些企业在日趋激烈的价格竞争中感到盈利下跌，难以招架时，该怎么办？它们可以设法扩大规模，也可相机转产，改变原有的投资方向。这便是市场经济条件下企业争取规模效益，或是灵活调头的发展之路。如果一个企业只想靠价格联盟来形成和保持垄断利益，坐享固定的市场份额，最终会发现，在商品供大于求的背景下，去签一个自己和竞争对手们都不会认真遵守的协议（除非协议有超级监督力和强制力），不过是徒劳之举。

对于政府部门和行业协会来说，可问一声自己有无能力或有无必要让所有彩电企业都有饭吃，致使先进企业发挥不了长处，落后企业亦不会被淘汰。如果没有，又想通过建立价格联盟而为之，岂不白费气力？近年来，价格联盟一次次不欢而散已经说明了此理，难道今后还要花费大量资源去做本来就不会成功的事，难道让每个政府部门都搞成一个"欧佩克"，不断去发起和监督限价、限产的卡特尔活动，从不成功，而又不肯罢手，犹如唐吉诃德同风车作战。竞争的市场是商品价格的最终决定因素。在供大于求的背景下，通过价格、品牌、服务、质量等方面的竞争，强势企业可以通过增加市场份额、兼并重组，不断扩大规模而成为市场经济下竞争产生的"巨舰"；弱势企业则需利用市场退出机制，或寻找新的投资点，以扬长避短，或者被其他企业兼并、联合，成为"巨舰"的一部分。如此，才会有具有国际竞争力的大企业产生。所有消费者也将从产品价格不断降低、质量服务日益完善中受益。国际和国内历史的经验表明，希望通过政府"拉郎配"的办法去组建大企业，或是欧佩克式的价格联盟保护垄断与落后均非好的办法。

（资料来源：www. tlu. edu. cn. ）

第二节　市场博弈

【导入案例 5-2】

世事如棋

古语有云,世事如棋。生活中每个人如同棋手,其每一个行为如同在一张看不见的棋盘上布一个子,精明慎重的棋手们相互揣摩、相互牵制,人人争赢,下出诸多精彩纷呈、变化多端的棋局。博弈论是研究棋手们"出棋"着数中理性化、逻辑化的部分,并将其系统化为一门科学。换句话说,就是研究个体如何在错综复杂的相互影响中得出最合理的策略。事实上,博弈论正是衍生于古老的游戏或曰博弈如象棋、扑克等。数学家们将具体的问题抽象化,通过建立自完备的逻辑框架、体系研究其规律及变化。这可不是件容易的事情,以最简单的二人对弈为例,稍想一下便知此中大有玄妙:若假设双方都精确地记得自己和对手的每一步棋且都是最"理性"的棋手,甲出子的时候,为了赢棋,得仔细考虑乙的想法,而乙出子时也得考虑甲的想法,所以甲还得想到乙在想他的想法,乙当然也知道甲想到了他在想甲的想法。

(资料来源:http://zhidao. baidu. com/question/40094115. html.)

在现实中参加的任何比赛或商场上的竞争,每一个人的决策会受到比赛或竞争中其他人的影响。当在决策过程中必须考虑其行为对竞争对手的影响以及竞争对手的反应时,我们实际上就进入了博弈论(对策论)分析的领域。

目前,博弈论发展的非常深入,本节只是介绍一些初步知识。在 20 世纪四五十年代,由冯·诺依曼(Von Neumann)、摩根斯坦(Morgenstern)把对策论、运筹学引入经济学,形成了最早的博弈论。几十年来,博弈论在经济学中发挥着越来越大的重要作用,1994 年的诺贝尔经济学奖就授予三位博弈论学家:纳什(Nash)、泽尔腾(Selten)和海萨尼(Harsanyi)。

博弈论提供了一个有系统的模型,让我们了解和竞争对手相互影响的关系及学习如何做决策。策略性活动在社会、经济、政治生活中大量存在,也可以说,整个社会、经济、政治生活都是博弈行为。因此,博弈论作为一种方法,广泛的应用在经济、政治、军事、外交中,只是博弈论在经济学中应用得最广泛、最成功。

一、博弈论概述

(一)博弈的含义与基本要素

1. 博弈的含义 所谓博弈指的是一种决策,即每一行为主体的利益不仅依赖他自己的行动选择,而且有赖于别人的行动选择,以致他所采取的最好行动有赖于其竞争对手将选择什么行动。

博弈论所研究的就是两个以上行为主体的互动决策及策略均衡。博弈论是描述、分析多人决策行为的一种决策理论,是多个经济主体在相互影响下的多元决策,决策的均衡结果取决于双方或多方的决策。

2. 博弈论的基本要素 博弈论的基本要素包括:

(1)局中人(player)。博弈中的每个决策者被称为局中人(也可称作选手和参与者,英文原意为玩家)。在二人博弈中,有两个参与者;在三人博弈中,有三个参与者;在多人博弈中,有多个参与者。在具体的经济模型中,它们可以是厂商,也以能是厂商消费者或任何契约关系中的人,根据经济学的理性假定,局中人同样是以利益最大化为目标。

(2)支付(pay-off structure)。支付是指博弈结束时局中人得到的利益。支付有时以局中人得到的效用来表示,有时以局中人得到货币报酬来表示。局中人的利益最大化也就是指支付或报酬最大化。

(3)策略(strategies)。策略(也称作战略)是局中人为实现其目标而采取的一系列行动或行动计划,它规定在何种情况下采取何种行动。例如,我国古代著名的谋略故事"田忌赛马"中,国王的赛马计划是:先出上等马,再出中等马,最后出下等马;田忌的赛马计划是:先出下等马,再出上等马,最后出中等马。这里的赛马计划就是一套完整的行动计划,也就是一个策略。

参与者可以选择的策略的全体就组成了策略空间。例如:在"田忌赛马"中,共有六种行动方案可供选择:上中下(先出上等马,再出中等马,最后出下等马)、上下中、中上下、中下上、下上中、下中上。决策时田忌可以选择其中任何一个策略,在故事中,因为国王固定选择了上中下,所以田忌选择了下上中,从而赢得了比赛。任何一人策略的改变都将使结果也随之改变,如果国王选择了中下上,而田忌选择了下上中,则国王将赢得比赛。

(4)策略均衡。经济学中,均衡一般指某种稳定的状态。而博弈论中的均衡是策略均衡,它是指由各个局中人所使用的策略构成的策略组合处于一种稳定状态,在这一状态下,各个局中人都没有动机来改变自己所选择的策略。这样,各人的策略都已给定,不再发生变化,博弈的结果必将确定。从而,每一个局中人从中得到的支付也就确定了。每个局中人的最优决策也就可以确定了。可见，要解一个博弈问题，首先需确定博弈的策略均衡。

（二）博弈的分类

经济学家从不同角度对博弈进行了分类。

1. **双人博弈和 n 人博弈**　根据局中人的数量，博弈可以划分为双人博弈和 n 人博弈。

2. **静态博弈和动态博弈**　从局中人是否同时行动的角度，博弈又可以划分为静态博弈和动态博弈。所谓静态博弈，是指局中人同时选择策略或非同时选择策略但不知道对手采取的具体行动，并且这种选择是一次性的，也就是说同时做出选择后博弈就出结果。动态博弈，是指局中人行动有先后顺序的博弈，后行动者能观察到先行动者的行动。典型的动态博弈如“进入博弈”，市场中存在一个在位者厂商 I 以及一个潜在进入的厂商 E。厂商 E 首先决定是否进入市场，然后厂商 I 决定是否发动价格战，最后厂商 E 再次行动，决定是否迎战。日常生活中动态博弈比比皆是，比如，购物中的砍价过程就是一个典型的动态博弈。

3. **零和博弈与非零博弈**　所谓零和博弈，是指博弈双方的支付结果加起来为零。这意味着双方的利益在博弈中是相互冲突的。从支付结果看，除了零和博弈外，还有正和博弈，即双方的支付结果加起来为一个正常的数。这意味着双方的利益冲突不再是那么激烈，有可能出现所谓双赢或共赢局面。至于负和博弈，如果假定局中人都是理性的，理论上没有人会参与这种博弈，尽管现实中不乏损人不利己的事。

4. **合作博弈与非合作博弈**　互动的情况既可以在单个的个体之间开展，也可以是在团体之间展开，这样，从参与主体角度，我们可以把博弈划分为合作博弈和非合作博弈。具体来说，在非合作博弈中，分析的对象是个体参加者，考察的是单个的参与人在具体的博弈规则以及一定的信息条件约束下，面对其他人可能的反应将如何行动。在非合作博弈中，局中人之间通常无法达成有约束力的协议进行合作，以获得合作收益。非合作博弈强调的是个人理性、个人最优策略。但结果可能有效率，也可能无效率。而在合作博弈分析中，分析的对象经常是一个团体，用博弈论的术语称之为“联盟”。该联盟是由参与博弈的若干局中人通过达成有约束力的协议形成。合作博弈通常并不涉及具体的博弈规则，而集中于不同的人结盟将得到什么。合作博弈强调的是团体理性。

在博弈论的分析史上，对于合作博弈的分析一度是人们研究的重点。在纳什的研究之后，人们认识到非合作博弈分析对于揭示现实中的经济现象有更强大的作用。在众多学者的努力下，非合作博弈分析已经成为博弈论研究的主流。

二、占优策略均衡与纳什均衡

(一)囚徒困境

博弈分析的原始模型是"囚徒困境"。囚徒困境是一个双人博弈,描述的是这样一种情况:两个人因涉嫌犯罪而被捕,但警察没有足够的证据指控他们确实犯了罪,除非他们两个人中至少有一个坦白交代。他们被隔离审查并被告知:如果两人都不坦白,因证据不足,每人都将坐 1 个月的牢;如果两人都坦白,每人都将坐 8 个月的牢;如果只有一个人坦白,那么坦白者将立即释放,不坦白者将坐 10 个月的牢。表 5-2 列出了这个博弈的支付矩阵。这里我们用坐牢时间的长短表示局中人的支付。

在这个博弈中,对囚徒 A 来说,如果对方选择坦白,那么他也将坦白,两个人都坐 8 个月牢(因为如果他不坦白的话,等待他的将是 10 个月的刑期);如果对方选择不坦白,他也会坦白,这样他会立即释放,而对方将坐 10 个月的牢。因此,无论对方是否坦白,他都会选择坦白。以囚徒 B 来说,情况也是一样。

表 5-2　囚徒困境

		囚犯 B	
		坦白	不坦白
囚犯 A	坦白	−8, −8	0, −10
	不坦白	−10,0	−1, −1

分析支付矩阵,我们会发现囚犯都会陷入两难困境。鉴于他们都是理性人,这次博弈最可能出现的结果是(坦白,坦白)的非合作策略组合。

囚徒困境带给我们的启发是,个人的理性选择有时不一定是集体的理性选择。换言之,个人的理性有时将导致集体的无理性。现实生活中有很多囚徒困境的例子,如国家间军备竞赛、厂商间的价格战、公共物品的搭便车问题等。

(二)占优策略与占优策略均衡

在市场竞争中,有许多情况与囚徒的困境类似。现假设有厂商 A 和 B 销售相互竞争的产品,并他们彼此知道对方正在决定是否采取广告计划以及相应的支付。他们的支付矩阵由表 5-3 给出。

表 5-3 广告博弈的支付矩阵

		厂商 B	
		做广告	不做广告
厂商 A	做广告	10,8	18, 3
	不做广告	2,17	15,12

因此,这个博弈中的策略组合是两厂商都做广告。

从这个博弈可以看出,无论厂商 A 还是厂商 B,做广告的策略总是要优于不做广告的策略,因此做广告对他们来说就是占优策略。所谓占优策略是指这样一种策略,即不管对手采取什么策略,这种策略都是最优的。从表 5-3 来看,厂商 A 的上策就是做广告,因为无论厂商 B 是否做广告,他做广告能获得更多的收益。同样,厂商 B 的上策也是做广告。上策使博弈处于均衡,当参与人选择的都是占优策略时,这种均衡叫做占优策略均衡。

从对占优策略的分析得到,当参与人在所有策略中存在一个占优策略时,这个占优策就是他们占优的策略。然而不是每个博弈中参与方都有一个占优策略。

(三)纳什均衡

然而在许多博弈中,参与方可能都不存在占优策略,此时还存在博弈的均衡状态吗?这需要对更一般的均衡——纳什均衡进行考察。先来分析纳什均衡中的著名案例性别之战。

一对情侣准备在周末一起出去活动,男的喜欢看足球赛,但女的比较喜欢去听音乐。不同的选择给他们带来的支付矩阵如表 5-4。

表 5-4 性别之战

		女	
		足球赛	音乐会
男	足球赛	2,1	0,0
	音乐会	0,0	1,2

从上面的支付矩阵可以看出,在这个博弈中,男女双方都没有占优策略,但他们是否存在博弈均衡呢?实际上他们的最优策略依赖于对方的选择,一旦对方选定了某一项活动,另一方选择同样的活动就是最好的策略。可见,在这个博弈中存在均衡状态:两个人都去看足球赛或都去参加音乐会是这个博

弈的均衡。

博弈中有时候不存在纳什均衡,有时候存在几个纳什均衡,在性别之战中就存在两个纳什均衡。纳什均衡是指给定对手的策略,各参与人所选择的策略都是最优的策略。

占优策略均衡是比纳什均衡强的一个博弈均衡概念。占优策略均衡要求任何一个参与者对于其他参与者的任何策略选择来说,其最优策略都是唯一的。而纳什均衡只要求任何一个参与者在其他参与者的策略选择给定的情况下,其选择的策略是最优的。所以上策均衡一定是纳什均衡,而纳什均衡不一定就是占优策略均衡。

【案例链接】

智猪博弈

表 5-5

		厂商 B(小猪)	
		按	等待
厂商 A(大猪)	按	A 5 = 7 - 2, B 1 = 3 - 2	A 4 = 6 - 2, B 4
	等待	A 9, B -1 = 1 - 2	A 0, B 0

猪圈有一大一小两头猪,食槽和开关分别在两边,按一下会有10个单位的猪食,不管是谁按,成本为2,即 -2,同时去按,成本为 -4 = -2 -2。小猪会按吗?“按”的收益为1或 -1,“等待”的收益为4和0,聪明的小猪当然选择等待。大猪如何选择?因此它面临收益性和安全性之间的两难选择:“按”的收益为5或4,较安全,但收益不太高;“等待”的收益为9或0,收益高(9),但风险大(0)。它会犹豫。下面有四种情况:

同时按,减去成本后,大小猪得到5和1;

同时等待,大小猪得到0和0;

大猪按,大小猪得到4和4;

小猪按,大小猪得到9和 -1。

一旦它知道小猪选择“等待”后,它会无奈地、责无旁贷地选择“按”。最后,“纳什均衡”为大猪“按”、小猪“等待”,即(4,4)。

经济学应用:大股东监督经理,小股东搭便车;大企业搞研发、培育市场、做广告,小企业模仿;有钱人出资修路建桥,老百姓方便;大国与小国……厂商之间的博弈对整个社会和消费者而言,是一件好事。

（资料来源：缪代文. 微观经济学与宏观经济学[M]. 2版. 北京：高等教育出版社，2004.）

三、序列博弈

在实践中，博弈者在选择行动时可能有先后顺序或某些对局者可能率先采取行动，这种博弈被称为序列博弈。

先行者优势：在表5-6中，厂商生产甜味饼干的收益10要高于生产脆味饼干的收益8。假定两个厂商同时独立的做出生产决定，他们都愿意推出甜味饼干——结果是两家收益都受损。

表5-6 先行者优势

		厂商2	
		脆	甜
厂商1	脆	-3，-3	8,10
	甜	10,8	-3，-3

可见，在序列博弈中，先行者可能占据一定的有利地位，这就是先行者优势。厂商1为获得更大收益，会选择推出甜味饼干，使得厂商2只能选择收益较低却是最优的策略——推出脆味饼干。

【资料链接】

威胁、承诺与可信性

威胁与承诺是博弈论中的一个重要论题，根据威胁是否可信以及承诺是否有效的不同情形，一个博弈的结果就有可能被改写。

1. 空头威胁　现在来利用市场进入博弈来分析先行者是如何利用这种优势的。假设在一个小镇上，某厂商在经营某种产品，并在该市场上具有垄断势力。现在另一家厂商作为潜在的竞争者，试图进入这个市场。对于垄断厂商来说，如果他想保持其垄断地位，将设法阻止潜在竞争者不进入市场。在这个博弈中，潜在竞争者可以选择两种策略：进入或不进入；垄断者为阻止其进入也可选择两种策略：威胁与进入者展开商战或默许其进入。这个博弈的支付矩阵如下表所示。

		垄断者	
		商战	默许
潜在进入者	进入	−5,10	5,15
	不进入	0,30	0,30

如果垄断者为了阻止潜在进入者进入市场,发出威胁说如果他进入就会进行产量和价格战,这个威胁可信吗?从垄断者的角度看,无论新进入者如何决定,垄断者默许的收益都高于商战,默许是他的上策。可见,一旦潜在进入者进入市场,垄断者接受其进入是符合其利益的。因此对潜在厂商来说,他是会选择进入市场的。

当威胁是不可信的,这种威胁被称为空头威胁。空头威胁不能达到阻止竞争者行为的目的,像潜在厂商仍会进入市场,前面的产品选择中的厂商2仍会生产甜味饼干。

2. 承诺与可信的威胁　可信的威胁是指博弈的参与人通过某种行为改变自己的支付,从而使得自己的威胁显得可信。承诺就是参与人为使威胁可信而采取的某种行动。要使威胁变得可信,必须使参与人在不实行这种威胁时将遭受更大的损失。

(资料来源:海南大学网站.)

【小结】

微观经济学根据市场的结构特征将市场分为四种类型,即完全竞争市场、垄断竞争市场、寡头垄断市场和完全垄断市场。各种类型市场的均衡价格、均衡产量以及厂商能否获得超额利润等特点,反映了资源配置的优劣,从而进一步说明经济效率的高低。完全竞争市场均衡价格最低,均衡产量最大,资源配置最优,厂商只能获得正常利润;垄断竞争市场均衡价格较低,均衡产量较大,资源配置次优,厂商也只能获得正常利润;寡头垄断市场一般价格较高,产量较少,资源配置较差,厂商可以获得超额利润;完全垄断市场均衡价格最高,均衡产量最小,资源配置最差,但厂商却可以一直获得超额利润。

博弈论就是研究个体如何在错综复杂的相互影响中得出最合理的策略。博弈论提供了一个有系统的模型,让我们了解和竞争对手相互影响的关系及学习如何做决策。博弈论作为一种方法,广泛应用在经济、政治、军事、外交等许多方面。厂商之间的博弈对整个社会和消费者而言是一件好事。

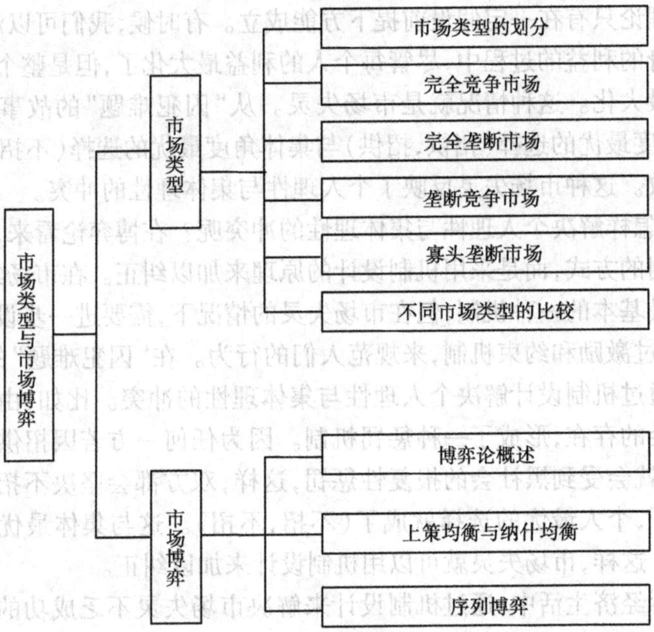

【复习思考题】

1. 分析讨论:

(1)"虽然很高的固定成本会是厂商亏损的原因,但永远不会是厂商关门的原因。"你同意这一说法吗?

(2)按西方经济学家的看法,能否说"产品差别程度越大,则产品价格差别越大"?

(3)在价格领导模型中,为什么其他厂商愿意跟着支配厂商定价?

2. 市场调查:观察学校超市中接近完全竞争市场、完全垄断市场、垄断竞争市场、寡头垄断市场的某种或某类商品,分析其特点和定价策略。

3. 案例分析

博弈与机制设计

"囚犯难题"是博弈论中的一则经典故事。这个故事最大的意义在于它生动地揭示了市场失灵的现象。

根据市场经济"看不见的手"的原理,在完全竞争条件下,个人追逐自身的利益,必然能使整个社会的利益达到最优。古典经济学家亚当·斯密首先提出了这一原理,以后新古典经济学家也对该命题进行了深入的证明。但是,任何经济理论只有在一定假设前提下方能成立。有时候,我们可以观察到,人们追求自身的利益的过程中,尽管每个人的利益最大化了,但是整个社会的利益并没有最大化。这种情况就是市场失灵。从“囚犯难题”的故事中我们看到,个人角度最优的选择(招供,招供)与集体角度最优的选择(不招,不招)产生了不一致。这种市场失灵反映了个人理性与集体理性的冲突。

那么,怎样解决个人理性与集体理性的冲突呢?在博弈论看来,不是采用集权和专制的方式,而是采用机制设计的原理来加以纠正。在市场经济中,价格机制是最基本的一种机制,但在市场失灵的情况下,需要进一步设计一些制度安排,通过激励和约束机制,来规范人们的行为。在“囚犯难题”的故事中,就有可能通过机制设计解决个人理性与集体理性的冲突。比如,由于江湖义气和黑社会的存在,形成了一种惩罚机制。因为任何一方若因招供而被释放出去的话,就会受到黑社会的报复性惩罚,这样,双方都会坚决不招。那么在这种情况下,个人最优的选择就成了(不招,不招)。这与集体最优的选择变得一致了。这样,市场失灵就可以用机制设计来加以纠正。

在实际经济生活中,通过机制设计来解决市场失灵不乏成功的例子。我国消费者在购物时,往往不习惯于索要购物发票,而某些商家实行的不开发票可以优惠的作法,也加剧了人们购物不要发票的倾向。对于商家来说,不开发票逃避了税收,对于购物者来说,不开发票少掏了腰包,因此从私人的角度来看,不开发票似乎是一种最优选择;但是不开发票却导致了税款流失,国家财政收入减少又将影响国家职能的发挥,损害了集体的利益。所以,从集体的角度来看,不开发票绝不是一种最优选择。这里,个人最优与集体最优产生了冲突。通过行政办法解决这一冲突必然会因成本高昂而收效甚微,但从机制设计的思想出发,还是不难解决这一问题的。比如,税务部门通过“发票抽奖”的活动,向人们提供一种购物要发票的激励机制,让购物者为了自己的利益主动索要发票。

好的机制设计能够产生正向激励,而不好的机制设计则会产生反向激励。比如,当英国爆发口蹄疫期间,居然发生了这样的怪事:英国农民故意将未感染口蹄疫病毒的牲口感染上这种病毒。原来这与英国政府的一个机制设计有关。为了尽快遏制口蹄疫的漫延和弥补口蹄疫带来的巨大经济损失,英国政府决定,对每一头被屠杀的牲口都以口蹄疫爆发前的市场价格给予经济补偿。英国政府的本意是希望通过这个措施,鼓励农民配合政府遏制口蹄疫的漫延。但由于口蹄疫的爆发,使得牲口价格一跌再跌,口蹄疫爆发前牲口的市场价格早已高出了市价许多,英国政府以口蹄疫爆发前的市场价格进行经济补偿的政策,诱导了一些农民擅自挪动牲口,争相感染口蹄疫病毒,使得口蹄疫愈发严重。在此例中,如果英国政府在口蹄疫爆发期间,按随行就市的价格进行经济补偿,情形就完全不一样了。

(资料来源:海南大学网站.)

试分析:(1)发票抽奖的设计有何启发?

(2)英国爆发口蹄疫期间,政府财政补贴为何失败?

串谋的失败

粮食是国际贸易重要大宗商品。20世纪80年代以来,平均每年进出口量在4亿吨上下。国际粮食市场结构特点在于,美国、澳大利亚、加拿大、欧共体、阿根廷等国占据出口绝大部分份额,其中美国位居龙头老大地位,有时占到出口量一半左右。因而国际粮食出口市场具有寡头垄断特点。20世纪70年代末到80年代,苏联、日本、中国是最大粮食进口国。

由于美国是最大粮食出口国,并且大多数出口国是美国传统盟国,使得美国外交和国际政治关系领域长期有一种理论,认为有可能与其他出口国联手对某个主要进口国粮食商业进口实施禁运(embargo),从而实现特定的政治或外交目的。这种带有政治性的联合禁运目标,虽然与市场环境下的寡头厂商目标存在差别,但它同样是通过控制很大市场份额的少数市场参与主体之间协调串谋,来影响市场价格和交易数量,因而与卡特尔勾结具有类似发生和运作机制。

1980年初,美国卡特政府第一次采用粮食禁运手段来打击它当时的争霸对手苏联。起因是苏联入侵阿富汗。美国认为这是对它战略利益的挑战,但又不宜军事介入,于是动用粮食禁运这一武器。当美国政府1980年1月4日公布禁运政策时,苏联已向美国定购了2 500万吨粮食,占苏联1980年计划进口总量的70%。1980年1月20日,主要出口国加、澳、欧盟同意参与;禁运起初在美国国内获得广泛支持,似乎很有成功希望。美国意图是对苏联饲料供给和肉类消费造成破坏性影响,从而给苏联带来国内政治压力。然而,事与愿违,1980年苏联实际进口粮食达3 120万吨,与计划进口量仅差10%。禁运仅使饲料供给下降2%,肉类消费影响微乎其微。1980年是大选年,里根就此攻击卡特政策无能,并在入主白宫几个月内解除禁运。

开初看好的禁运最后失败,主要有五个方面的原因:

第一,出口国达成共识困难。寡头市场使勾结有可能实现,但是粮食出口的买方市场特点以及寡头之间存在的竞争关系,又使串谋成功存在困难。最初一道裂缝就是阿根廷拒绝参加。阿根廷在禁运期间对苏联粮食出口大增,并因价格短期上升而获超额利润,成为这次禁运最大的赢家。

第二,难以控制粮食转运。禁运国政府虽有可能要求本国粮商申报粮食出口时把禁运目标国排除在外,但无法保证粮食到达目的地后不被转运到禁运国。例如,一般大型运粮船从北美到达荷兰鹿特丹后,通常会分小批量向东运输,禁运发起国难以追踪。可能转运途径一是通过苏联当时的东欧盟国转运到苏联。另外私营粮商国外子公司也可能私下向禁运国销售粮食。

第三,禁运国犯规行为。加、澳、欧盟承诺在禁运期把出口限制在"正常水平"。然而,很难界定何为"正常",他们在禁运期对苏联出口比前几年平均数高出几倍。美国当时对中国粮食出口急剧增加。这被加、澳等国看做是美国趁机蚕食其传统粮食出口市场的证据。意味深长的是,美国在禁运时期粮食出口量反而比以前上升了,说明串谋者都有欺骗动机和行动。

第四,其他国家乘机而入。进口价格上升促使泰国、西班牙、匈牙利、瑞典等这些以前通常不向苏联出口粮食的国家,开始向苏联大量出口粮食。

第五,美国国内政治因素影响。开始禁运时,迫于国内爱国主义情绪高涨压力,美国农业利益集团不得不勉强同意禁运政策。后来形势证明禁运效果不好,农业集团不久就发难,批评这一政策牺牲了他们的利益,要求政府给予补偿。按照美国国内政治运作逻辑,反对党借口攻击,把禁运当作攻击卡特政府无能的一个把柄,里根上台首先拿它开刀。

对美国人,这是一次失败教训。有人认为:"使用粮食武器更可能危害而不是实现美国的利益。粮食武器是已被试用但被证明无效的武器。"这个案例说明了卡特尔勾结的可能性,同时也显示了其运作成功的内在困难。

(资源来源:海南大学网站.)

问题1:寡头垄断市场的特点是什么?

问题2:美国对苏联粮食禁运为什么失败了?

第六章 生产要素

澳大利亚有富余的农业土地供给，但人烟稀少。与其他大部分国家相比，其地价低廉，但工资昂贵；因此，那些需要大量土地投入而较少劳动力投入即能生产出来的产品，其价格就低廉。

——伯蒂尔·奥林(Beril Ohllin)

【教学目标】

通过本章教学，应让学习者达到以下目标：

1. 明确生产要素需求与供给的特点；
2. 了解劳动、土地的需求与供给；
3. 掌握劳动的价格——工资的决定，土地的价格——地租的决定，资本的价格——利率的决定，企业家才能的价格——正常利润的决定。

【能力标准】

能力元素	能力表现水平描述
劳动与工资	了解生产要素需求与供给的特点
	了解劳动的需求与供给
	掌握劳动的价格——工资的决定
土地与地租	了解准租金与经济租金的区别
	掌握土地的价格——地租的决定
资本与利息	了解利息的定义
	掌握短期利息率和长期利息率的决定
企业家才能与利润	了解正常利润与超额利润的区别
	掌握超额利润的不同来源

第一节　生产要素与要素的供求

西方经济学家认为,社会各阶级作为生产要素的所有者,他们在生产中所提供的生产要素作出了贡献,应根据其贡献大小而获得相应的收入。具体来说,工人提供了劳动,获得工资;资本家提供了资本,获得利息;土地所有者提供了土地,获得地租;企业家提供了企业家才能,获得利润。这些收入就是生产要素的价格,所以分配理论也就是要解决生产要素的价格决定问题。生产要素的价格与产品的价格一样,是由供求关系决定的,即生产要素的供给与需求决定了生产要素的价格。因此,分配理论实际是均衡价格理论在分配问题上的应用。

一、要素的需求

1. 要素的需求是派生需求、联合需求　生产要素的价格由生产要素的供求决定,这一点与其他商品的价格决定是没有区别的,不同的是,产品市场上需求来自消费者。消费者为了直接满足自己的某种需要而购买商品,因此,对商品的需求是“直接”的需求。而在生产要素市场上,需求不是来自消费者,而是来自厂商。厂商购买生产要素不是为了自己的直接需要,而是为了生产和出售产品以获得利益。例如,厂商对电脑程序员的需求是与消费者对电脑软件的需求密切相关的。聘请电脑程序员是为了设计并生产电脑软件。如果消费者不存在对电脑软件的需求,厂商就无法从销售电脑软件中获得利益,也就不会去聘请电脑程序员及购买其他生产资料生产电脑软件。由此可见,厂商对生产要素的需求是从消费者对产品的直接需求中间接派生出来的。所以,生产要素的需求是派生的需求。

对生产要素的需求还有一个特点,即对生产要素的需求是共同的、相互依赖的需求。这个特点是由于技术上的原因,即生产要素往往不是单独发生作用的。只有电脑程序员,什么产品也生产不出来。同样的,只有生产电脑软件的机器、设备也无法制造产品。只有电脑程序员与生产的设备相互结合起来,才能生产出电脑软件。所以,生产要素的需求又是联合需求。

2. 生产要素市场的价格决定与产品市场的价格决定的区别

①供求主体不同。在产品市场上,需求者是家庭,供给者是企业;在要素市场上,需求者是企业,供给者是家庭。换句话说,家庭在产品市场上以需求

者出现，在要素市场上以供给者出现，企业在产品市场上以供给者出现，在要素市场上以需求者出现。

②需求性质不同。产品市场的需求是直接需求，而生产要素市场是派生需求（引致需求）。

③需求特点不同。产品的需求往往是孤立的，而生产要素的需求是一种联合的需求，各种生产要素进行有机的组合才能生产出我们需要的商品或劳务。

二、要素的供给

生产要素可分两大类：一类是自然资源。这类生产要素的供给量是固定的。另一类是经济物品。经济物品是通过人的劳动而生产出来的，某一行业的产品往往是另一行业的生产要素。因此，生产要素的供给取决于价格，它与一般产品的供给一样，随价格变动而同方向变动，即价格上升，供给增加，价格下降，供给减少。生产要素的供给曲线也是一条向右上方倾斜的曲线。

第二节　劳动与工资

【导入案例 6-1】

深圳的时尚一族

李玲是该市一家著名电脑公司的职员，她负责公司的销售，几年下来，凭借聪明和努力，她每个月的薪水在 1 万元以上，今年春天，公司的销售经理升职了，总经理提出由她来做销售公司的经理。谁知却被她婉言谢绝了。其理由是，一旦出任这个职位，势必要花费更多的精力和时间，这样自己的生活质量就会下降，如果不能好好休息的话，工作质量也会下降。她对记者说："如果当经理，我每月薪水增加 3 000 多元，可是我却会失去更多的东西，我宁愿不要这 3 000 多元，而维持一种生活质量。"

（资料来源：中国人民大学经济学论坛.）

一、劳动需求曲线

在完全竞争市场上，劳动的市场需求曲线取决于劳动的边际产品价值，劳动的市场需求曲线就是劳动的市场边际产品价值曲线（图 6-1）。

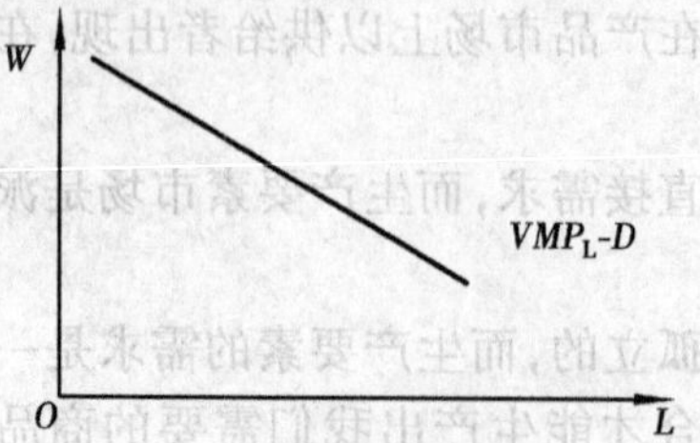

图 6-1　劳动需求曲线

二、劳动供给曲线

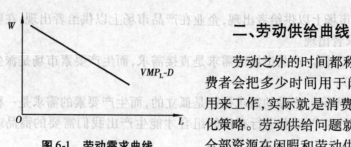

劳动之外的时间都称作是闲暇。消费者会把多少时间用于闲暇,多少时间用来工作,实际就是消费者的效用最大化策略。劳动供给问题就是如何决定其全部资源在闲暇和劳动供给两种用途上的分配。

劳动的供给曲线是一条向后弯曲的曲线。这是因为在工资率较低时,闲暇的效用较小,工资率的提高对人们的诱惑很大,人们愿意放弃闲暇去工作,以提高生活水平,在这一阶段,劳动的供给量会随着工资率的上升而增加。但是,当工资率提高到一定程度后,闲暇的效用增加,闲暇的诱惑变大,而工资率的连续增加导致工资率的诱惑不断下降,工资率的增加会使得劳动者放弃部分工作时间以维持原有生活水平而去享受闲暇,在这一阶段,劳动的供给量会随着工资率的上升而减少,如图 6-2 所示。

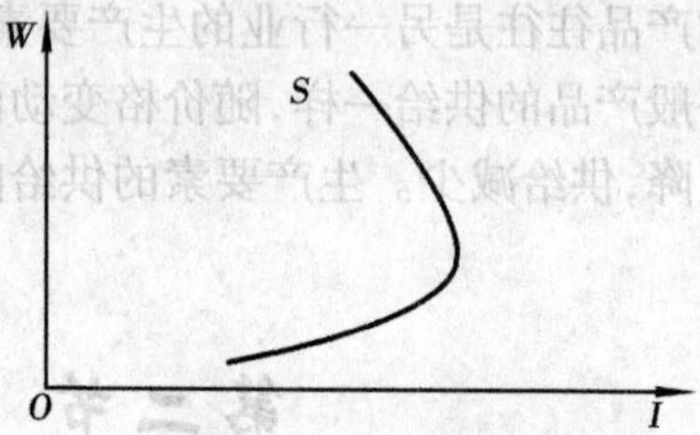

图 6-2　劳动供给曲线

三、劳动供给曲线向后弯曲的原因

劳动供给曲线向后弯曲的程度取决于工资率提高的替代效应和收入效应。替代效应是指工资率越高,对牺牲闲暇的补偿越大,劳动者越愿意增加劳动供给以替代闲暇。收入效应是指工资率越高,个人的经济实力得以增强,包括闲暇在内的正常需要相应增加。当替代效应大于收入效应时,劳动供给量随工资率的提高而增加,劳动供给曲线为正斜率,即向右上方倾斜。当收入效应大于替代效应时,劳动供给量随工资率的提高而减少,劳动供给曲线为负斜率,即向左上方倾斜。

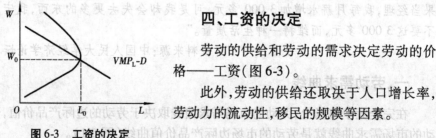

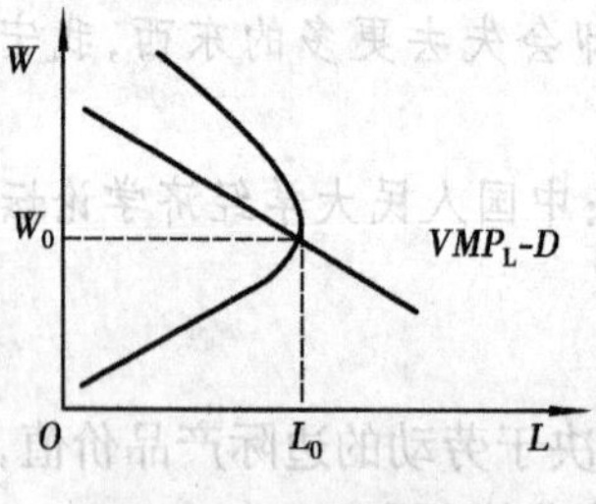

图 6-3　工资的决定

四、工资的决定

劳动的供给和劳动的需求决定劳动的价格——工资(图 6-3)。

此外,劳动的供给还取决于人口增长率,劳动力的流动性,移民的规模等因素。

【资料链接】

工资的来历

蜜蜂的社会也由大量的蜜蜂的个体组成。他们一只一只的离开蜂房去采集蜂蜜。虽然蜂蜜是每个蜜蜂的劳动所得,但是当他们将蜂蜜放入公共的仓库以后,他们并没有获得什么工资。这是为什么呢?

这是因为同一个蜂房的蜜蜂虽然有许多的个体,但是他们都是一家的。他们将蜂蜜放在公共的仓库中就是放在自己家的仓库中。他们可以随时取用,就像人到自己家的仓库中取用食品一样。所以,蜜蜂不需要获得工资,否则就是多此一举。难道左手给右手东西也要付钱吗?

而人就不同了。人是分成许多的家庭的,相应的人的财产也是分开的,分成你的财产我的财产。工人在工厂中上班,使工厂得以运行。而工厂却是别人家的,不是工人的。所以工厂主必须付给工人工钱,以便工人可以养活自己的家庭。这样工资也就出现了。

因此,如果要工人也像蜜蜂一样的不拿工资,那么人类也就必须像蜜蜂一样的只有一个家庭,相应的财产也是属于整个社会的。这样整个社会也就成了一个工厂,工厂也就是工人自己的工厂。工人们需要什么,也就可以从社会中随时取用。工人们自然也就不再需要什么工资了。

那么,是不是仅仅生产资料属于工人们就可以了呢?不可以。因为只要工人们是分成家庭的,也就只有工人们自己的家的财产才是工人们自己的。工人们也就不会认为工厂的财产是工人们自己的。所以工人与工厂之间,工人与工人之间就会有隔阂。这样工人们也根本不可能像蜜蜂那样的无私奉献。社会也就根本不可能成为工人们不挣工资的社会。

那么这个不可思议的天下一家的社会是什么社会呢?这就是博爱的社会。

注:社会发展过程共有四个阶段:先是原始的“博爱的社会”,然后是“母系社会”,再是“父系社会”,最后才是更高级的“博爱的社会”。在父系社会中人类是分成家庭的。也就是说“男要娶女要嫁”。相应的财产也是分开的,分成你家的财产和我家的财产。所以,在父系社会中会存在货币、市场、法庭、警察、监狱、政府、军队、竞争、律师、国家、政党、污染等等事物或现象。在博爱的社会中则没有这些事物或现象。博爱的社会四海一家。相应的财产也属于整个社会。在博爱的社会中人们的感情是博爱的,爱所有的人。而不像父系社会那样:由于家庭的存在,人们只爱少数的人,因此人们会牺牲别人,而为自己及其子女谋取非法利益。目前我们人类就生活在晚期的父系社会中(家庭的

大量的解体和妇女解放运动等都是父系社会晚期的现象)。我们人类会进入到更高级的博爱的社会中去。

(资料来源:http://hi.baidu.com/woshigudushougezhe/blog/item/ebfa2ffa-641b69889f5146b0.html.)

【案例分析】

军队的工资

许多年来,美国军队一直存在人事问题。在内战期间,大约90%的军人是进行地面战斗的不熟练工人。但是自那以来,战争的性质发生了变化,因此地面战斗部队现在只占整个军队的16%。同时,技术的变化导致技师、训练有素的飞行员、电脑分析员、机械师及其他操纵复杂军事设备所需要的人员严重短缺。为什么这样的短缺会发生?为什么军队没能留住其技术人员?最近的一项研究提供了某些答案。

在这些年里,军队的军阶结构基本上没有改变。在军官的军阶中,工资的增加主要由服役年数决定。其结果是,具有不同技术水平和能力的军官常常得到相同的工资,并且相对于他们在私人部门可能得到的工资来说,某些技术工人的工资偏低。结果,那些因为工资有吸引力而参军的技术工人发现,他们的边际收入产出最终高于他们的工资。虽然有些人还留在军队,但许多人离开了。

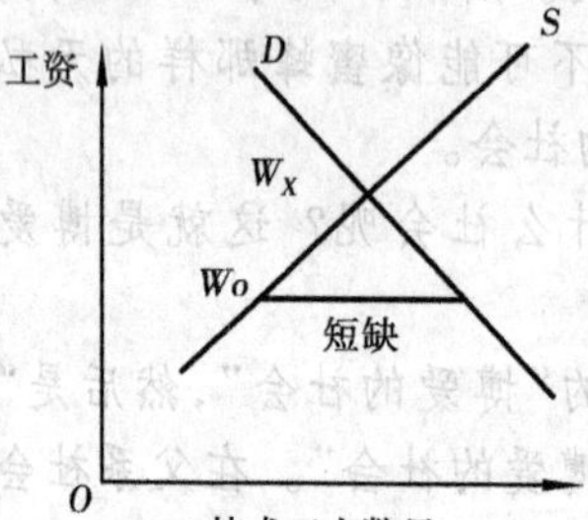

下图显示了军队工资政策会导致的无效率。均衡工资率 W_* 是使劳动的需求与供给相等的工资。然而,由于工资结构缺乏灵活性,军队支付的工资为 W_O,它低于均衡工资。在 W_O,需求大于供给,出现技术劳动的短缺。与之相对照的是,竞争性劳动市场向生产率较高的工人支付的工资高于生产率没有他们高的工人。但是军队是如何吸引和维持其技术劳动力的呢?

军队的工资结构选择影响到国家保持一支有效战斗部队的能力时,就出现人员短缺,因为劳动的需求数量大于供给,作为对其人事问题的反应,军队已开始调整工资结构,扩大其再服役奖金的数目和规模。选择性再服役奖金的目标是短缺的技术岗位,它能成为有效的征募机制。直接的奖金产生了一种激励,它比许诺将来给予较高的工资更有用。随着技术军事岗位需求的增加,我们可以预期军队会更多地利用这些再服役奖金和其他以市场为基础的激励措施。

（资料来源:http://sba. henu. edu. cn. ）

第三节　土地与地租

【导入案例6-2】

土地与地租

英国的威廉·配第认为,货币所有者既可以购买土地收取地租,又可以直接将货币贷放出去,收取利息。利息至少应该等于借贷货币能够买到的土地所产生的地租。地租与土地税收是有区别的,主要表现在:(1)两者产生的前提不同。土地税收以国家存在为前提,随着国家产生而产生,随着国家消亡而消亡。地租是以土地所有制为前提,任何一个社会,只要存在土地所有权并产生土地所有权与使用权分离,就存在地租。(2)两者存在的基础不同。土地税收存在的基础是国家的政治权力,国家凭借政治的力量,依照法律强制地、无偿地征税,取得收入;而地租存在的基础是土地所有权的垄断和土地所有权与使用权的分离,是土地所有者依据经济原则向土地使用者索取的一种收入,是土地所有权在经济上的体现。(3)两者的分配层次不同。土地税收属于国民收入的再分配;而地租属于国民收入的初次分配。

地租是土地这种生产要素的价格,地主提供了土地,得到了地租。如前所述,土地可以泛指生产中使用的自然资源,地租也可以理解为使用这些自然资源的租金。

（资料来源:改编自网上资料.）

一、土地的供给

为了简化问题起见,我们把土地的自然供给看作是一个固定不变的量。但是土地的自然供给是固定不变的,并不意味着土地的市场供给一定也是固定不变的。可以认为土地所有者的效用是由收入带来的。土地供给曲线是垂直的。土地的市场供给曲线是由个人供给曲线加总而成,因此土地的市场供给曲线也是垂直的。

学生活动一

思考:土地的供给曲线为什么是垂直的?

二、地租的决定

地租由土地的需求与供给决定。土地的需求取决于土地的边际生产力,土地的边际生产力也是递减的。所以,土地的需求曲线是一条向右下方倾斜的曲线。但土地的供给是固定的,因为在每个地区,可以利用的土地总有一定的限度。这样,土地的供给曲线就是一条与横轴垂直的线。地租的决定可以用图6-4来说明:

在上图中,横轴代表土地量,纵轴代表地租,垂直S为土地的供给曲线,表示土地的供给量固定,D为土地的需求曲线。D与S相交,决定了地租。

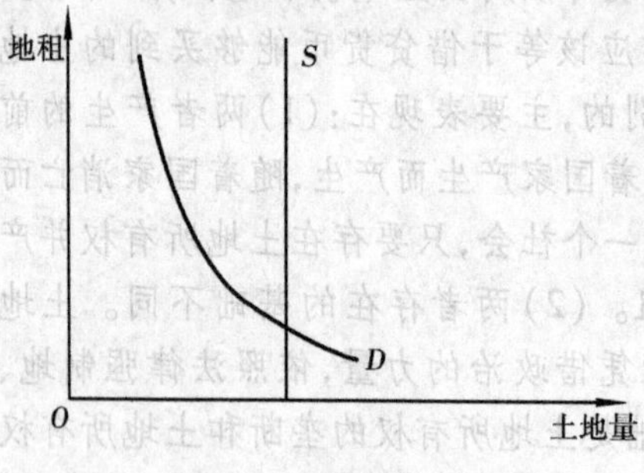

图6-4　地租的决定

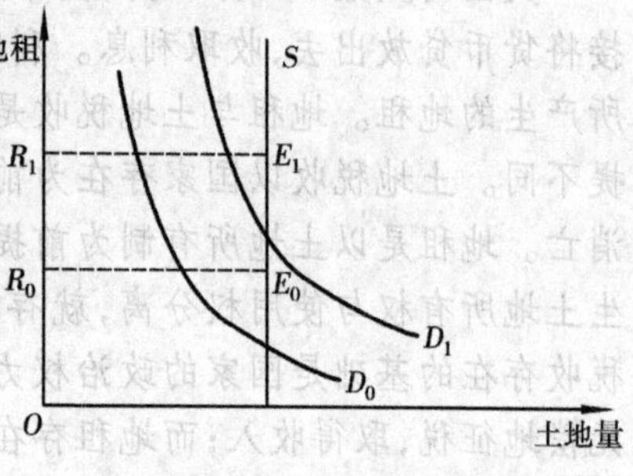

图6-5　地租的变动

随着经济的发展,对土地的需求不断增加,而土地的供给不能增加,这样,地租就有不断上升的趋势。这一点可用图6-5来说明:

在上图中,土地的需求曲线由D_0移动到D_1就表明土地的需求增加了,但土地的供给仍为S,S与D_1相交于E_1,决定了地租为R_1,R_1高于原来的地租R_0,说明由于土地的需求增加,地租上升了。

三、租金、准租金和经济租金

(一)租金

租金指供给固定不变的一般资源的服务价格。比如,土地所有者可以得到的收入叫做地租。地租提高,土地的供给量也不会提高;地租降低,土地的供给量也不会减少。在经济中还存在着其他的一些要素,比如,某些人的天赋才能,它们的供给数量也是不变的,不受价格涨落的影响,这些要素所得到的价格，我们统称为租金。

可以看出，土地是一种特有的资源，所以地租只是租金的一个特例，是租金的一种，而租金是一般化的地租。

(二)准租金

准租金又称准地租，指固定资产在短期所得到的收入。在短期内，固定资产是不变的，与土地的供给相似。不论这种固定资产是否取得收入，都不影响它的供给。只要产品的销售价格能够补偿其平均可变成本，就可以利用这些固定资产进行生产。在这种情况下，产品价格超过其平均可变成本的余额，代表固定资产的收入。这种收入是由于需求大，产品价格超过弥补可变平均成本而有盈余产生的，其性质类似地租，因此，成为准地租。准地租仅是在短期内存在的。在长期内固定资产不是不变的，就不存在准地租了。

在长期内，生产要素的所有者所得到的收入如果高于其所要求的收入，则超过的这部分收入就称为经济租，也称为生产者剩余。例如，市场上有 A，B 两类工人各 100 人，A 类工人素质高，所要求的工资为 200 元，B 类工人素质低，所要求的工资为 150 元。当厂商要雇用工人时，如果这一工作 A，B 类工人都可以担任，他则先雇用 B 类工人。但在 B 类工人不够时，也要雇用 A 类工人。假定某厂商需要工人 200 名，他就必须雇 A，B 两类工人。在雇用这些工人从事同样的工作时，必须按 A 类工人的要求支付 200 元的工资。这样，B 类工人所得到的收入就超过了他们的要求。B 类工人所得到的高于 150 元的 50 元收入就是经济租。

(三)经济租金

经济租金是要素收入(或价格)的一个部分，该部分并非为获得该要素于当前使用中所必须，它代表着要素收入中超过其在其他场所可能得到的收入部分。经济租金是生产要素所有者得到的收入大于其实际支付的部分，它是生产要素所有者得到的额外收入。简言之，经济租金等于要素收入与其机会成本之差。例如，某油漆工油漆一套房子实际成本为 1 万元，而房主付给他 1.2 万元，那么这个油漆工就得到了 2 000 元的经济租金。

【案例分析】

经济地租与准地租

例如，劳动市场上有 A，B 两类工人各 100 人，A 类工人素质高，所要求的工资为 200 元，B 类工人素质低，所要求的工资为 150 元。如果某种工作 A，B 两类工人都可以担任，那么，企业在雇佣工人时，当然先雇佣 B 类工人。但在

B 类工人不够时,也不得不雇佣 A 类工人。假设某企业需要工人 200 人,他就必须雇佣 A,B 两类工人。在这种情况下,企业必须按 A 类工人的要求支付 200 元的工资。这样,B 类工人所得到的收入就超过了他们的要求。B 类工人所得到的高于 150 元的 50 元收入就是经济租。其他生产要素所有者也可以得到这种经济租。

由此可见,经济地租属于长期分析,而准地租属于短期分析。经济地租是对某些特定要素来说的,而经济利润是对整个厂商来说的。厂商存在经济利润,并不意味着其要素也存在经济地租。一种要素在短期中存在准地租,也不意味在长期中存在经济利润。

(资料来源:《西方经济学(宏观部分)》案例分析,黄德林.)

第四节　资本与利息

【导入案例 6-3】

徐文长以酒作利息

一天,徐文长的邻居张关寿有急用,找徐文长借钱。可是,徐文长手头也很拮据;只好陪他去向专放高利贷的高立重借债。

高立重说:“十两银子的本钱,明年到期,利息四两银子。有徐先生作保,字据就不必出了。”

徐文长笑道:“我看,十两银子还三两酒的利息吧!”

高立重很自然地把“酒”字错听为“九”字,就答应了。

一年过去了,张关寿照徐文长的指点,凑齐了十两银子,再装上三两酒,由徐文长陪同,送到高立重那里。

高立重见了大怒,徐文长说,“去年明明说好利息是‘三两酒’,你怎么可以赖呢?”

高立重因为没有“三两九”的真凭实据,只好自认倒霉。

(资料来源:http://hi.baidu.com/% DD% B7% DD% B7/blog/item/e26feb1bb91dfafbaf5133e8.html.)

为什么使用货币资本要支付利息?利息是人们牺牲目前的消费所得到的报酬。

一、资本和利息的定义

资本是由经济制度本身所生产出来的并被用作投入要素以便进一步生产更多的商品和服务的物品。资本具备如下特征:资本是由人类的经济活动所生产,因而它的总量是可以改变的;它之所以被生产出来,并非为了消费,而是为了能够生产出更多的商品和劳务;它在生产过程中被作为投入要素长期使用。

利息是资本这种生产要素的价格。资本家提供了资本,得到了利息。利息与工资计算的方式不同,它不是用货币的绝对量来表示,而是用利息率来表示,利息率是利息在每一单位时间内(例如一年内)在货币资本中所占的比率。例如,货币资本为 10 000 元,利息为一年 1 000 元,则利息率为 10%,或称年息 10%。这 10% 就是货币资本在一年内提供生产性服务的报酬,即这一定量货币资本的价格。

西方经济学家曾提出各种理论来证明利息的合理性。西方经济学家关于资本性质的论述,证明了利息的合理性。换言之,人们进行储蓄提供资本,是应该得到利息的。

二、利息率的决定

利息率取决于对资本的需求与供给。但短期利息率的决定与长期利息率的决定不同。

(一)短期利息率的决定

提供资本物品以时间为单位,在短期中,增加出租时间其成本不增加,即是无论利息率的高低,由于厂商不能购买新机器等资本品,资本的供给不能增加,完全无弹性,过去已产生的资本存量固定不变,所以短期的资本供给曲线是一条垂直线。

厂商的需求曲线是向下倾斜的,根据需求曲线和供给曲线就可以说明短期利息率的决定。横轴表示资本,纵轴表示利息率,均衡点 E 表示,企业愿意以 r 的利息率借款购买资本品,资金的贷款者也愿意以 r 的利息率提供资本(图 6-6)。

(二)长期利息率的决定

人们进行储蓄,放弃现期消费是为了获得利息。利息率越高,人们越愿意增加储蓄,利息率越低,人们就越要减少储蓄。这样,利息率与储蓄成同方向变动，从而资本的供给曲线是一条向右上方倾斜的曲线。向右上方倾斜的供给曲线说明人们愿意以较高的实际利息率供给更多的资本品。

资本的供给和资本的需求决定了资本的价格——利息或利率。

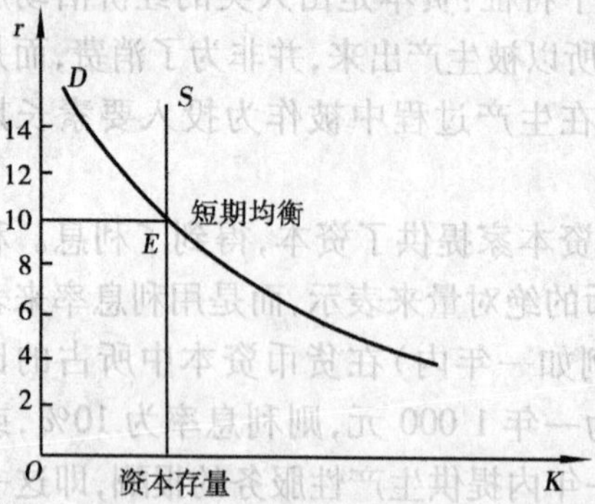

图 6-6　短期利息率的决定

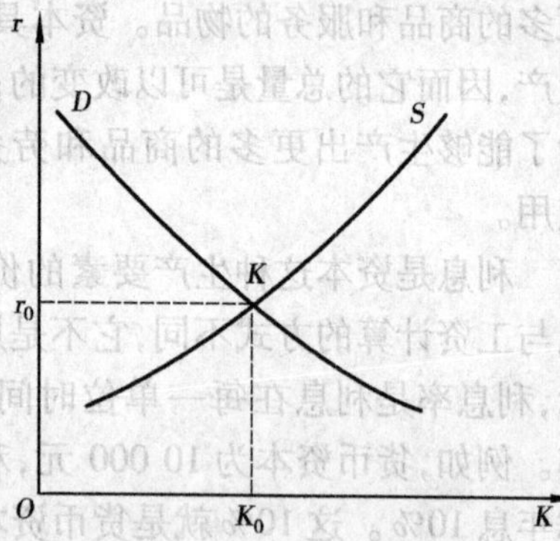

图 6-7　长期利息率的决定

如图 6-7，在均衡点上，净储蓄停止了，资本存量不再增长，表示企业拥有的资本存量增加与人们所愿意提供的资本数量增加相适应。

第五节　企业家才能与利润

【导入案例 6-4】

亨利·福特的汽车流水线

在亨利·福特建立他的流水线之前，汽车工业完全是手工作坊型的，三两个人合伙，买一台引擎，设计个传动箱，配上轮子、刹车、座位，装配 1 辆，出卖 1 辆，每辆车都是 1 个不同的型号。由于启动资金要求少，生产也很简单，每年都有 50 多家新开张的汽车作坊进入汽车制造业，大多数的存活期不过 1 年。福特的流水线使得这一切都改变了。在手工生产时代，每装配一辆汽车要 728 个人工小时，而福特的简化设计，标准部件的 T 型车把装配时间缩短为 12.5 个小时。进入汽车行业的第 12 年，亨利·福特终于实现了他的梦想，他的流水线的生产速度已达到了每分钟 1 辆汽车的水平，5 年后又进一步缩短到每 10 秒钟 1 辆车。在福特之前，轿车是富人的专利，是地位的象征，售价在 4 700 美元左右，伴随福特流水线的大批量生产而来的是价格的急剧下降，T

型车在1910年销售价为780美元,1911年降到690美元,然后降到600美元、500美元,1914年降到360美元。低廉的价格为福特赢得了大批的平民用户,小轿车第一次成为人民大众的交通工具。福特说:“汽车的价格每下降1美元,就为我们多争取来1 000名顾客。”1914年福特公司的13 000名工人生产了26.7万辆汽车;美国其余的299家公司的66万工人仅生产了28.6万辆。福特公司的市场份额从1908年的9.4%上升到1911年的20.3%,1913年的39.6%;到1914年达到48%,月赢利600万美元,在美国汽车行业占据了绝对优势。

(资料来源:http://blog.sina.com.cn/s/blog_4fda95e2010099iv.html.)

一、企业家才能的定义

企业要进行生产活动,就必须把各种生产要素组织起来、协调起来,这个组织者就是企业家。企业家的主要任务,一是生产的组织、协调;二是对企业的经营行为承担风险,并且尽可能把风险降到最低。

利润是对企业家才能这种特殊的生产要素的报酬。在社会化大生产之前,由于企业主同时又是企业家,利息与利润事实上不可分。随着大规模生产的出现,许多企业的所有权和经营权逐渐分离,所有权归企业主而经营权归企业家,企业家才能作为一种独立的生产要素才得以出现。在经济学里就常常把利息作为资本收入而把利润作为企业家才能的收入。

二、利润的分类

(一)正常利润

正常利润是企业家才能的价格,是企业家才能这种生产要素所得到的收入,即要素价格。它包括在成本之中,其性质与工资相类似,是由企业家才能的需求与供给所决定的。因为企业家才能是把劳动、土地、资本结合在一起生产出更多产品的决定性因素,所以对企业家才能的需求是很大的。但是并非人人都具备企业家才能,企业家才能是先天禀赋加后天培养而成的,它的后天培养成本是比较高的(进修、MBA、培训会等),所以企业家才能的收入——正常利润要高于其他一般劳动的收入——工资。

(二)超额利润

超额利润是指超过正常利润的那部分利润。超额利润有其不同的来源,从而也就具有不同的性质。

1. 承担风险的超额利润 风险是从事某项事业时失败的可能性。由于未来具有不确定性，人们对未来的预测有可能发生错误，风险的存在就是普遍的。在生产中，由于供求关系难以预料的变动，由于自然灾害、政治动乱，以及其他偶然事件的影响，也存在着风险，而且并不是所有的风险都可以用保险的方法加以弥补。这样，从事具有风险的生产就应该以超额利润的形式得到补偿。

2. 创新的超额利润 创新是指企业家对生产要素实行新的组合。它包括5种情况：

(1)引入一种新产品；

(2)采用一种新的生产方法；

(3)开辟一个新市场；

(4)获得一种原料的新来源；

(5)采用一种新的企业组织形式。

3. 垄断的超额利润 由垄断而产生的超额利润，又称为垄断利润。垄断的形式可以分为两种：卖方垄断与买方垄断。卖方垄断也称垄断或专卖，指对某种产品出售权的垄断。垄断者可以抬高销售价格以损害消费者的利益而获得超额利润。在厂商理论中分析的垄断竞争的短期均衡、完全垄断的短期与长期均衡，以及寡头垄断下的超额利润，就是这种情况。买方垄断也称专买，指对某种产品或生产要素购买权的垄断。在这种情况下，垄断者可以压低收购价格，以损害生产者或生产要素的供给者而获得超额利润。

垄断所引起的超额利润是垄断者对消费者、生产者或生产要素供给者的剥削，是不合理的。这种超额利润也是市场竞争不完全的结果。

三、企业家追求利润的意义

正常利润中包含了企业家承担风险的报酬，因此鼓励了企业家去承担企业经营的不确定性风险，有利于企业的发展壮大。

超额利润向企业指出了哪些行业应该发展，哪些企业应该压缩，这就是利润导向机制。超额利润导致了资源在经济中的重新配置。超额利润是企业进行创新的动力和物质基础。企业为了追求超额利润，就必须不断进行创新。超额利润的存在为创新活动提供了重要的财力支持。超额利润也为企业进一步扩大生产规模创造了条件，为企业的发展提供了资金。

【小结】

在完全竞争市场上，劳动的市场需求曲线取决于劳动的边际产品价值。

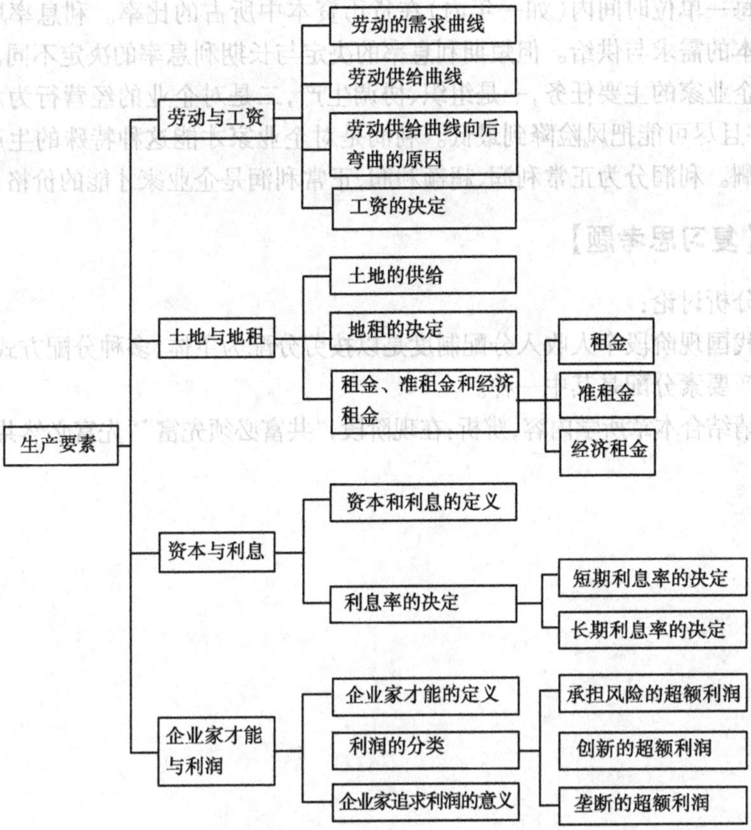

劳动之外的时间都称作是闲暇。消费者会把多少时间用于闲暇,多少时间提供市场,实际就是如何决定其全部资源在闲暇和劳动供给两种用途上的分配。劳动的供给和劳动的需求决定的劳动的价格——工资。

土地可以泛指生产中使用的自然资源,地租也可以理解为使用这些自然资源的租金。土地的需求取决于土地的边际生产力,土地的边际生产力也是递减的。土地的自然供给是固定不变的,但并不意味着土地的市场供给一定也是固定不变的。地租由土地的需求与供给决定。租金指供给固定不变的一般资源的服务价格。准租金又称准地租,指固定资产在短期所得到的收入。经济租金是生产要素所有者得到的收入大于其实际支付的部分,它是生产要素所有者得到的额外收入。

资本是由经济制度本身所生产出来的并被用作投入要素以便进一步生产更多的商品和服务的物品。资本家提供了资本,得到了利息。利息与工资计算的方式不同,它不是用货币的绝对量来表示,而是用利息率来表示,即是利息在每一单位时间内(如一年内)在货币资本中所占的比率。利息率取决于对资本的需求与供给。但短期利息率的决定与长期利息率的决定不同。

企业家的主要任务,一是组织、协调生产,二是对企业的经营行为承担风险,并且尽可能把风险降到最低。利润是对企业家才能这种特殊的生产要素的报酬。利润分为正常利润、超额利润,正常利润是企业家才能的价格。

【复习思考题】

分析讨论:

我国现阶段个人收入分配制度是以按劳分配为主体,多种分配方式并存,按生产要素分配是其中一种。

请结合本章所学内容,辨析:在现阶段,“共富必须先富”“先富必然共富”。

第七章

E.A 外部性与公共物品

亚当·斯密言下“看不见的手”，就像皇帝的新装。之所以看不见，是因为本来就不存在。信息总是不充分的，市场总是不完全的，也就是说市场总是不具有受约束的帕累托效率的。

——约瑟夫·斯蒂格利茨

【学习目标】

通过本章教学，应让学习者达到以下目标：

1. 掌握外部性的含义；
2. 熟悉外部性对资源配置的影响；
3. 掌握科斯定理；
4. 领会公共物品的特点；
5. 理解经济运行中不同程度地存在“市场失灵”和“政府失灵”；
6. 了解垄断、信息不对称如何造成市场失灵；
7. 了解各种微观经济政策。

【能力标准】

能力元素	能力表现水平描述
外部性	掌握外部性的含义及其分类
	了解社会成本与社会收益
	能够理解外部性的影响及企业的社会责任
	掌握科斯定理的具体内容
	能够用外部性的政策干预解释政府的某些作用
公共物品	掌握公共物品的含义
	了解公共物品的性质与分类
	理解公共物品的提供方式
	能够用公共物品理论解释有些服务的免费现象
市场失灵与微观经济政策	了解垄断如何造成市场失灵
	了解信息不对称造成的逆向选择与道德风险问题
	能够用市场失灵和微观经济政策解释政府在经济中的作用

第一节　外部性

【导入案例 7-1】

从电池回收看外部性

“忽如一夜春风来”，在北大的各个宿舍楼及教学楼内，出现了一个个朴素的纸箱，这是环境发展协会的同学为回收废电池、减少环境污染特意设立的。这一举措不仅有利于保护环境，而且也为环境的可持续发展出了力，可谓一箭双雕。

废弃的电池污染环境，具有负外部性。于是，生产单位电池的社会成本加上受到污染影响的不利影响的旁观者的成本，成本总额加大。此时，电池的消费者的价值大于生产它的社会成本；电池的最适当的数量，即最优的数量，小于均衡数量,即市场量,这时市场无效率。

面对这种负外部性,我们并非束手无措,既可私人解决,也可设立针对外部性的公共政策。

环境发展协会的电池回收箱就是私人解决的一个很好的例子,为回收提供了外部条件。但他们的宣传力度还是不够,很多人对回收箱眼至心不到,视若无物。这时,通过发传单、搞演讲等活动来扩大它的影响,用道德规范和社会约束来解决,即利用外部性的内在化。

对于生产电池的厂家,政府应进行管制或征税。如国家环保局可以告诉每家工厂每年的排污量减少为50吨,或指定某些厂商生产环保型电池。当然,政府也可以用以市场为基础的政策向私人提供符合社会效率的激励,如可以对每个厂家每排出一吨废物征收10 000元的税收。

若想从根本上解决污染问题,还需要政府投资科研领域,使环保型电池的成本降低,使之趋于完善。这才符合市场规律,才能赢得消费者。

(资料来源:经济学阶梯教室网站. http://www.jjx.org.cn/.)

一、外部性概述

(一)外部性的类别

外部性,又称外在效应或溢出效应,是指某一经济主体(生产者或消费者)的经济活动对其他经济主体所施加的"非市场性的"影响。这里所说的"非市场性的"影响是指一种活动所产生的成本或利益未能通过市场价格反映出来,而是无意识强加于他人的。施加这种成本或利益的人并没有为此付出代价或得到收益。

在完全竞争的市场中,当存在只增加社会福利而不增加个人收益的正外部性时,企业和个人的产量可能会低于社会最优产量;而当存在只增加社会成本而不增加个人成本的负外部性时,企业和个人的产量可能会超过社会最优产量。因此,在存在外部性的情况下,会造成私人成本和社会成本以及私人利益和社会利益的不一致,导致资源的不当配置,使市场机制配置资源的功能失灵,称之为市场失灵。

根据外部性的影响,可分为正外部性与负外部性。

正外部性指:一个经济主体的经济活动,导致其他经济主体获得额外收益或外部收益。例如,在自家庭院种植的花草,不仅可以美化居家环境,还使四周环境香气四溢,经过的路人都可免费分享花的香气和漂亮的景观,社会收益大于私人收益,就产生正外部性。

负外部性指：一个经济主体的经济活动，导致其他经济主体蒙受额外损失或产生外在成本。现实生活中外部性最典型的负面影响就是环境污染。例如，上游工厂生产中排放污水，致使下游的渔场被污染，却不承担任何责任，社会成本大于私人成本，就产生负外部性。

学生活动一

问答：试用所学理论，列举你身边的例子说明正外部性与负外部性。

（二）社会成本和社会收益

1. 私人成本与社会成本 所谓私人成本，就是一个经济单位为消费或生产一件商品所需要支付的费用。若不存在外部性，私人成本就是消费或生产一件商品所发生的全部成本。若存在外部性，消费或生产一件商品所发生的成本，除了私人成本外，还有外部成本，这两者之和就是社会成本，即社会成本 = 私人成本 + 外在成本。如果不存在外部成本，社会成本就等于私人成本。

2. 私人收益与社会收益 所谓私人收益，就是一个经济单位为消费或生产一件商品所获得的收益。若不存在外部性，私人收益就是消费或生产一件商品所获取的全部收益。若存在外部性，消费或生产一件商品所产生的收益，除了私人收益外，还有外部收益，这两者之和就是社会收益，即社会收益 = 私人收益 + 外部收益。如果不存在外部收益，社会收益就等于私人收益。

【资料链接】

在东欧由于缺乏激情而付出代价

大约从第二次世界大战结束到20世纪90年代初期，东欧国家在很大程度上是由社会主义和共产主义社会经济制度统治的。在那些制度下政策决策人个人很少有保持环境清洁的激情。由于大多数财产是由国家所有的，官僚们是由于产量而不是由于保护环境而受到嘉奖，结果造成几十年的生态破坏。看看下列国家发生了什么情况。

保加利亚

（1）农田土壤受到矿物型污染的破坏。

（2）黑海被石油和污水所污染。

前捷克斯洛伐克

（1）50%的森林破坏或死亡。

（2）超过一半的河流遭受严重污染。

（3）几乎一半的污水未被处理。

前东德

(1)在许多地区大部分儿童受呼吸道疾病之苦。

(2)地下水受到公开倾倒的铀废料的污染。

(3)城市空气污染比前联邦德国高40倍。

匈牙利

(1)50%的人民呼吸着被污染的空气,其空气质量水平还达不到最低标准。

(2)在这个国家的南半部饮用水受到砷污染。

波兰

(1)几乎全部河流受到污染。

(2)在一些地区40%的儿童患有因环境污染引起的疾病。

罗马尼亚

(1)黑海港口受到有毒废料的污染。

(2)由于高污染水平的影响,心脏病和婴儿死亡率都相当高。

(资料来源:彼得·蒙德尔.经济学解说[M].3版.北京:经济科学出版社.)

二、外部性与资源配置效率

由于外部性活动没有经过市场交易,因而当事人不必承担外部性活动对他人所造成的损失,或他人不必支付外部性所带来的收益。这样,外部性活动的私人成本与社会成本、私人收益与社会收益就不一致,将导致资源不能得到有效配置。

(一)负外部性与过量供给

当存在生产的负外部性时,由于生产者没有偿付生产过程中的全部社会成本,就会过多生产产品,使产量超过社会最优的产出水平。例如,工厂在生产中排放废气、废水,把工厂废弃物倒在附近空地上,或营建工程所制造的噪声、养殖业大量抽取地下水造成地层下陷等,这些行为都造成了环境污染或生态破坏等负的外部性。

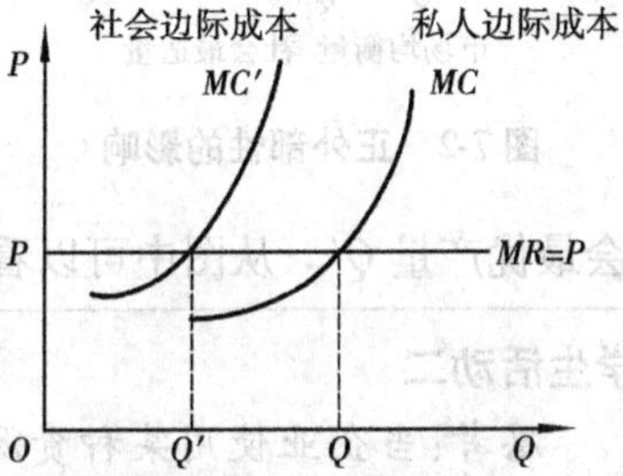

图 7-1 负外部性的影响

由于污染者个人不需要负担外在成本,只考虑私人收益及成本,因而他们会继续生产,导致社会成本相对增加,并使市场均衡量大于社会最适量(图7-1),对整个的社会福利产生不利影响。而市场面对这种情况没有解决的力量时,就会造成市场失灵。

如图 7-1，假设厂商的私人边际成本为 MC，社会的边际成本为 MC'，由于存在负外部性，$MC < MC'$，而私人的边际收益等于社会收益，假设它为不变的常数 P。由于厂商忽略其产生的外部性，因此为追求利润最大化，厂商会按照实际支付的成本与可能得到的成本来确定产量，即 Q。此时，厂商处于最优状态。

但是，从社会的角度看，Q 并不是最优产量，应是由社会边际成本 MC' 与社会边际收益 P 所决定的最优产量 Q'。从图中可以看出，由于社会成本高于私人成本，故 $Q' < Q$。

（二）正外部性与供给不足

当存在生产的正外部性时，生产者没有获得全部的社会收益，产量就会低于社会的最优水平，使得潜在的生产能力没有充分发挥出来。例如，当一个养蜂者在放蜂采蜜的同时传授花粉，使附近果园的产量增加。结果，与果农因为这些蜜蜂给他们带来的收益而付钱给养蜂者的情况相比，养蜂者会少养一些蜂。

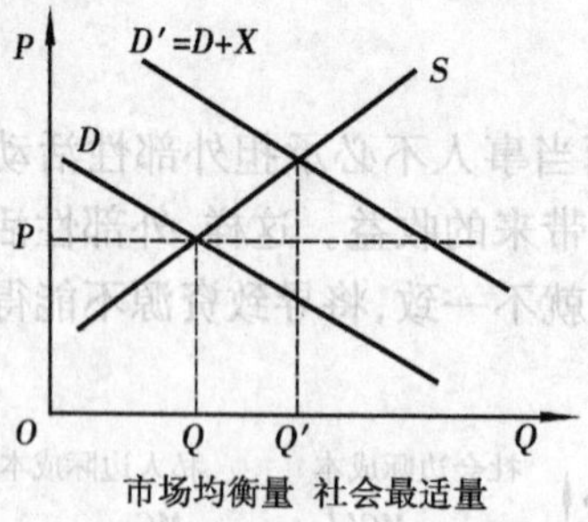

图 7-2　正外部性的影响

如图 7-2，假设养蜂者的供给为 S，我们将人们对蜂蜜的需求曲线 D 记为个人需求，那么供给曲线 S 与个人需求曲线 D 确定了蜂蜜的市场均衡量 Q。

但是，这个产量水平并没有考虑到蜜蜂为果农们带来的外部收益。假设这些收益带来的价值是 X，代表外部收益，那么社会对蜂蜜的总需求曲线即为图中的 D'。供给曲线 S 与社会需求曲线 D' 确定了蜂蜜的社会最优产量 Q'。从图中可以看出，由于社会收益高于私人收益，故 $Q' > Q$。

学生活动二

思考：当企业使用某种资源必须支付成本时，这种成本会构成企业生产决策的一个重要因素。例如，企业雇用劳动力必须支付工资。但如果企业可以污染环境而无需付出任何代价，就没有必要将这种外在成本作为考虑因素。为什么企业必须支付工资而不必补偿污染环境的代价呢？

三、外部性的市场交易

【案例分析】

为什么黄牛没有绝种

历史上,许多动物都遭到了灭绝的威胁。即使现在,像大象这种动物也面临着这样的情况,偷猎者为了得到象牙而进行疯狂的猎杀。但并非所有有价值的动物都面临这种威胁。例如,黄牛作为人们的一种有价值的食物来源,却没有人担心它会由于人们对牛肉的大量需求而绝种。

为什么象牙的商业价值威胁到大象,而牛肉的商业价值却成了黄牛的护身符呢?这就涉及产权的界定问题。因为野生大象没有确定的产权,而黄牛属于私人所有。任何人都可以捕杀大象获取经济利益,而且捕杀得越多,获取的经济利益越大。而黄牛养殖在私人所有的牧场上,每个农场主都会尽最大努力来维护自己牧场上的牛群,因为他们能从这种努力中得到收益。

政府试图用两种方法解决大象的问题。例如,肯尼亚、坦桑尼亚、乌干达等非洲国家把捕杀大象并出售象牙作为一种非法行为,但由于法律实施难度较大,收效甚微,大象种群仍在减少。而同在非洲,纳米比亚以及津巴布韦等国家则允许捕杀大象,但只能捕杀自己土地上作为自己财产的大象,结果大象数量开始增加了。由于私有产权和利润动机在起作用,非洲大象或许会像黄牛一样摆脱灭顶之灾。

(资料来源:郭万超,辛向阳.轻松学经济[M].北京:对外经济贸易大学出版社,2005.)

以罗纳德·科斯教授为首的一些经济学家主张,政府首先应当做的就是明晰产权,以减少“公地的悲剧”。

科斯认为,一旦产权明晰,若交易费用为零,市场交易可以确保有效率的结果,产权分配方式不影响经济效率,仅影响收入分配。这就是科斯定理,即当竞争市场上存在外部性且交易成本为零时,只要产权明晰,有关当事人会自行达成协议使某产品达到社会最优产出。

产权是指个人使用资源或资产的权力。产权不是指人与物的关系,而是指由物的存在及关于它们的使用所引起的人们之间相互认可的行为关系。由科斯奠基的现代产权理论认为,对某种资源的产权意味着这样几种权利:所有权、占用权、收益权、处置权。

例如:有一家工厂,它的烟囱冒出的烟尘使得周围的居民受到了损失,损失合计为550元。现在有两种解决办法:一种是在工厂的烟囱上安装一个除尘器,费用为225元;一种是给周围的居民提供烘干机,使他们不用在户外晒衣服,成本为375元。显然,第一种方法比较好,因为成本较低。

按照科斯定理,只要产权明确,无论这产权属于谁,即不论是给予工厂排放烟尘的权利,还是给予周围居民不受烟尘污染的权利,只要居民协商费用为0,最终的结果必然是选择第一种方法解决这个问题。如果权利属于工厂,居民会选择大家出钱给工厂安装一个除尘器;如果权利属于居民,则工厂自己出钱买一个除尘器安装在烟囱上。

但是交易费用为零的假定是很不现实的。为了进行市场交易,有必要发现交易对象,有必要交流交易的愿望和条件,以及通过讨价还价的谈判缔结契约,特别是督促契约条款的严格履行,等等。这些操作的成本常常是极端地和充分地高昂,至少会使许多在0交易费用体制中可以进行的交易化为泡影,特别是当交易涉及很多方时,尤其如此。

科斯定理的魅力在于它将政府的作用限定在最小范围之内。政府只不过是使产权明晰,然后是交由私人市场去取得有效率的结果。然而运用该定理的机会极其有限,因为达成和实施一项市场交易协议的成本可能非常高,特别是当涉及很多人时,尤其如此。于是,"一体化"和政府干预两种解决外部性问题的替代市场的方式便繁荣了起来。

四、外部性的政策干预

由于外部性问题的存在,市场机制不能达到社会资源的优化配置,这时,就需要采取某种方法对市场机制的运行过程加以干预。

治理大多数外部性问题,特别是环境外部性问题需要政府干预,政府可采取制订标准、公布禁令、发放许可证等手段;也可借助市场的力量,通过一定的政策工具间接地引导企业朝政府预计目标迈进,如征税、收费、押金—返还制度等。

(一)规制

规制是政府干预的一项基本对策,即政府强制性地规定人们必须做什么或不得做什么,什么是必须遵守的,若违反之,则给予相应惩罚,如罚款或勒令停产,直至追究刑事责任。

规制方法在运用中遇到了很多问题,实际上,解决同样的环境问题往往能够以比规制方法低得多的成本实现。这是因为:

(1)规制方法没有考虑不同企业所面临的不同情况。

(2)规制条例滞后于技术进步。

(3)规制方法不能为开发治理污染的新技术提供足够的激励,因为规制方法较少考虑技术,即使技术更有效。

(4)规制的政治背景造成不必要的成本。

(二)征税与补贴

1. 正外部性的补贴 对于具有正外部性的活动,政府采用补贴、贴息、免税、减税等优惠政策,就能使其产量提高到应有的水平。

以学校教育补贴为例。学校教育能够全面提高学生的思想道德和科学文化水平,其社会收益大于私人收益。图 7-3 表示,假定教育的市场供给曲线与市场需求曲线自发形成的均衡点为 E,均衡入学人数为 Q,此时学费为 P。但从社会角度来看,这一均衡并非最优,因为教育存在外部收益,所以社会对教育的需求曲线应为 D'。因此,社会最优的入学人数应该是 Q'。显然,消费者按市场条件自发决定的教育水平,会低于社会所要求的最优水平,而且正外部性学校的供给量相对不足。

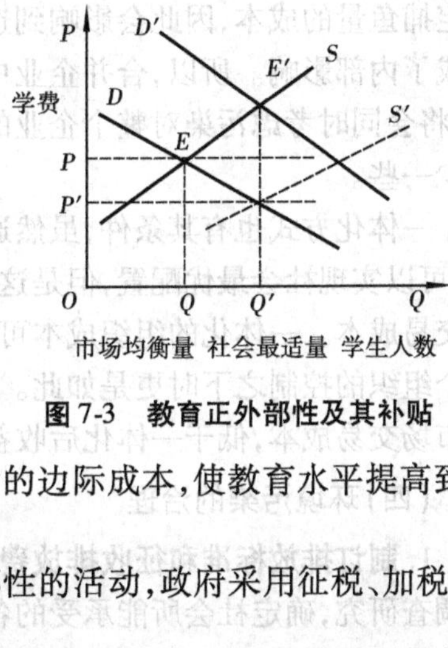

图 7-3 教育正外部性及其补贴

在图 7-3 中,假设政府对居民受教育给予补贴 PP',使得其受教育的实际学费为 P',由此会刺激入学人数扩大到 Q',这正好是社会的最优数量(即 S 与 D'交点 E'所决定的最优数量)。所有国家政府几乎都对教育实施某种程度的优惠政策,政府采用公立学校教育的方式,或者对私立学校给予非营利机构的免税权利,还要给予学生奖学金、助学金或无息、低息贷款,以降低学生求学或学校办学的边际成本,使教育水平提高到社会所需要的水平。

2. 负外部性的征税 对于具有负外部性的活动,政府采用征税、加税、罚款等政策,就能使其产量降低到应有水平。

以造纸厂为例。假设一个造纸厂向附近的河里排放污染物,影响河流下游渔民的捕捞,排放的污染物越多,河里的鱼就越少,企业的生产带来了负外部性。使社会边际成本高于企业私人边际成本,如图7-4。当纸张的市场价格为 P 时(纸张的边际收益 $MR = P$),在不考虑企业所造成的外部性的情况下,其利润最大化的产出水平为 Q;但从企业造成的社会边际成本来看,社会最优的产出水平应为 Q'。从图上可以看出,$Q > Q'$,显然企业生产了过多的产品。

负外部性不仅产生短期的低效率,也产生长期的低效率。如果存在负的外部性,平均私人生产成本少于平均社会生产成本,结果使一些低效率生产企

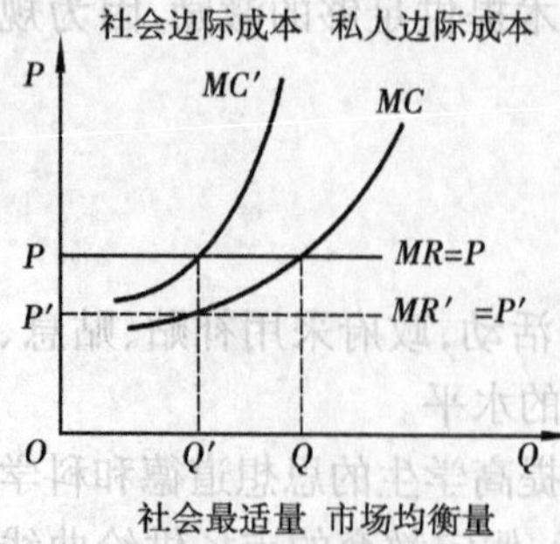

图 7-4 钢铁厂的负外部性及其征税

业可以继续生产，而对全社会来说，这些企业退出市场可能更有效率。

为此，政府可以对这个造纸厂的产品征收从量税，使税后的纸张实际边际收益从 MR 降到 MR′，产量从 Q 减到 Q'，Q'正是社会最优产量。

（三）一体化方式

一体化方式，即外部性经济活动中影响与被影响双方联合组成新企业的方式。通过这种方式取消外部性经济活动中影响与被影响双方的市场交易，省去了市场交易费用，使一些因市场交易费用过高，依靠市场机制不能解决的外部性问题可能解决。如前例，如果将造纸厂和渔场合并于一家企业名下，既产纸张又捕鱼，这样可以使外部性内部化。在这一新的合并企业中，河流污染会增加既定捕鱼量的成本，因此会影响到造纸厂和渔场的联合成本，污染物的外部影响成了内部影响。所以，合并企业中的造纸厂在选择利润最大化的生产计划时，将会同时考虑污染对整个企业的影响，自然比单独行动时排放的污染物会减少一些。

一体化方式也有其条件，虽然通过一体化方式，使对方成为自己的一个部门，可以实现社会最优配置，但是这并不意味着一体化的组织成本一定低于市场交易成本。一体化的组织成本可能很高，尤其是当有许多不同活动集中在单个组织的控制之下时更是如此。因此只有一体化的组织成本低于其所替代的市场交易成本，低于一体化后收益的增长，人们才会选择这种方式。

（四）环境污染的治理

1. **制订排放标准和征收排放费** 污染排放标准，也叫环境标准，是政府通过调查研究，确定社会所能承受的各种环境污染程度，然后规定各行各业所允许的排污量，凡排污量超过规定的限度，则给予经济的或法律上的惩罚。征收排放费是对企业排放每单位污染物的收费。

一般来说，对超过排放标准规定的处罚和对污染物的收费是相似的。他们都增加污染者的排污成本，有助于抑制污染。两者也有所区别，排放标准对超过某个特定水平的污染所实施的惩罚非常高，但是对于维持在污染线以下的行为却没有任何奖励，收费制度则为企业提供减少污染的边际激励，鼓励那些治理成本低的企业更加努力治理污染。

2. **可以出售的许可证** 可转让排放许可证实际上综合了排放标准和排放

费的优点。在这一制度下，每家厂商都必须有许可证才能排放，许可证在厂商中间有一个初始分配，即政府可以根据自然环境的吸污能力或社会所能承受污染的程度，设定排污量，并将其分割为若干污染权单位，以不同方式（出售或授予许可证）赋予污染者污染环境的权利。同时存在许可证的二级市场——许可证可以在厂商之间自由交易，以使减少排放最困难的厂商得到最多的许可数量。政府要对污染者进行检查、监督，只允许其在许可证范围内排污，对超越许可证范围的排污行为给予制裁。

【资料链接】

论企业的社会责任

一、企业的社会责任概述

社会责任（Society Responsibility, SR），在中国还是一个新名词。应该怎样理解中国企业的社会责任？目前，对于什么是“企业社会责任”还没有统一的定义。美国的一些学者通常认为：企业社会责任是指企业决策者采取保护与促进社会福利行动的义务；琼斯福·马可圭里认为，企业的社会责任是指企业不仅负有经济与法律上的义务，而且更负有超越这些义务的其他责任；笔者认为，所谓企业的社会责任（CSR）是指：企业在追求利润最大化的同时或经营过程中，对社会应承担的责任或对社会应尽的义务，最终实现企业的可持续发展。企业社会责任的本质就是一种企业自身对人类社会所承担的义务。企业社会责任具有社会属性，是社会对企业组织的外在要求。企业社会责任是企业组织向前发展的必然结果。

二、企业社会责任的产生背景

“企业社会责任”的概念起源于欧洲，在早期企业组织是一个以营利为目的的生产经营单位，利润最大化是其追求的永恒主题，它没有责任也没有义务去完成本应由政府或社会完成的工作，其行为只要不违法，以何种手段和方式去追求利润都无可厚非。美国著名经济学家米尔顿·弗里德曼认为，企业不采用欺骗和舞弊等手段实现它的收益目标，就是为整个社会谋求了最大的利益。这种过分狭窄的企业经营目标，虽推动了社会经济的高速发展，但各种社会公害也相伴而来。如严重环境污染，损害消费者利益，危害企业雇员安全及影响雇员健康，社会贫富悬殊，等等，对社会生活和经济的持续发展产生重大影响。这就使西方国家政府及社会公众不得不开始重视企业履行社会责任问题，即要求企业在实现利润最大化的同时，兼顾企业职工、消费者、社会公众及国家的利益，履行保护环境、消除污染等社会责任，将企业的经营目标与社会目标统一起来。

三、当前我国企业在履行社会责任中存在的问题及原因

(一)当前我国企业在履行社会责任中存在的问题

1.企业与国家政府在所承担的社会责任方面,企业社会责任过重,界限划不清。在中国,国有企业负担着国有企业职工及家属的生活服务工作,实际上是替国家和社会承担了一部分社会服务职能和任务。据有关资料显示:1994年全国3.4万户地方国有工业企业,共有各类学校16 873所,医疗卫生机构3 619个,每年支付的教育经费15亿元。医疗卫生费20亿元,支付新办学校、医院职工工资20亿元,购建职工住房支出50多亿元,支付离退休统筹170亿元。这些数字说明了这样一个事实,国有企业承担了大量社会福利负担,大体反应了我国国有企业承担社会重负的总体水平,虽在近几年,我国加大了这方面的改革力度,但一些地方性国有企业还没有完全甩掉这些包袱。

2.企业不考虑环境问题。人类进入工业革命以来,企业在这个进程中创造了巨大物质财富的同时,也带来了严重的环境破坏和资源的过度消耗。

3.我国企业在履行社会责任方面没有树立正确的生产经营意识,没有正确的经营理念。而这方面涉及更多的是企业失信、欺诈行为危害社会,极大地增加了经济生活中的交易成本,败坏了商业风气和市场环境,影响到企业甚至一国的经济发展。

4.我国企业在建立社会责任体制方面不够健全,有些企业对企业社会责任还非常陌生,根本不知其内容是什么。

(二)当前我国企业在履行社会责任中存在的问题原因

从当前我国企业在履行社会责任的现状来分析,主要包括以下几个方面原因:

1.我国在计划经济走向市场经济的过程中,各项法律法规不健全是导致企业与国家政府在所承担的社会责任方面,界限划不清的主要原因。

2.我国企业在履行社会责任方面没有树立正确的生产经营意识,没有正确的经营理念。究其原因,主要是企业的领导者忽视这方面的企业文化建设,企业没有强化诚信经营的自律意识,没有建立诚信经营的自律机制。

3.企业在从生产一直到销售没有建立起绿色环保体系。不注重企业的可持续发展,也没有想到企业的再发展是与这个社会的关系是非常紧密的。

4.我国有些企业没有真正走向市场,导致企业社会责任体制不够健全,企业的领导者,管理者应本着向前看的思想,借鉴或创新,来完善企业的社会责任体制。

四、企业在履行社会责任方面应采取的对策

企业发展与社会环境息息相关,企业应当承担一定的社会责任。企业履

行社会责任是企业执行发展战略的重要组成部分,必须有前瞻性的规划,既涉及体制、机制问题,也涉及政治、文化的范畴,所以要根据每个国家的市场和实际来运作。

1. 企业在履行社会责任方面应遵循的原则:

(1)综合效益原则。(2)公平与正义原则。(3)可持续发展原则。

2. 企业承担社会责任的具体做法:

保护环境的责任:企业既受环境影响又影响着环境,从自身的生存和发展角度看,企业有承担环保责任,企业是一种社会机构。无论个人还是企业都不可能从真空中赚钱,经济活动需要在社会环境中发生,企业应承担自己的经济活动所造成的社会后果。越来越多的人意识到,政府和商家不能只考虑如何刺激经济增长和增加盈利,而应计算提高增长率和利润给社会所带来的实际成本和利益。企业在谋求长远利益时需要采取符合职业道德的做法。因此,成功的企业要在利润和责任、公平与效益之间找到平衡,以促进实现经济的可持续发展。

企业对环境的责任:(1)企业要在保护环境方面发挥主导作用,特别要在推动环保技术的应用方面发挥示范作用,以人为本、以人为善;(2)企业要以"绿色产品"为研究和开发的主要对象;(3)企业要治理环境。

企业对员工的责任:(1)不歧视员工。(2)定期或不定期培训员工,合理安排工作岗位,做到人尽其才,才尽其用。(3)营造良好的工作环境。(4)善待员工的其他措施。

企业对顾客的责任:(1)提供安全的产品,保证顾客的权利。(2)提供正确的产品信息。(3)提供售后服务。(4)提供必要的指导。(5)赋予顾客的自主选择权利。

企业对竞争对手的责任:市场经济是有序的市场竞争,公平的市场竞争,作为企业不能搞恶意竞争,处理好同竞争对手之间的关系。

企业对投资者的责任:保证投资者在对企业经营管理的权利,保证投资者的股权收入。

企业对社会的责任:认真纳税,用挖渠放水的方法安置就业;要与环境相融,为所在地区的建设和环保贡献人力、财力、物力;加强环境的保护和治理,走可持续发展道路,要提高全体人民的生活质量,用自身努力回报社会,建立创新意识的企业文化,提高企业的社会地位和形象,赢得社会的广泛支持和认同。

(资料来源:民工网. http://www.mingong123.com/news/qy_zxbd/2007-8-9/11172523845335.html.)

学生活动三

公路是一种公共资源。在大城市中,高峰时间往往发生交通堵塞现象,这是一个令人极为头痛的问题。它不仅浪费大量时间,而且容易造成交通事故。如果我们把时间也看做一种成本,则在高峰时间内,时间成本将随着交通车辆的增加而递增。

分析,如何解决交通堵塞的问题?

第二节 公共物品

【导入案例 7-2】

灯塔的故事

在一个靠海的渔港村落里住了两三百个人,大部分的人都是靠出海捕鱼为生。港口附近礁石险恶,船只一不小心就可能触礁沉没而人财两失。大家都觉得该盖一座灯塔,以便在雾里夜里指引迷津。问题是村民们应该怎样分摊盖灯塔的费用呢?

既然灯塔是让渔船趋福避祸,就可依船只数平均分摊。可是,船只有大有小,船只大的船员往往比较多,享受到的好处比较多。所以,依船员人数分摊可能比较好。可是,船员多不一定捕鱼就多,该看渔获量。捞得的鱼多,收入较多,自然能负担比较多的费用。所以,以渔获量来分摊便合理。

但是,以哪一段时间的渔获量为准呢?要算出渔获量还得有人称重和记录,谁来做呢?而且,不打鱼的村民也间接地享受到美味的海鲜,也应该负担一部分的成本。所以,按全村人口数平均分摊最公平。

新的问题又出现了,如果有人是素食主义者,不吃鱼,难道也应该出钱吗?当然,即使素食主义者自己不吃鱼,他的妻子儿女还是会吃鱼啊,因此还是该按全村人口平均分摊。可是,如果这个素食主义者同时也是个独身主义者,没有妻子儿女,怎么办?还是以船只数为准比较好,船只数明确可循,不会有争议。马上又有人反对:虽然家里有两艘船,却只有在白天出海捕鱼,傍晚之前就回到港里,根本用不上灯塔,为什么要分摊?或者,即使是入夜之后才回港,但因为是老手,港里港外哪里有礁石早就一清二楚,闭上眼睛也能把船开回港里,当然也就用不上灯塔!

好了,不管用哪一种方式,如果大家都勉强同意,可是,由谁来挨家挨户地收钱保管呢?好吧,如果有人自告奋勇,或有人众望所归、勉为其难地出面为大家服务,总算可以把问题解决了,可是如果有人事后赖皮,或者有意无意地拖延时日,就是不付钱,怎么办?大家是不是愿意赋予这个“公仆”某些纠正、惩罚等“公权力”呢?

灯塔的故事开始出现于不少著名经济学家的著作中,它具体而深刻地反应了一个社会在处理“公共物品”这个问题上所面临的困难。灯塔的寓言断定私人不愿或不能有效地提供这种导航服务,以此证明市场在提供公共产品方面的失灵,因此强调政府提供此类服务的必要性。

(资料来源:李海东. 经济学基础[M]. 北京:机械工业出版社,2008.)

一、公共物品

公共物品是具有极端正外部性的特殊产品,也称为公用品或共用品。当公共物品生产出来以后,正的外部性非常大,人们只享受外部性带来的效用就足够了,以至于没有人愿意为消费它而付费。由于生产者难以收费或收费成本太高,使得生产成本无法收回,造成市场供应不足。

(一)公共物品的非竞争性和非排他性

在现实经济里,社会产品可分为两类:私人物品与公共物品。

私人物品是指市场上的普通商品和劳务,它具有竞争性和排他性,能够通过市场达到资源优化配置的产品。排他性是指某个消费者在购买并得到一种商品的消费权之后,就可以把其他的消费者排斥在获得该商品的利益之外。例如,一个人购买并消费了一份食物,他人就不能再消费这份食物了。竞争性是指消费者或消费数量的增加引起的商品生产成本的增加。例如,甲多吃一份食物,生产者就必须多生产一块,而多生产的这一份食物需要花费厂商一定数量的成本,从而减少用于其他商品的资源,也就是说对其他产品的生产形成竞争。

公共物品则是指那些具有非竞争性和非排他性,不能依靠市场力量实现有效配置的产品。

公共物品的非竞争性是指:对于任一给定的公共物品的产出水平,增加额外一个人的消费,不会引起生产成本的任何增加,即消费者人数的增加所引起的边际成本趋于零。对于航行必需的灯塔来说,多增加一艘过往船只一般不会增加成本;在不拥挤的条件下,多一个人或少一个人过一座桥,也不会带来社会边际成本的增加或减少。公共物品的消费者之间,不存在竞争关系。

公共物品的非排他性是指:不论一个人是否支付这种产品的价格,他都可以使用这种产品。也就是说,这种产品提供给全社会所有的人,任何人都可以从中得益。公共物品一旦被生产出来,可以允许公众共同消费,而且要限制任何一个消费者对公共物品的消费,都是非常困难甚至是不可能的,因此任何一个消费者都可以免费消费公共物品。最典型的例子是国防和环境。一国的国防一经设立,就不能排斥该国的任何一位公民从国防安全中受益。不管人们是否对环保工程作出贡献,每个人都得益于清洁的空气。

(二)公共物品的分类

实际上,不同公共物品的非竞争性与非排他性是不同的。根据非竞争性与非排他性的程度,公共物品被进一步划分为纯公共品、准公共品。图7-5是公共物品识别方法的示意图。

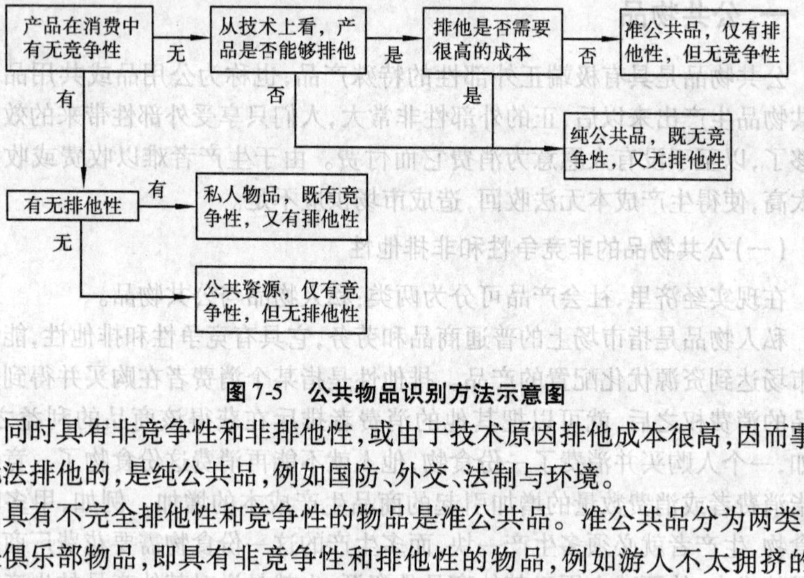

图7-5 公共物品识别方法示意图

同时具有非竞争性和非排他性,或由于技术原因排他成本很高,因而事实上无法排他的,是纯公共品,例如国防、外交、法制与环境。

具有不完全排他性和竞争性的物品是准公共品。准公共品分为两类:一类是俱乐部物品,即具有非竞争性和排他性的物品,例如游人不太拥挤的公园、博物馆、展览会,尚有空位的电影院、球场看台和公共汽车等;另一类是公共资源,即那些无排他性,在使用者不多的情况下也不存在竞争性,但使用者数量过多时则具有竞争性的产品,例如,已经拥挤的渔场、拥挤的公共绿地、不收费的拥挤的公园等。在现实中,纯公共品种类较少,而准公共品种类较多。

有些产品,如国防、外交、法律、公安、灾情和疫情控制、消防、交通安全以及基础科学研究等,是纯公共品,而且只能是公共物品,难以转化。而其他很多具有公共物品特点的产品,如医疗、教育、交通、邮电和其他基础设施,都是准公共品，就像电影院或俱乐部，观众不买票就不能进去，可以做到排他，因此可以收费，也可以订制价格，但在所有的位子坐满之前增加若干观众并不会增加电影院的成本。还有些产品的性质可以发生转变，如电视原来具有非竞争性和非排他性，由于在技术上通过有线频道可以做到消费上排他使用，因而也称为可以收费的准公共品。地方性公共物品也是典型的准公共物品，其服务范围受空间限制，只给一定区域的人们带来好处。另外，有些产品具有混合特性，其性质因情况而异。例如，报纸在家里是私人物品，在办公室里报夹是准公共品，而在街头的读报栏中又成了纯公共品。此外，不同国家对公共物品的界定标准也有不同。例如，教育、高福利国家从小学到大学可能都是免费的，而在我国则只实行从小学到初中的九年义务教育。

准公共品与纯公共品具有明显的差异，其特征包括：在一定范围内无竞争性，即增加消费者并不增加使用成本，而达到某一消费数量以后才具有消费的竞争性，在一定条件下可以有效地做到排他。

【资料链接】

“俱乐部理论”及其应用

经济学中有对准公共品进行分析的“俱乐部理论”。该理论认为，一个俱乐部就是这样一个组织，他只对其成员提供可分享的公共物品，用其成员的付费支付成本，成员费用按照某一种或多或少平均的税收规则，或者在某种情况下有判别的税收规则支付，典型的形式是会费或使用费。现代意义的俱乐部理论是研究准公共品的配置效率，既考虑俱乐部成员，也考虑非俱乐部成员。

俱乐部理论有这样三个结论：(1)成员的偏好越相同，俱乐部越理想，越能实现准公共品的有效配置；(2)俱乐部规模经济的前提条件是成员的人均成本持续下降；(3)俱乐部的最优规模相对于全部人口越大则越不稳定，越小则越稳定，越有吸引力。

“俱乐部理论”被广泛应用于生产上有联合性而消费上又有排他性的准公共品的分析，如网球或高尔夫球场、游泳馆和高等教育等。该理论也为公共基础设施通过收费回收投资，以及实施高峰期收费以限制车流量提供了理论依据。

（资料来源：商务部编写组. 微观经济学[M]. 北京：中国商务出版社，2007.）

二、公共物品与市场失灵

“市场失灵”，又称市场失败、市场失效或市场缺陷，是由于经济生活中存在垄断及进入障碍、外部性、公共物品、不公平,使市场机制不能实现社会资源最优配置。

(一)非排他性导致的市场失灵

任何购买公共物品的人都不可能因付费购买而独占该物品所带来的全部效用或收益,也不能阻止别人无偿地享用该产品。因此,尽管公共物品的社会潜在收益大于它给单个购买者带来的收益,但每一个购买者仅仅考虑自己购买的成本收益,而不会将他人可能得到的好处作为一种收益考虑在内,只有当购买者能够独占收益时,他才愿意负担公共物品生产中投入的成本。公共物品无法排斥不付费的消费者,致使每个人都想不付出任何代价来享受公共物品提供的服务,于是不可避免地会出现“搭便车”现象。

例如,前面讲到的“灯塔的故事”,如果每个居民都想:要是有人出资建盖灯塔,即使我不出任何钱,照样可以享受到灯塔的好处。这样,免费搭车的越来越多,私人就会减少或不愿意提供公共物品,最终导致资源配置效率低下,造成市场失灵。

(二)非竞争性导致的市场失灵

有些物品是非竞争性的,如不拥挤的桥梁和公路、宽敞的游泳池、有线电视等,这些物品的使用和消费必须付费,以便收回生产成本。但是,如果不支付费用就不允许消费或使用,就意味着这些产品的浪费、闲置,使得资源配置效率降低,即市场机制不能促进资源的最优配置。例如,对不交费的家庭禁止观看有线电视节目,这种做法会损害效率;不太拥挤的桥禁止未付费者通过,也减少了社会总福利和社会满足感。

由此看来,公共物品本身所具有的特性,使得私人部门不愿意或不能够充分提供,其产量往往低于合理的水平,即达不到帕累托最优状态下的产量水平,从而造成社会福利的减少和资源的浪费。所以,市场机制不能较好地调节公共物品的生产,导致市场失灵。

三、公共物品和政府

(一)政府的角色

既然公共物品造成市场机制失灵,政府介入就成为一种必然。如果某项商品或服务大家都无法据为己有,且大家都需要,在这种情况下,政府应当扮演仲裁者的角色,使市场经济能够顺利运作。政府采取制度化的法律规范、兴建各式各样的基础建设等各种方式来降低民间的交易成本,无非都是为了改善经济运作的环境与制度,借由公共政策以弥补市场机制的不足。

一般说来,政府参与或干预市场经济的主要目的有两个:一是发挥经济效率使经济增长;二是维持经济稳定并达到公平的基础。经济活动的最终目的都是希望政府的角色是助力而非阻力,让市场经济能自由运作而非受到政府干涉。

学生活动四

思考:能否说政府提供的物品都是公共物品?

(二)公共政策的选择

公共物品的提供影响到几乎所有居民的生活,政府必须对公共物品的建立做出选择,简称为公共选择。公共选择有两个基本特点:其一,它是建立在对消费者偏好充分了解的基础上;其二,关于提供公共物品是集中做出的。

西方学者认为,公共物品的需求者或消费者是选民、纳税人,供给者或生产者是政治家、官员。供求双方相互作用完成公共物品的生产和交易。

政府官员的行为动机至少有两个目标:机构扩张和职位的稳固、升迁。为取得尽可能多的选票,政府官员和政治领袖一般倾向于在决策中使用多数原则。这样,生产什么、生产多少公共物品,就要通过投票来表决,即所谓公共选择的方法。

投票规则有两种,一是一致同意规则,二是多数票规则。

一致同意规则是指公共物品的生产方案须经全体投票人一致通过才能实现。多数票规则是指公共物品的生产方案只须经过多数投票人通过就能实施。

(三)公共物品与政府失灵

政府这只"看得见的手"也不是万能的,它对市场经济的干预也可能出现失灵的现象。西方经济学者对政府是否应当过多地干预经济的看法还不统一,存在着较大的分歧。一些学者认为由于市场本身具有缺陷,政府应当对市场进行干预,只有通过政府的干预,经济才能协调地发展。而另一些学者认为,市场本身具有调节和恢复平衡发展的功能,政府没有必要对经济进行干预,正是因为政府的干预,才导致经济出现大起大落的现象。

客观地说政府对经济的干预起到了一定的作用,从凯恩斯提出政府要加强对经济的干预以来,西方资本主义国家的经济有了较大的发展,其发展的速度和发展的平稳程度是自由放任的市场经济所不能比拟的。但是,政府的干预也有其不利的一面,也就是说也有失灵的地方。相对于市场失灵,我们将政府干预所引发的不良影响及其能力的限制,称为政府失灵。

单纯由政府生产和经营公共物品,由于多种原因往往缺乏效率,造成政府失灵。

第一,缺乏竞争导致的无效率。首先,政府在生产和经营公共物品时,没有私人部门与之竞争,处于垄断地位,容易造成效率低下;其次,在政府部门之间缺乏竞争,因为政府各部门提供的服务是特定的,无法直接评估政府各部门内部的行为效率,也不能评价各部门间的运行效率,更难以设计出促使各部门展开竞争、提高效率的机制。

第二,从政府部门生产和经营公共物品的非营利性来看,缺乏利润动机的刺激,因而难以实现高效率。

第三,政府部门生产和经营公共物品的支出来自预算,不同的部门为了各自的利益,往往强调本部门公共物品的重要性,尽可能的扩大预算比例,结果势必造成某些部门的过度供给,损害效率。

治理政府失灵的主要措施有:

(1)市场化改革。政府市场化改革就是引入市场竞争机制,通过市场竞争和交换制度的运作而不是完全依赖政府权威制度的运作来实行政府职能的调整。①公共产品和服务市场化;②政府职员雇员化。

(2)分权改革。分权是解决组织官僚化的有效途径,能一定程度上克服行政低效、增加官员与公众获得信息的机会,使社会系统减少或免受政府决策失误的有效途径,在一定程度上可以矫正政府失灵。

(3)厉行法制。克服政府行为的自利性,避免政府失灵的关键是对政府机关及其工作人员进行权力限制,建立法治政府。

(4)促进公民的参与监督。

学生活动五

思考:能否认为,由于公共产品不存在市场交换价格因而可以任意定价?

第三节　市场失灵与微观经济政策

【导入案例 7-3】

列车与农田

20 世纪初的一天,列车在绿草如茵的英格兰大地上飞驰。车上坐着英国经济学家庇古(A. C. Pigou)。他一边欣赏风光，一边对同伴说：列车在田间经过，机车在田间经过，机车喷出的火花(当时是蒸汽机)飞到麦穗上，给农民造成了损失，但铁路公司并不用向农民赔偿。这正是市场经济的无能为力之处，称为“市场失灵”。

将近70年后的1971年，美国经济学家乔治·斯蒂(G. J. Stigler)和阿尔钦(A. A. Alchian)同游日本。他们在高速列车(这时已是电气机车)上见到窗外的禾苗，想起了庇古当年的感慨，就问列车员，铁路附近的农田是否受到列车的损害而减产。列车员说，恰恰相反，飞速奔驰的列车把吃稻谷的飞鸟吓走了，农民反而受益。当然，铁路公司也不能向农民收“赶鸟费”。这同样是市场经济所无能为力的，也称为“市场失灵”。

(资料来源：http://koalabear.blogbus.com/logs/34739482.html.)

市场失灵(market failure)是指由于市场价格机制在某些领域、场合不能或不能完全有效发挥作用而导致资源无法得到有效配置的情况。

市场失灵主要体现在外部性、公共物品、垄断和信息不对称等。

一、垄断

现代西方经济学认为，在竞争性市场经济中，市场的需求和供给决定了均衡价格，而均衡价格又影响着市场的需求量与供给量，从而实现社会资源的有效配置。但是在一些行业内，由于技术条件、人力因素、自然条件等种种原因，使得有些企业所占的市场份额很大，甚至存在垄断，致使它的产量决策将会影响市场价格的决定，造成市场的配置功能和市场机制的作用不能有效发挥。垄断是指一家厂商控制了一个行业的全部供给的市场结构。

第一，垄断造成效率低下。由于垄断市场上没有竞争，垄断厂商控制了商品价格，导致商品的价格并未随供求变化而变化，没有真正反映出市场供求情况。垄断还对市场资源配置产生误导，造成供不应求的假象，导致更多的资源流向该行业。垄断导致厂商缺乏创新力，使技术进步缓慢。

第二，垄断造成社会福利损失。与竞争市场相比，垄断厂商生产较少的产量，制订较高的价格，使得社会福利受到损害，主要表现为消费者剩余大大减少。

第三，垄断造成寻租。垄断厂商为保持其垄断地位，从而获取超额利润，往往会采用各种维持垄断的措施。例如，向政府游说或贿赂立法者，采取合法手段规避政府管制等。当垄断厂商把资源用于为获得或维持其垄断地位或阻止竞争者进入市场时，社会将受到损失，垄断厂商为此而付出的花费和开支就是寻租成本。通常这种通过公共权力参与市场经济从而牟取非法收益的非生产性活动被称为寻租。

二、信息不对称

信息不对称是指市场上买卖双方所掌握的信息是不对称的,即一方掌握的信息多些,一方掌握的信息少些。如通常所说的“买的不如卖的精”说明卖方知道的情况比买方知道的情况多。信息不对称包括两种情况:有些市场卖方所掌握的信息多于买方,商品市场和要素市场上都有这种情况;有些市场买方所掌握的信息多于卖方,保险与信用市场上有这种情况。

在缺乏充足的信息时,会使我们在需要做理性的决策判断时出现偏差。在日常生活中,市场上的买卖双方常存在信息不对称的现象。由于信息不对称,导致人为的信息扭曲与误导,因而对经济行为产生影响。

(一)逆向选择

当买卖双方可取得的信息不均或失衡时,使得好坏无法区分,最后,品质较高的商品会逐渐退出,迫使信息较少的一方只能做出不利的选择,称为逆向选择。

伯克利经济学家乔治·阿克劳夫因他写的一篇著名论文《柠檬市场》而荣获2001年的诺贝尔奖。这篇论文是有关信息不对称和市场失灵的,并且它有一个特别值得记住的地方:阿克劳夫教授在这篇文章中用了二手车市场作为一个主要例子来说明。

我们就以二手车市场为例来理解逆向选择。假设现在二手车市场上有三种车:很好、一般、糟糕。它们外观看起来都一样,甚至试车的表现也几乎一致,它们的主要区别在于发动机可以使用的年限不同。很明显,买卖双方的信息是不对称的,卖者比买者掌握更多关于旧车的质量性能的信息。假设好车价值60 000元,质量一般的价值40 000元,质量糟糕的只值20 000元。

由于信息不对称,买者不会出高价买车,最明智的反应就是假设车的质量都一般,处于平均水平,只值40 000元。卖者会根据车的真实情况做出不同反应:质量糟糕的车,卖者会欣然接受这个价格;质量一般的车,卖者也愿意接受这个价格;质量很好的车,卖者根本不会接受这个价格,除非他真的急需用钱。结果,几乎所有的好车都会退出市场,只剩下质量很差和一般的车。此时,买者的出价不会仍然是40 000元了,因为他虽然不知道车的质量好坏,但清楚市场上只有质量很差和一般的车,所以又会以市场的平均水平来出价,大概在30 000元左右。那么,质量一般的车同样会退出市场,最终导致市场上已经全是次品了。消费者因而没有自由选择好车与烂车的机会,只能以更低的价格在烂车中选择,或是拒买二手车,而被迫做出逆向选择。

(二)道德风险

道德风险指从事经济活动的人在最大限度地增进自身效用的同时做出不利于他人的行动。

在经济活动中,道德风险问题相当普遍。获2001年度诺贝尔经济学奖的斯蒂格里茨在研究保险市场时,发现了一个经典的例子:美国一所大学学生自行车被盗比率约为10%,有几个有经营头脑的学生发起了一个对自行车的保险,保费为保险标的的15%。按常理,这几个有经营头脑的学生应获得5%左右的利润。但该保险运作一段时间后,这几个学生发现自行车被盗比率迅速提高到15%以上。何以如此?这是因为自行车投保后学生们对自行车安全防范措施明显减少。在这个例子中,投保的学生由于不完全承担自行车被盗的风险后果,因而采取了对自行车安全防范的不作为行为。而这种不作为的行为,就是道德风险。

信息不对称在许多领域都存在,由此带来逆向选择和道德风险问题的普遍存在,这既造成市场交易的萎缩,又导致社会资源的浪费,影响了资源的配置效率。

【案例分析】

信息不对称——西瓜的故事

中国古代有所谓"金玉其外,败絮其中"的故事,讲的是商人卖的货物表里不一,由此引申比喻某些人徒有其表。在商品中,有一大类商品是内外有别的,而且商品的内容很难在购买时加以检验。如瓶装的酒类,盒装的香烟,录音、录像带等。人们或者看不到商品包装内部的样子(如香烟、鸡蛋等),或者看得到、却无法用眼睛辨别产品质量的好坏(如录音、录像带)。显然,对于这类产品,买者和卖者了解的信息是不一样的。卖者比买者更清楚产品实际的质量情况。这种情况被经济学称为买者和卖者的"信息不对称"。

西瓜也是一种具有信息不对称特征的物品。卖西瓜的摊主一般都有丰富的选瓜经验,而一般消费者则是挑瓜的门外汉。尽管摊主有时会在称完西瓜重量后,在瓜上切一个三角口给顾客看,但一般只有回家切开以后,才真正知道瓜皮里的内容如何。这样一来,岂不是消费者总要冒吃坏瓜的风险吗?其实不然。我就总能吃上好瓜。

每到夏天,我家附近总有若干个瓜摊。开始时,我并不会特意到哪个瓜摊去买瓜。但我逐渐发现,有一个瓜摊的摊主与众不同。每次买完瓜,他总是说,"如果回去切开后不沙不甜,尽管拿回来换,别因为瓜不好以后就不到我这来了。"我还真是换过瓜。甚至有一次换瓜时间与买瓜时间相隔了一个礼拜,他也认了账。我于是就总到他那里买瓜。这样,整整一夏天,我吃的都是最好的西瓜。而他也并不会吃亏,因为拥有了包括我在内的一群忠实的顾客,他的生意很是好做。

人们常说,"吃亏上当就一回"。这并不是说,这次喝了假"茅台",下次就一定能够辨别茅台酒的真假;而是说,人们总会记得,他们是从哪里、从谁那里买的伪劣产品,下次不会再到那里去买了。具有"信息不对称"性质的商品的真假优劣不好辨认,卖这些商品的人却好辨认。人们的买卖活动其实是通过同人打交道而实现物品转移的。因此人们可以通过对人(或由人组织的企业)的品质的辨别来辨别商品的品质。曾经利用信息不对称欺骗过别人的人,他所卖的商品是假、伪、劣商品的可能性就很大;而一直童叟无欺的人,我们就更有把握认为,从他那里买的东西货真价实。

所以,信息不对称也有另外一面。它虽然会在短期内给一些钻营取巧之徒带来欺骗消费者的便利,但长期看,也会给一些正直、聪明的企业家创造脱颖而出的机会。设想一下,当利用信息不对称欺骗顾客的现象普遍存在的情况下,有一个人诚实无欺,将会是什么样的结果。更进一步,如果这个人采取一种顾客能看得见的方法来证明自己的诚实,又会怎么样呢。听说,在某一个农贸市场中,每一个卖鸡蛋的人手中都拿着一个手电筒。每当顾客买鸡蛋时,就主动用手电筒检查鸡蛋的好坏。我想,这大概是由某一个聪明人发明的,由于这种主动消除因信息不对称而给消费者带来的疑虑的方法,为他吸引了大量顾客,很快就被别人仿效并普及了。在北京百货大楼,某一生产鸭绒制品的公司开设了一个透明车间,当场为顾客填充鸭绒被,消除了生产者和消费者之间的信息不对称。在国外,股份有限公司自动公布财务账目,并邀请中立的会计师事务所加以审计,是增强股东信心、吸引投资者的明智之举。

(资料来源:西北农林科技大学网站 http://cem.nwsuaf.edu.cn/jjx/case/case-micro/28.htm)

二、微观经济政策

在现代市场经济中,存在大量政府介入市场的行为。如制定反垄断法、最低工资法、农业价格支持政策、控制污染法、保护消费的规定、职业许可证规定,等等。

(一)价格管制政策

1. **支持价格政策** 支持价格政策是政府为了扶植某一行业的生产而规定的该行业产品的最低价格。如工资、农产品等,常有最低限价的规定。

2. **限制价格政策** 限制价格是政府为了限制某些生活必需品的物价上涨而规定的这些产品的最高价格。在战争期间,需求扩大,供给不足,发生通货膨胀,政府往往限定最高价格。平时,对房租、利率等也有这种规定。

3. **双面管制** 政府对某些产品,既规定上限,又规定下限,只准在这个范围内上下浮动,目的是防止物价暴涨暴跌。

4. **绝对管制** 政府对某些产品直接规定一种价格,买卖双方都必须按照这种价格交易,没有任何伸缩余地。如政府希望增加某种产品的供给,就可以直接规定较高的价格。为了保证人民的一般生活必需品,就可以直接规定较低的价格。

(二)产业政策

1. **行业的重新组合** 如果一个垄断的行业被重新组合成包含许多厂商的行业,那么厂商之间的竞争就可以把市场价格降下来。被重新组合的行业竞争程度越高,市场价格就越接近于竞争性价格。政府可以采取分解原有的垄断厂商或扫除进入壁垒并为进入厂商提供条件等方式。

【资料链接】

美国电报电话公司的重新组合

美国电话电报公司(AT&T)创建于1887年,它所拥有的各公司联合体(通常称为贝尔系统)包括贝尔电话实验室、西方电器公司和23家贝尔营业公司。在1983年之前,美国电话电报公司实际上垄断了美国长途和本地电话市场,它掌握了95%以上的各类长途电话业务,提供85%的地方线路,并出售大部分的电信设备。

为了增强这一部分的竞争,1984年,美国司法部依据《反托拉斯法》拆分AT&T,分析出一个继承了母公司名称的新AT&T公司(专营长途电话业务)和7个本地电话公司(即“贝尔七兄弟”),美国电信业从此进入了竞争时代。美国电话电报公司保留了它的长途电话业务、贝尔电话实验室(研究机构)和西方电器公司(设备制造商),规模减小了80%,从而降低电信市场的垄断程度,增强了竞争。虽然到了20世纪90年代该公司仍然控制着长途电话市场上约2/3的业务,但它遇到了像美国微波通信公司和美国短途通信公司这样的激烈竞争对手。通过行业的重新组合,各地方电话公司可以自由选购电信设备，消费者也可以更加自由地在不同的电话公司之间选择，租用电话的费用下降了。

所以，限制垄断企业规模，增强市场竞争，是政府限制和打破垄断的有效措施。

（资料来源：李海东．经济学基础[M]．北京：机械工业出版社，2008．）

2．反垄断法 反垄断法又称反托拉斯法。是政府反对垄断及垄断行为的重要法律手段，也是规范市场经济中各个经济主体行为的根本大法，因此也被称为经济宪法。西方很多国家都不同程度地制定了反垄断法，其中，美国最为突出。

从1890年到1950年，美国国会通过了一系列法案，反对垄断。其中包括谢尔曼法（1890）、克莱顿法（1914）、联邦贸易委员会法（1914）、罗宾逊-帕特曼法（1936）、惠特-李法（1938）和塞勒-凯弗维尔法（1950），统称反托拉斯法。在其他西方国家中也先后出现了类似的法律规定。

3．国有化政策 在许多西方国家，国有化是一项主要的政策。实行国有化的行业或者是对国家利益关系重大的行业，例如军工、重要的工业、尖端科学，等等；或者是私人不愿经营或无力经营的行业，例如，交通、邮电及其他公用事业；或者是一些新兴的、风险大的行业。

国有化的优点在于：第一，有利于促进经济增长。国家直接投资，有利于为经济发展提供一个良好的基础设施，建立起完善的通信、交通、卫生、教育等设施。这些设施只有国家才有能力兴办，才能实现规模经济，并能从全社会的角度来充分合理地利用资源。第二，有利于经济的稳定。国有企业可以作为政府稳定经济的调节器，对克服经济的周期性波动，稳定物价和就业都有一定的积极作用。第三，有利于社会财产分配与收入分配的平等化。第四，有利于对抗私人垄断，对垄断起到限制与对抗的作用。但是，国有化也产生了许多问题，这主要是：国有企业官僚主义严重，生产效率低下；国有企业的亏损增加了政府财政的负担。

二次大战以后，西方国家的企业国有化发展相当快，这对当时经济的恢复与发展起到了一定的作用。但是随着国有化的发展，它的缺点越来越明显，低下的生产效率，严重的亏损，都给经济发展带来不利影响。这正是20世纪70年代末期以后国有企业私营化的原因。

除上述政策外，调节生产的政策还包括企业管理的民主化、对低效率企业的改造，制定经济政策、计划，等等。这些都是对私人厂商进行管理与引导，使之符合整个社会的利益。

(三)信息调控政策

信息不对称会带来许多问题,市场机制本身可以解决其中的一部分,但是市场机制并不能够完全解决或者至少是不能够有效地解决信息不对称问题。这种情况下,就需要政府在信息方面进行调控。

信息调控的目的主要是保证消费者和生产者能够得到充分的和正确的市场信息,即增加市场的"透明度",以便它们能做出正确选择。例如,政府规定由企业提出质量保证,产品广告不得有不合乎实际的夸大之辞,发行新股票或新债券的公司必须公布公司的有关情况,等等。

(四)收入分配平等化政策

1. **税收政策** 个人所得税是税收的一项重要内容,它通过累进所得税制度来调节社会成员收入分配的不平等状况。

除了个人所得税之外,还有:遗产和赠予税(即对财产的转移征收税收)、财产税(即对不动产,如土地、房产等征收税收)、消费税(即对某些商品和劳务的消费征收税收)。遗产和赠予税以及财产税,是为了纠正财产分配的不平等。消费税,尤其是对奢侈性商品的劳务征收较高的税,也是通过税收实现收入分配平等化的一种方法。

2. **社会福利政策** 如果说税收政策是要通过对富人征收重税来实现收入分配平等化的话,那么,社会福利政策则是要通过给穷人补助来实现收入分配平等化。因此,我们把社会福利政策作为收入分配平等化的一项重要内容。

社会福利政策的历史很长,早在18世纪的英国,就有了"济贫法"。但它作为一项重要的经济政策,是在30年代形成的。战后,社会福利政策有了迅速的发展,许多国家,尤其是北欧与西欧一些国家,实行了"从摇篮到坟墓"的社会保险福利制度。

从当前西方各国的情况看,社会福利政策主要有这样一些内容:

第一,各种形式的社会保障与社会保险。

第二,向贫困者提供就业机会与培训。

第三,医疗保险与医疗援助。

第四,对教育事业的资助。

第五,各种保护劳动者的立法。

第六,改善住房条件。

【小结】

当某一经济主体(生产者或消费者)的经济活动对其他经济主体产生了

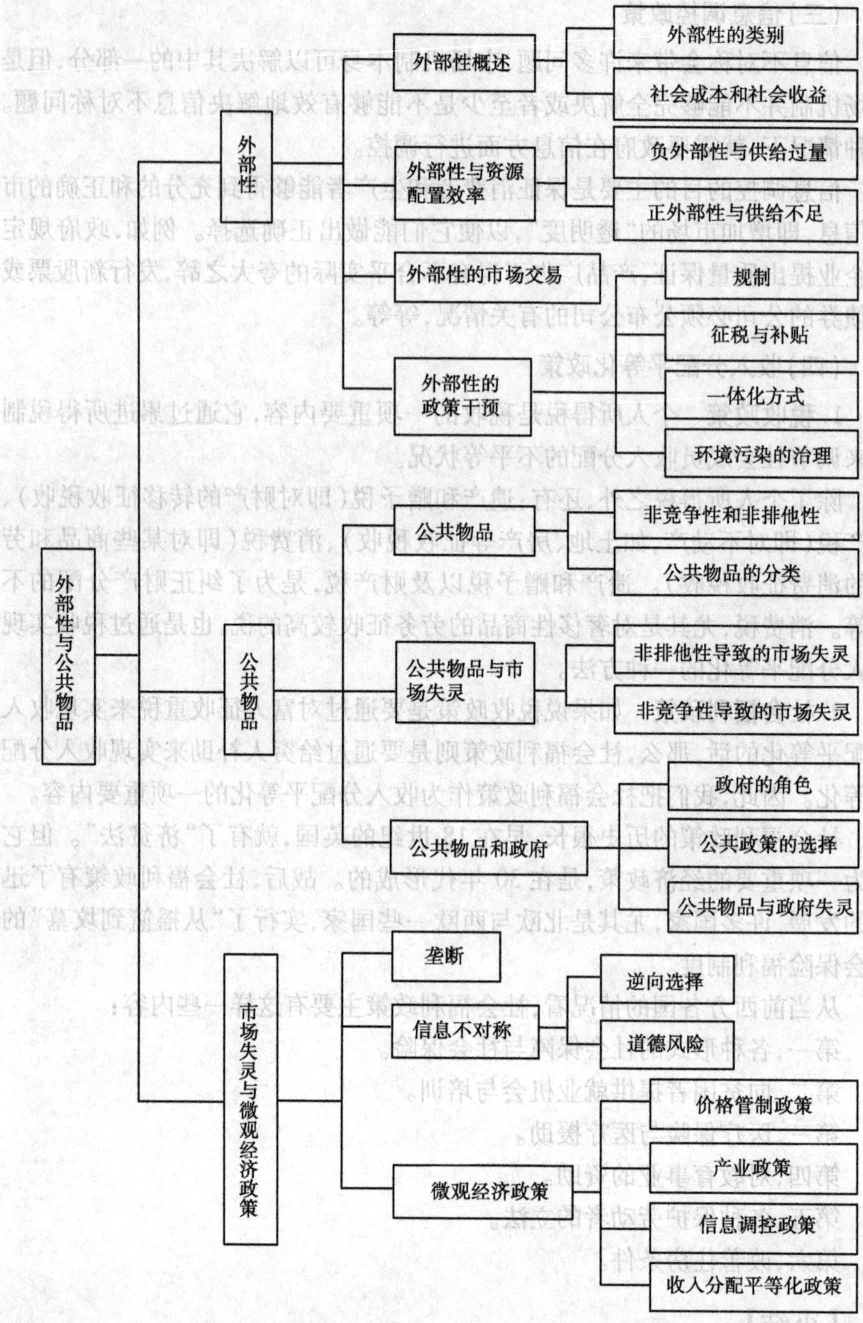

“非市场性的”影响，即产生了外部性。在存在外部性的情况下，会造成私人

成本和社会成本,以及私人利益和社会利益的不一致,导致资源的不当配置,造成市场失灵。外部性分为正外部性和负外部性。正外部性指一个经济主体的经济活动,导致其他经济主体获得额外收益或外部收益。负外部性指一个经济主体的经济活动,导致其他经济主体蒙受额外损失或产生外在成本。

当存在生产的负外部性时,由于生产者没有偿付生产过程中的全部社会成本,就会过多生产产品,使产量超过社会最优的产出水平。当存在生产的正外部性时,生产者没有获得全部的社会收益,产量就会低于社会的最优水平,使得潜在的生产能力没有充分发挥出来。

外部性问题可以通过市场交易或政府干预来解决。科斯认为,当竞争市场上存在外部性且交易成本为零时,只要产权明晰,有关当事人会自行达成协议使某产品达到社会最优产出,这就是科斯定理。治理大多数外部性问题、特别是环境外部性问题需要政府干预,政府可以通过规制、征税与补贴、一体化方式、制定排放标准和征收排放费、出售许可证等方式解决外部性问题。

公共物品是具有极端正外部性的特殊产品。当公共物品生产出来以后,正的外部性非常大,人们只享受外部性带来的效用就足够了,以至于没有人愿意为消费它而付费。公共物品具有非竞争性和非排他性。实际上,不同公共物品的非竞争性与非排他性是不同的。根据非竞争性与非排他性的程度,公共物品被进一步划分为纯公共品、准公共品。

公共物品本身所具有的特性,使得私人部门不愿意或不能够充分提供,其产量往往低于合理的水平,从而造成社会福利的减少和资源的浪费。因此,市场机制不能较好地调节公共物品的生产,导致市场失灵。

既然公共物品造成市场机制失灵,政府介入就成为一种必然。一般说来,政府参与或干预市场经济的主要目的有两个:一是发挥经济效率使经济增长;二是维持经济稳定并达到公平的基础。公共物品的提供影响到几乎所有居民的生活,政府必须对公共物品的建立做出选择,简称为公共选择。政府这只“看得见的手”也不是万能的,它对市场经济的干预也可能出现失灵的现象。我们将政府干预所引发的不良影响极其能力的限制,称为“政府失灵”。

外部性与公共物品都是市场失灵的具体体现,市场失灵(market failure)是指由于市场价格机制在某些领域、场合不能或不能完全有效发挥作用而导致资源无法得到有效配置的情况。市场失灵还体现在垄断和信息不对称等。

垄断是指一家厂商控制了一个行业的全部供给的市场结构。在一些行业内,由于技术条件、人力因素、自然条件等种种原因,使得有些企业所占的市场份额很大,甚至存在垄断,致使它的产量决策将会影响市场价格的决定,造成市场的配置功能和市场机制的作用不能有效发挥。信息不对称是指市场上买卖双方所掌握的信息是不对称的,即一方掌握的信息多些,一方掌握的信息少些。由于信息不对称,导致人为的信息扭曲与误导,因而对经济行为产生影响,如逆向选择、道德风险等。

当市场失灵时,光靠市场自身的调节已经难以克服,这时必须借助政府这只"看得见的手"来纠补市场失灵。在现代市场经济中,存在大量政府介入市场的行为,如价格管制政策、产业政策、信息调控政策、收入分配平等化政策等。

【复习思考题】

1. 实训应用:

上游化工厂排放的废水给下游渔民造成了15 000元的损失。如果双方谈判的成本是每方承担5 000元,界定产权对该问题的解决是否有效?若成本是每方承担20 000元呢?

2. 案例分析:

麻将扰民官司

余××女士自去年搬到成都一小区居住,她家的客厅和卧室窗子正好对着楼下居委会老年活动室。深夜里不绝于耳的麻将声严重影响了余××及其孩子的休息,余××为此患了严重的神经衰弱。2000年10月7日晚10时20分左右,不堪麻将声骚扰的余××一怒之下剪断了活动室的电线。10月10晚,余××所在的居委会的69名居民就居委会活动室是否可以深夜打麻将一事进行讨论。在最后的举手表决中,余××女士以1票对67票的比例(另有1票弃权)惨败。

于是,她求助于法律。起诉百寿巷第二居民委员会侵犯了她与家人休息的权利,要求居委会立即停止侵害,赔礼道歉并赔偿其因被麻将骚扰而产生的各项损失5 000元。2000年11月16日上午,成都市金牛区人民法院开庭审理了全国首例"麻将官司"。

(资料来源:四川电大. http://www.scopen.net/file_post/display/read.php?FileID=56653.)

请结合上述材料,并查找相关资料,回答以下问题:

(1)这起著名的麻将扰民官司在经济学中属于什么问题?

(2)解决这一问题的方法有哪些?能否采用市场的方法?经济学主张采用什么方法?

(3)为什么审理没有结果?

(4)这场官司引发了许多人的争论,有人要求"禁麻",有人认为允许打麻将。请谈谈你的看法。麻将官司引出的是不是一个是否应该打麻将的问题?

3. 案例分析:

漏水的水管

2003年7月14日,家住北京市东城区四八条37号院的朱大爷因发现院内水管漏水,便在没有征得邻居同意的情况下,自行请人对自来水管线进行了检测,并交纳了检测费100元。为了收回每户该分摊的7.14元检测费,朱大爷费尽口舌没有结果,于是便告到了法院。东城区法院审理后,从法理上认定朱大爷在未得到他人授权的情况下,"擅自主张"检测水管,邻居完全有理由拒绝朱大爷分摊检测费的要求。然而,从更深的层面上讲,朱大爷的败诉是由公共物品自身性质决定的。

(资料来源:郭万超,辛向阳. 轻松学经济[M]. 北京:对外经贸大学出版社,2005.)

问题:

(1)漏水的水管是否属于公共物品?为什么?

(2)公共物品何以导致市场失灵?

(3)用经济学原理解释朱大爷败诉的原因。

4. 辨析:

(1)市场机制本身没有缺陷,其失灵往往是人为的。

(2)所谓"市场失灵"问题,即是人们所说的"市场不能干"的问题。

(3)有人说,在出现了污染这种外部性的条件下,没有政府的干预,就不可能消除这种负的外部性。

5. 材料分析

医疗领域的市场失灵

目前,全社会甚至学术界对于诸如医疗领域市场失灵的重要问题并没有达成共识,这恰恰成为医改推行中的焦点和问题。

医疗领域是一个全面市场失灵的领域吗?

从理论上讲,市场经济条件下并不存在一个全面市场失灵的领域。现代经济往往是一种混合经济,有些领域市场占主导作用,有些领域政府占主导作用,有些领域介于两者之间。

医疗领域是一个非常宽泛的领域，包括药品的生产和销售、医疗服务的供给和社会保障的提供等很多方面。

首先，我们要问，是不是这些领域的每一个环节都面临市场失灵？例如，医药销售企业出售非处方药是否减少了社会福利？私人诊所提供医疗服务是否减少了社会福利？医疗保健公司提供保健服务是否减少了社会福利？民营医院与公立医院进行竞争是否减少了社会福利？在没有可靠的证据之前，我们不能对医疗领域的市场失灵做出价值判断。

其次，如果医疗领域真的在一些环节存在市场失灵，那么要分析导致市场失灵的原因究竟是什么。例如，老百姓确实感受到医疗服务的价格太高，问题是价格太高是因为医院之间缺乏足够的竞争，还是因为医疗服务供给太少，还是因为药品供应不足，还是因为老百姓的收入不足？如果是医院缺乏竞争，那么究竟是政府的准入管制导致公立医院处于垄断地位，还是因为市场竞争本身导致医院的市场集中度和市场势力达到了垄断的程度？如果是前者，那么政府有责任放松管制，引入竞争；如果是后者，那么政府有责任加强管制，保护竞争。

（资料来源：家庭医生在线 http://www.familydoctor.com.cn/newschannel/views/200907/642327103822.html.）

请结合上述材料，并查找相关资料，回答下列问题：

(1)你认为我国医疗领域是否存在市场失灵问题，主要体现在哪些方面？

(2)针对我国医疗领域存在的一些问题，政府应扮演什么样的角色？请谈谈你的看法。

第八章

E.A 宏观经济总量

大海的表面很难保持平静，社会价值的均衡更是如此。它由供求决定：人为的或法律的东西，往往因为生产过剩和企业破产而反过来惩罚它们自己。

——拉尔夫·瓦尔多·爱默生

【教学目标】

通过本章教学，应让学习者达到以下目标：

1. 掌握国内生产总值、国民生产总值；
2. 了解国内生产总值的计算方法；
3. 明确人均国内生产总值；
4. 掌握总供给和总需求；
5. 了解社会总需求与总供给的平衡；
6. 明确总需求的构成与模型；
7. 理解国民收入的增长因素；
8. 掌握总需求变动与国民收入。

【能力标准】

能力元素	能力表现水平描述
认识宏观经济变量	掌握 GDP、GNP 的含义和区别
	了解 GDP 计算方法
	明确人均 GDP 的含义和计算

续表

能力元素	能力表现水平描述
认识总供给与总需求	掌握总供给和总需求的含义和关系
	了解社会总需求与总供给平衡、意义
认识国民收入	明确总需求的构成与模型
	掌握消费与储蓄的关系
	了解总需求变动对国民收入的影响

第一节　国内生产总值

【导入案例 8-1】

各国国内生产总值排名

序　号	国　家	GDP/美元
1	全世界	49 000 000 000 000
2	美国	10 450 000 000 000
3	中国	5 989 000 000 000
4	日本	3 651 000 000 000
5	印度	2 664 000 000 000
6	德国	2 160 000 000 000
7	法国	1 558 000 000 000
8	英国	1 528 000 000 000
9	意大利	1 455 000 000 000
10	俄国	1 409 000 000 000
11	巴西	1 376 000 000 000
12	韩国	941 500 000 000
13	加拿大	934 100 000 000

续表

序　号	国　家	GDP/美元
14	墨西哥	924 400 000 000
15	西班牙	850 700 000 000
16	印尼	714 200 000 000
17	澳大利亚	525 500 000 000
18	土耳其	489 700 000 000
19	伊朗	458 300 000 000
20	泰国	445 800 000 000

（资料来源：国际货币基金组织.世界经济前景数据库，2000.）

学生活动一

问题：什么是 GDP？为什么不同国家会存在 GDP 的差别？

一、宏观经济总量

宏观经济是指整个国民经济或国民经济总体及其经济活动和运行状态。它由经济活动的总量。反映出来如总供给与总需求、国民经济的总值及其增长速度；国民收入、物价的总水平等。这些就是宏观经济总量。最主要的宏观经济总量具体来说就是国内生产总值（GDP）、总供给和总需求。

二、国内生产总值

（一）国内生产总值概念

国内生产总值（GDP）是指一国一年内所生产的最终产品（包括产品与劳务）的市场价值的总和。第一，国内生产总值指一国在本国领土之内所生产出来的产品与劳务。第二，国内生产总值是指一年内生产出来的产品的总值，因此，在计算时不应包括以前所生产的产品的价值。第三，国内生产总值是指最终产品的总值，因此，在计算时不应包括中间产品产值，以避免重复计算。第四，国内生产总值中的最终产品不仅包括有形的产品，而且包括无形的产品——劳务，要把旅游、服务、卫生、教育等行业提供的劳务，按其所获得的报酬计入国民生产总值中。第五，国内生产总值指的是最终产品市场价值的总和，即要按这些产品的现期价格来计算。

国民生产总值(GNP)也是一个总量指标。但国民生产总值与国内生产总值存在差别:GNP 是指一年内本国常住居民所生产的最终产品的的价值的总和,它以人口为统计标准。GDP 是指一年内在本国领土所生产的最终产品的价值总和。它以地理上的国境为统计标准;GNP 与 GDP 之间的关系表现为:GNP = GDP + 本国公民在国外生产的最终产品的价值总和 - 外国公民在本国生产的最终产品的价值总和。如果本国公民在国外生产的最终产品的价值总和与外国公民在本国生产的最终产品的价值总和相等,则 GNP 与 GDP 在量上是一样的。

现在通常使用 GDP 这总量指标。GDP 还划分为名义 GDP 和实际 GDP,名义 GDP 是按当年价格计算的 GDP。实际 GDP 是按基期价格计算的 GDP。两者的关系是:实际 GDP = 名义 GDP/物价指数。

(二)GDP 核算

在国民经济核算体系中有不同的计算国内生产总值的方法,其中主要有支出法、收入法以及部门法。

(1)支出法,又称产品流动法、产品支出法或最终产品法。又称产品流动法、产品支出法或最终产品法。这种方法从产品的使用出发,把一年内购买各项最终产品的支出加总,计算出该年内生产出的最终产品的市场价值。即把购买各种最终产品所支出的货币加在一起,得出社会最终产品的流动量的货币价值的总和。

(2)收入法,又称要素支付法,或要素收入法。这种方法是从收入的角度出发,把生产要素在生产中所得到的各种收入相加。即把劳动所得到的工资、土地所得到的地租、资本所得到的利息,以及企业家才能所得到的利润相加,计算国内生产总值。

(3)部门法。部门法按提供物质产品与劳务的各个部门的产值来计算国内生产总值。这种计算方法反映了国内生产总值的来源的,所以又称生产法。

表 8-1 是 GDP 核算表,它反映了支出法、收入法的联系与区别。

表中的一些基本关系和概念:

总投资 = 净投资 + 重置投资

存货视为企业购买自己的产品。

生产要素的价格:劳动的价格(工资);资本的价格(利息);土地的价格(租金)。

生产要素价格的决定因素:要素的市场供求状况;政府管制。

折旧:企业销售收入中用于补偿设备消耗的部分。

间接税:对卖者所征的税,通过加价转嫁给了买者,实际上是间接对买者征税。

表 8-1　GDP 核算表

总需求(AD) 总支出(E)	总供给(AS) 总收入(Y)
个人消费支出(C) 国内私人总投资(I) {厂房设备 住宅 存货变动} 政府购买(G) 净出口(出口－进口)($X-M$)	(产值＝销售额＋存货变动,收入＝产值－外购原材料) 工资 利息 租金 利润 {利润税 社会保险税 股息和红利 未分配利润} 间接税 折旧

(三)GDP 的计算方法

(1)支出法:即 GDP 核算表左边的计算方法。

公式:$GDP = C + I + G + (X - M)$

(2)收入法:即 GDP 核算表右边的计算方法,

公式:GDP＝工资＋利息＋租金＋利润＋间接税＋折旧＝消费＋储蓄＋税收＝$C+S+T$

(3)部门法:按部门加总计算增值的方法。

按以上三种方法计算所得出的结果,从理论上说应该是一致的,因为它们是从不同的角度来计算同一国内生产总值。但在实际上,这三种方法所得出的结果往往并不一致。国民经济核算体系以支出法为基本方法,即以支出法所计算的国内生产总值为标准。如果按收入法与部门法计算出的结果与此不一致,就要通过误差调整项来进行调整,使之达到一致。

国民经济核算体系以支出法为基本方法,即以支出法所计算的国内生产总值为标准。如果按收入法与部门法计算出的结果与此不一致,就要通过误差调整项来进行调整,使之达到一致。

(四)国民收入核算中的基本总量及其相互关系

(1)国民收入核算中的基本总量有五个,即国民生产总结(GDP)、国内生产净值(NDP)、国民收入(NI)、个人收入(PI)、个人可支配收入(PDI)。

(2)国民收入核算中这五种总量的关系是:

GDP－折旧＝NDP

NDP－间接税＝NI

NI－公司未分配利润－企业所得税＋政府给居民户的转移支付＋政府向

居民支付的利息 = PI

PI - 个人所得税 = PDI = 消费 + 储蓄

【资料链接】

绿色 GDP

绿色经济 GDP 的简称。从 GDP 中扣除自然资源耗减价值与环境污染损失价值后剩余的国内生产总值。称可持续发展国内生产总值。20 世纪 90 年代形成的新的国民经济核算概念。1993 年联合国经济和社会事务部在修订的《国民经济核算体系》中提出。可分为总值与净值。总值即 GDP 扣减资源耗减成本和环境降级成本。净值即 GDP 扣减资源耗减成本、环境降级成本和固定资产折旧。中国科学院可持续发展课题研究组提出的绿色 GDP 为：GDP 扣减自然部分的虚数和人文部分的虚数。自然部分的虚数从下列因素中扣除：(1)环境污染所造成的环境质量下降；(2)自然资源的退化与配比的不均衡；(3)长期生态质量退化所造成的损失；(4)自然灾害所引起的经济损失；(5)资源稀缺性所引发的成本；(6)物质、能量的不合理利用所导致的损失。人文部分的虚数从下列因素中扣除：(1)由于疾病和公共卫生条件所导致的支出；(2)由于失业所造成的损失；(3)由于犯罪所造成的损失；(4)由于教育水平低下和文盲状况导致的损失；(5)由于人口数量失控所导致的损失；(6)由于管理不善(包括决策失误)所造成的损失。绿色 GDP 能够反映经济增长水平，体现经济增长与自然环境和谐统一的程度，实质上代表了国民经济增长的净正效应。绿色 GDP 占 GDP 比重越高，表明国民经济增长对自然的负面效应越低，经济增长与自然环境和谐度越高。实施绿色 GDP 核算，将经济增长导致的环境污染损失和资源耗减价值从 GDP 中扣除，是统筹“人与自然和谐发展”的直接体现，对“统筹区域发展”“统筹国内发展和对外开放”是有力的推动。同时，绿色 GDP 核算有利于真实衡量和评价经济增长活动的现实效果，克服片面追求经济增长速度的倾向和促进经济增长方式的转变，从根本上改变 GDP“唯上”的政绩观，增强公众的环境资源保护意识。

（资料来源：奚洁人. 科学发展观百科辞典[M]. 上海：上海辞书出版社，2007.）

三、人均 GDP

人均 GDP 一个国家国民生产总值(GNP)除以该国国民人口的总数所得出的商。即指分摊到每个国民份上的国民生产总值的平均值。在经济学上，一般用来衡量或表示一个国家的经济发展程度。

【资料链接】

序　号	国　家	GDP/美元
1	卢森堡	69 056
2	挪威	53 465
3	瑞士	49 246
4	爱尔兰	46 335
5	丹麦	45 015
6	冰岛 44 133	44 133
7	美国 42 076	42 076
8	瑞典 38 451	38 451
9	英国 36 977	36 977
10	日本 36 486	36 486
11	奥地利 35 861	35 861
12	荷兰 35 393	35 393
13	芬兰 35 242	35 242
14	比利时 34 081	34 081
15	卡塔尔 33 586	33 586
16	法国 33 126	33 126
17	德国 33 099	33 099
18	加拿大 32 073	32 073
19	澳洲 29 761	29 761
20	意大利 29 648	29 648

（资料来源：国际货币基金组织．世界经济前景数据库，2002.）

学生活动二

请说明 GDP 和人均 GDP 有什么不同？哪一个更能反应经济发展的状况？

【案例分析】

一国的GDP与其公民的生活水平密切相关

确定GDP有用性的一个方法是把GDP作为经济福利的衡量指标来考察国际数据。富国与穷国人均GDP水平差异巨大。如果高的GDP导致了高的生活水平,那么,我们就应该看出GDP与生活质量的衡量是密切相关的。而且,事实上我们也是这样做的。

下表表明按人均GDP排序的世界上5个人口最多的国家:

国别	人均实际GDP(1997年,美元)	预期寿命/岁	成人识字率/%
美国	29 010	77	99
日本	24 070	80	99
德国	21 260	77	99
墨西哥	8 370	72	90
巴西	6 480	67	84

该表还表明预期寿命(出生时预期的寿命)和识字率(成年人口中识字人数的百分比)。这些数据表现出一种明显的形式。在美国、日本和德国这样一些富国,人们预期可以活到70多岁,而且,几乎所有的人都识字。而在一些穷国,人们一般只能活到50多岁,而且,只有一半人识字。

尽管生活质量其他方面的数据还不完全,但这些数字也说明了类似的情况。人均GDP低的国家往往婴儿出生时体重轻,婴儿死亡率高,母亲生孩子时死亡率高,儿童营养不良的比率高,而且,不能普遍得到安全的饮用水。在人均GDP低的国家,学龄儿童实际在校上学的人少,而且上学的儿童也只有靠很少教师来学习。这些国家往往拥有的收音机少,电视少,电话少,铺设的道路少,而且,有电器的家庭也少。国际数据无疑表明,一国的GDP与其公民的生活水平密切相关。

(资料来源:http://www.ljps.com.cn/discu2.)

第二节　总供给与总需求

【导入案例 8-2】

国家统计局:当前社会总供给大于总需求

1.“许多产品还面临过剩”

最近一段时期,国内肉、蛋等食品价格上涨较快,对居民生活特别是低收入家庭生活带来一定影响。商务部通过市场运行监测认为,由于成本上升、季节原因、自然灾害等因素导致一些食品价格出现波动,属于正常情况。

国家统计局总经济师姚景源也表示,随着各项措施逐步到位,食品价格快速上涨的势头将得到有效遏制,全年居民消费价格指数(CPI)有可能控制在4%以下。

姚景源对记者说,此次食品涨价是结构性的涨价。现在是总供给大于总需求,许多产品都面临着产能过剩的问题。食品除了猪肉供应偏紧一些,其他种类供应都没有问题。

国务院发展研究中心经济形势分析课题组认为,从当前我国社会总供给和总需求的状况看,不存在商品价格普遍持续上涨的条件。此次居民消费价格上涨,主要是食品价格推动。而食品涨价,是在我国农业生产健康发展的情况下发生的,是工农和城乡之间利益格局调整的正常表现。

2. 通货膨胀率仍处低水平

国务院发展研究中心宏观经济研究部部长卢中原(卢中原新闻,卢中原说吧)说,2004 年至 2006 年,我国粮食产量连续三年丰收,2007 年夏粮又丰收,粮食供给基础比较稳固,目前国内粮食生产能力比较扎实稳定。在市场价格调节下,肉、蛋等副食品供给增长潜力较大,未来食品价格不会继续较快上涨。总的来看,当前我国消费物价涨幅还比较温和。按照国际上普遍采用的核心消费价格指数(即扣除能源和食品价格以后的消费价格指数)来衡量,1—6 月仅为 0.9%,也就是说,目前中国的通货膨胀率仍然控制在低水平上。

3. 控制粮食深加工项目

有专家认为,本次食品涨价对中高以上收入阶层的生活水平不会有太大的影响,但对低收入阶层的影响相对要大得多。

国务院日前发出“关于促进生猪生产发展稳定市场供应的意见”,强调要妥善安排低收入群体和大中专院校学生的生活，各地要根据猪肉等副食品价格上涨情况，采取适当提高低保标准、发放临时补贴等措施，确保低收入居民生活水平不降低。

另外，国务院有关部门和各地政府将从严控制玉米等粮食深加工项目，确保食物供应安全。

（资料来源：东方早报，2007-08-06.）

一、总供给

总供给是国民经济各部门在一定时期内（通常为一年）所生产的产品和服务的总和。总供给可以用社会在一定时期内所供给的生产要素的总和或者生产要素所得到的报酬总和来表示。通常以国民生产总值作为其货币表现形式。社会总供给包括两个部分：

（1）由国内生产活动提供的产品和劳务，包括农林牧渔业、工业、建筑业等行业提供的产品，也包括由交通运输、邮电通信、银行保险、商业服务业等行业提供的服务，即国内生产总值（GDP）。

（2）由国外提供的产品和劳务，即商品和劳务输入。其计算公式为：

社会总供给 = 本期国内生产总值 + 本期进口 - 本期不可分配部分

本期不可分配部分，是指国内生产总值中当年不能进行分配的部分，如人工培育正在生长过程中的牲畜、树木，由于天灾人祸造成的损失等。由于各时期的供求状况相互影响，在测算社会总供给时，应考虑各时期之间的衔接。其计算公式又可表示为：

社会总供给 = 本期形成的社会总供给 + 期初供给结余总额

二、总需求

总需求指一个国家或地区在一定时期内（通常为一年）可用于投资和消费的支出所实际形成的对产品和劳务和购买力总量。它取决于总的价格水平，并受到国内投资、净出口、政府开支、消费水平和货币供应等因素的影响。

总需求包括两个部分—是国内需求，包括投资需求和消费需求。投资需求由固定资产投资需求和流动资产投资需求组成。消费需求由居民个人消费需求和社会集团消费需求组成。一是国外需求，即产品和劳务的输出。一般将总需求分为四大部分：

（1）消费需求：是居民的日常消费；

（2）投资需求：是企业在投资和再投资过程中形成的商品和劳务需求；

(3)政府支出:是政府部门对商品和劳务的购买;

(4)净出口:代表了国外对本国商品和劳务的需求。

测算社会总需求有两种方法:

一是从需求形成角度测算,就是在生产指标基础上,按影响总需求的因素作出调整,以得到社会总购买力的方法。其计算公式为:

社会总需求 = 本期国内生产总值 - 本期储蓄 + 本期银行信贷收入 + 本期财政赤字 + 本期出口

二是从需求使用角度测算,就是把社会总购买力可能使用去向的各个项目加总在一起的方法。其计算公式为:

社会总需求 = 本期投资需求总量 + 本期消费需求总量 + 本期国外需求总量

影响总需求的因素有价格水平、收入水平、利率水平和对未来预期以及政府购买、货币供给等政策变量。这里要注意以下几点关系:总需求同价格水平成反比关系。当价格提高时,消费需求会减少,如果货币供给量不变,由于对货币需求的增加会使利率提高,使投资下降;总需求同收入水平成正比关系。收入增加,则居民的消费也会随之增加,同时居民的储蓄也会增加,从而带动投资;总需求同利率水平成反比关系。利率提高后,居民的储蓄会增加,消费会减少,同时,利率提高也会使投资减少。

三、社会总需求与总供给的平衡

社会总需求与总供给的平衡是指总需求与总供给的一致。

社会的总需求与总供给的关系可能出现三种情况:一是总需求小于总供给,其表现为市场价格下降,生产萎缩,失业增加,严重时会出现经济危机;二是总需求大于总供给,其表现为产品供不应求,生产扩大,价格上升,即造成通货膨胀;三是总需求等于总供给,也就是总量平衡,这时物价稳定,经济发展比较协调。在这三种情况中,前两者称为国民经济总量失衡,而后者称为国民经济总量平衡。

保持社会总需求与总供给的平衡,是国民经济持续快速健康发展的需要。长期经济建设的实践表明,总需求过大,投资膨胀,经济增长过快,超过社会财力、物力、资源的承受能力,各方面都绷得很紧,这种状况难以持久,最终会引起经济上的大起大落,给国民经济造成巨大损失。因此,为促进国民经济持续快速健康发展,必须注意调控社会总需求与总供给的基本平衡。保持社会总需求与总供给的平衡,是调整产业结构,提高社会经济效益的需要。为了促进产业结构和产品结构的调整及产品质量的提高,提高社会经济效益,也要保持社会总需求与总供给的平衡。保持社会总需求与总供给的平衡,是保证经济体制改革顺利进行的需要。搞好经济体制改革,必须有一个比较稳定和宽松的社会经济环境。总需求过大,往往会引起通货膨胀,而通货膨胀往往导致企业生产行为和居民消费购买行为的混乱。由于企业无法依据正常的信息进行生产和引发的居民的抢购行为,社会经济秩序难以稳定。

【资料链接】

中国当前经济运行总需求与总供给仍保持基本平衡

[世华财讯]当前关于中国宏观经济过热和资产泡沫化的言论甚嚣尘上。分析人士指出,目前中国经济并未过热。从当前经济运行情况看,总需求与总供给基本平衡的格局并没有改变。但要充分认识目前经济增长速度确实偏快,存在转为过热的风险,应对此加以防范,避免引发资产泡沫。中国社科院袁钢民教授2009年9月26日撰文指出:今年上半年部分指标突破最高警戒线,但从中国实体经济的产出、投资、消费等主要指标变动状况看,中国经济并不过热。股市在2007年上半年短期间的快速上涨,是对5年来股市长期低落的补偿性上涨,是对应于中国实体经济高速增长的补充性跟进。银河证券研究中心研究员田书华向世华财讯表示,中国2007上半年的经济增长速度有所加快,但并不能由此得出中国经济过热的判断。经济的过热和过冷,是对经济发展总体现象的一个描述,其实质就是要看总需求和总供给是否平衡。中国经济增长的速度确实偏快,但中国经济目前并未过热。国家统计局新闻发言人李晓超指出,经济是否过热的问题,不能仅看经济增长速度,还要看价格。李超认为,当前中国经济增长由偏快转为过热的趋势更为明显,集中表现在贸易顺差过大、信贷投放过多、投资增长过快问题仍然突出;高耗能产业增长偏快,节能减排形势依然严峻;物价上涨压力持续加大,特别是一些涉及群众切身利益的食品价格和住房价格上涨较快;引导资本市场健康发展的任务艰巨。田书华强调,从中国当前经济运行的情况看,总需求与总供给基本平衡的格局并没有改变。另外,作为总量关系的另一个反映,国内经济增长的支撑条件现在有了明显改善,煤电油运等方面没有出现全面紧张的状况。但是也要清醒地看到,尽管目前经济运行比较平稳,增速攀升也相对比较缓慢,但是经济增长的速度确实偏快,存在着转为过热的可能性和危险性,避免因此引发资产泡沫。数据显示,2007年上半年,GDP增长11.5%,第二季度GDP增长11.9%,固定资产投资增长26.7%,消费价格指数上升4.4%,出口增长27.1%,广义货币$M2$增长17.1%等,几乎所有指标都超过了政府宣布的无约束性低限目标,有的指标甚至突破了很多人认为不可逾越的高限警戒线。与此同时,中国

资产价格也在急速上涨。上证指数从2005年年底的1 000点开始上升,到2006年底升高到2 249点,超过2001年6月的历史高点。3个月后的2007年3月中旬越过3 000点,本周已经上升了5 500点。

(资料来源:沈桂红撰稿. http://content. caixun. com,2007-09-26.)

学生活动三

讨论:总需求与总供给如何才能保持平衡?

第三节 简单国民收入决定理论

【导入案例8-3】

中国版国民收入倍增计划

社会各界关注的收入分配调整问题,已完成了政策拟定过程,开始进入到政策审议的阶段。据中央政策研究室副主任郑新立透露,目前由国家发改委就业和收入分配司撰写的调整国民收入分配的意见,已经提交到国务院审议(2009年5月6日《第一财经日报》)。对于经济和社会发展而言,收入分配的调整是核心问题,但同时也是一个具有实施难度的问题,但以中国经济发展而言,这一问题已经到了必须破题的时刻。

谈及中国经济持续发展的动力来源,分析和论述都会指向消费内需,这一点早已经在学界达成共识。

国内消费能力不足由来已久,解决这一问题就要靠老百姓的"有钱可花、有钱敢花"。以前有观点认为,问题出在"有钱不敢花"。然而,深入的调查却显示,问题的真正根源并非如此,尽管国内经济总量增长迅速,但是收入分配格局中的失衡问题却制约住"有钱可花"。

近些年来居民消费在GDP总量中所占比重逐年降低。数据显示,我国经济结构的变化是始于20世纪90年代,特别是在亚洲金融危机后消费占GDP的比重出现迅速下降,从过去接近60%的水平逐渐降低,到2007年居民消费率仅为35.4%,这一水平比发达国家低了30个百分点,也达到了改革开放30年来的最低点。

数据虽然枯燥,却清楚表明了当下社会经济分配结构状况,那就是,以居民收入为基础的消费需求根基非常薄弱,反观之,财政和企业则占据了社会财富分配的大头。正因此,后两者所擅长的投资才会成为社会需求的主导,但同时也进一步制约了居民收入所占比重的提高,成为一个恶性的循环。

相关收入分配结构调整可谓是必须推进的改革措施,尽管目前外界尚无法得知相关政策的详情,但笔者还是建议不能够让收入调整政策成为应对金融危机的应景之举,而应借此实现立足于长期的居民"收入倍增计划"。这样的政策海外不乏先例,最成功的例子在日本。1960 年,日本政府宣布实施"国民收入倍增计划",发起了一场消费者革命,这成为日本经济起飞的转折点。计划实施的成果非常明显,到 1967 年日本的实际国民收入就增加了一倍,各种家庭耐用消费品的普及率达到 90% 以上。而在国内,内需不足的问题并非始于今天,早在 20 世纪 90 年代就是宏观调控的重点,但至今仍未取得实质性突破。

借鉴国外的经验,结合中国当下内需增长乏力的具体问题所在,实现国民财富收入分配结构改革的关键就在于重新构建财政、企业、居民三者间的利益合理分配机制。政策思路的关键在于,要把"藏富于民"作为长期发展战略,彻底扭转居民收入增长速度落后于财政收入增长速度的问题。具体的方法就是要实施大幅度提高个税起征点等有效的减税措施,实现国民财富由财政向居民的转化。在企业内部,则要增强员工的利益话语权力,避免资本过度侵占劳动力报酬分配。而问题的关键在于,理解这些思想与原则并不困难,难的是打破既有相关利益群体的话语垄断权力。比如个税起征点提高问题,尽管各界早有期待,但是相关财政方面人士却态度坚决地予以反对。企业内部财富分配也是如此,立足于保护劳动者权益的新《劳动合同法》从拟定之初就备受诘难,实施之后又多次遭遇变相违法,强迫职工方主动放弃无期限合同的现象屡屡出现。

因此,收入调整政策的执行落实要比拟议困难得多,能否打破既有的利益分配格局,还需要调控部门的政策智慧与实施力度。究竟中国社会经济发展模式能否就此取得质的突破,现实的考验已经摆在了面前,不妨让我们共同期待。

(资料来源:马红曼. 财经评论[N]. 华商网(华商报),2009-05-07.)

一、总需求分析

分析国民收入的决定是为了解哪些因素是国民收入高低的关键。为此,需要进行一些设定,以使分析得以简化。有三点重要假设:第一,潜在国民收入水平不变;第二,资源没有得到充分利用;第三,价格水平是既定的。分析简单国民收入模型有以下两点假设:第一,利息率水平既定;第二,投资水平既定。注意,这里的国民收入就是广义的即国民生产总值。

国民收入分为潜在国民收入和均衡国民收入。潜在国民收入是指经济中实现了充分就业时所能达到的国民收入水平,又称充分就业的国民收入。均衡国民收入是指总需求与总供给达到平衡时的国民收入。

二、总需求的构成与模型

前面提到总需求是整个社会对产品和劳务的需求总和。用AD代表总需求,C代表消费需求,I代表投资需求,G代表政府支出,$(X-M)$代表净出口。总需求的构成如下:

$$AD=C+I+G+(X-M)$$

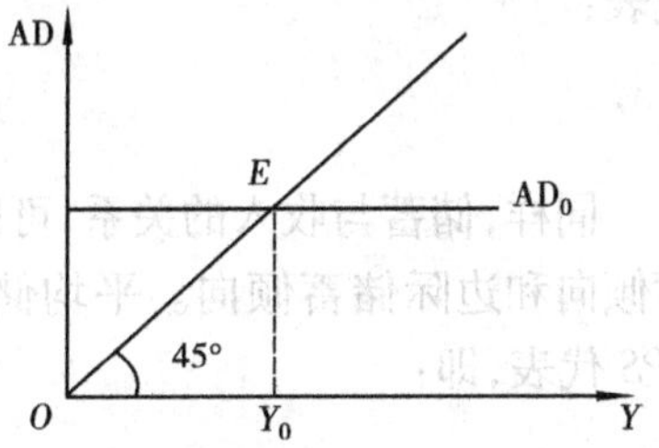

图 8-1　简单的国民收入决定模型

Y代表均衡国民收入。当不考虑总供给时,均衡的国民收入就是由总需求决定的,如图 8-1。

> **学生活动四**
>
> 请说明:均衡的国民收入由什么决定?图 8-1 的国民收入决定模型为什么是简单的?

三、消费与储蓄

消费是家庭用于食物、衣服等物品和劳务上的开支。消费是GDP中最大的一个部分。储蓄是收入中没有被消费的部分。Y代表收入,C代表消费,S代表储蓄,就有:

$$Y=C+S$$

则

$$S=Y-C$$

收入与消费之间的对应关系,消费是随着收入的变化而变化的,通常表现为消费随收入增加而增加,随收入的减少而减少。消费随收入变动而同方向变动。其函数表达式为:

$$C=f(Y)$$

收入与储蓄之间的对应关系,储蓄是随着收入的变化而变化的,通常表现为储蓄随收入增加而增加,随收入的减少而减少。储蓄随收入变动而同方向变动。其函数表达式为:

$$S=f(Y)$$

消费与收入的关系,可以用消费倾向来表示。消费倾向包括平均消费倾向和边际消费趋向。

平均消费倾向,用 APC 代表,是指消费在收入中所占的比例,即:

$$APC = \frac{C}{Y}$$

边际消费倾向是指增加的消费在增加的收入中所占的比例。用 MPC 代表:

$$MPC = \frac{\Delta C}{\Delta Y}$$

同样,储蓄与收入的关系,可以用储蓄倾向来表示。储蓄倾向包括平均储蓄倾向和边际储蓄倾向。平均储蓄倾向是指储蓄在收入中所占的比例,用 APS 代表,即:

$$APS = \frac{S}{Y}$$

边际储蓄倾向是指增加的储蓄在增加的收入中所占的比例,用 MPS 代表,即:

$$MPS = \frac{\Delta S}{\Delta Y}$$

这样,消费倾向与储蓄倾向的关系就有如下表达式:

$$APC + APS = 1$$

全部消费可分为两部分:自发消费和引致消费。自发消费是指由人的基本需求决定的最必需的消费。引致消费是指由收入所引起的消费。它的大小取决于收入和边际消费倾向。即引致消费为:

$$MPC \cdot Y(c \cdot Y)$$

学生活动五

讨论:平均消费倾向是为了说明什么? $APC = 1 - APS$ 的含义?

四、总需求变动对国民收入的影响

总需求主要由消费(C)和投资(I)两个部分构成,消费和投资的大小决定总需求,进一步决定均衡国民收入的大小。消费的变动与国民收入同方向变动。

储蓄的变动会引起国民收入反方向变动。所以,增加消费特别是引致消费(或消费倾向)和投资,使总需求增加,从而国民收入增加。

把构成总需求另外两个因素政府支出和净出口考虑进去，我们就得到，增加国民收入就是要增加总需求，实际上就是增加消费、投资、政府支出和净出口。

通过刺激消费、投资、出口，增加政府支出，就可以增加国民收入。由此，也不难理解政府的宏观经济政策。

【资料链接】

中国4万亿计划抢占全球救市风头

2008年11月10日，中国政府出台了4万亿人民币的刺激经济增长计划，该计划共涵盖10个项目。同时，货币政策也转向了适度宽松。此举为金融危机肆虐下的中国市场及世界经济带来了希望。由中国引领的新一轮全球刺激经济计划，可能很快掀起。

候任美国总统奥巴马与中国的4万亿方案不谋而合，正在积极推进着自己提出的效仿“罗斯福新政”的第二轮经济刺激方案，加大基础设施建设和减退税都是其核心。当下，他的兴趣点在汽车业，“蓝领经济”因为涉及大量工作岗位，将成为奥巴马新政的第一个工作领域。

一切变化都让华盛顿金融峰会变得有点冷。11月15日，由20国集团(G20)领导人出席的“金融市场和世界经济峰会”召开。美国冀望通过此次峰会讨到国际援手挽救国内经济；欧盟梦想在此次峰会上重建全球金融体系；而“金砖四国”则希望能为新兴经济体争取到与自身实力相符的公平权益。

三方力量的不同诉求，导致峰会在合作声明背后的明争暗斗不可避免。这也是现行国际金融体系的极端不对称性的必然结果。仅2007年一年，新兴经济体对世界经济增长的贡献率就已经达到75%，成为了世界经济增长的主要动力。而作为其代表的中国在国际货币基金组织(IMF)中的份额仅仅为3.997%，发言权为3.80%，位居美、日、德、法、英之后，这与中国即将成为世界第三大经济体的实力极不匹配。

金融危机让很多人看到了现行体系的危险性。因此，IMF和世行都对改革金融体系持积极态度。卡恩表示：“全球经济增长的动能将全部来自新兴市场，因此支持这些国家扩大话语权是公平的。”佐利克表示，必须对包括世界银行在内的国际金融体系进行改革。他透露，世行计划把发展中国家在世行中的股份比例提高到44%，以增加低收入国家在该机构中的发言权。作为发展中国家的杰出代表，中国获得更大份额是应有之义。实际上，在中国将资金大量用于国内建设后，能够用于国际救助的资金已经有限。如果中国在国际金融体系的话语权不能增加，做国际市场骑士的可能性并不大。

在有点发冷的峰会上,新兴经济体所提出的“现金换席位”,是最热也最可能取得进展的一点。

实际上,市场基本没有对这次峰会表现出关注。就在峰会举行的这一星期,美国三大股指仍然下跌。周二,道琼斯工业指数跌至8 693.96,这一数字距该股指10月27日创下的5年半收盘低点不足520点。欧洲三大股指也以接近或超过4%的跌幅惨淡收场。周三,411.30点的跌幅使得纳斯达克综合指数跌至5年多来的最低水平。而跌幅为4.73%的道琼斯工业指数也离5年来的最低收盘价仅110点之遥。标准普尔500指数更是以5.19%的跌幅,4点之差逼近5年最低收盘记录。而这次峰会的倡议国法国与英国的股票市场也同样冷淡。伦敦富时100指数收盘跌1.8%,至4 169.7点;法国CAC-40指数跌3.1%,至3 234.0点。周四,道琼斯指数开盘便大幅震荡,盘中波动幅度达到911点,一度跌破重要心理关口8 000点,在收盘时,受道指有可能接近底部的预期,最终反弹552.59点,涨幅为6.7%,其他两大股指的涨幅也超过了6%。

中国股市成为主要市场的一枝独秀。上证综合指数(2 625.645,上涨28.20,1.09%)在10日消息发布后的第一个交易日便上涨了127.09点,一周之内,摆脱了“影子股市”的尴尬,成为全球市场的定海神针。这种行情,成为中国在全球金融体系应扮演更重要角色的最好佐证。

(资料来源:华夏时报,http://www.sina.com.cn[2008-11-15].)

【案例分析】

金融危机——国家4万亿刺激经济扩大内需十措施出台

2008年11月5日,国务院总理温家宝主持召开国务院常务会议,研究部署进一步扩大内需促进经济平稳较快增长的措施。这是国务院常务会议在一月内连续第二次针对全国经济情况进行部署。相比于10月17日国务院常务会议将宏观经济调控目标由“一保一控”转为“保字当先”,此次会议将“保持”改为“促进”。此次会议明确提出10条具体措施,计划到2010年总共投入4万亿进行投资,进一步扩大内需、促进经济增长。

1. 从保增长到促经济

会议认为,为抵御国际经济环境对我国的不利影响,必须采取灵活审慎的宏观经济政策,以应对复杂多变的形势。当前要实行积极的财政政策和适度宽松的货币政策,出台更加有力的扩大国内需求措施,加快民生工程、基础设施、生态环境建设和灾后重建,提高城乡居民特别是低收入群体的收入水平,促进经济平稳较快增长。

最近几个月数据显示，国内经济的发展形势已经出现下行势头，使得宏观经济从四季度开始向保经济发展转移，10月17日，国务院常务会议布置第四季度全国经济工作，明确提出采取10项措施保持经济平稳较快增长。

10月21日温家宝总理主持召开的国务院常务会议上，审议并原则通过《农业银行股份制改革实施总体方案》，核准了一批基础设施建设项目。会议研究了加强基础设施建设，核准了公路、机场、核电站、抽水蓄能电站等一批建设项目，决定加快南水北调中、东线一期工程建设进度。

2. 三驾马车重心转移

专家指出，拉动中国经济三驾马车：投资、出口、内需，在不同阶段，经济拉动能力并不一致。

投资方面，由于国内经济依然属于起步阶段，尚有足够空间，中国对于基础建设投资拉动可谓驾轻就熟。因此加大基础投资，进行交通网络建设，促进环境改造等大投入的投资项目依然被采用。

另一方面，在出口拉动和内需拉动之间，实际上存在着一定矛盾，二者必然要择其轻重。如果要保证出口，低价竞争条件下，则必然要压低劳动力成本，过去国内一直以出口拉动经济，这也在过去一段时间里一定程度上抑制了国内消费能力不足。

目前出口困难的情况下，政府开始启动内部消费计划，但是首先存在的一个问题在于，为拉动消费，员工工资增长会导致企业负担加重。

当然，为不明显增加企业负担，措施第九条提出在全国所有地区、所有行业全面实施增值税转型改革，鼓励企业技术改造，减轻企业负担1 200亿元。

3. 拉动内需从最基层开始

此次出台的十大措施当中，大部分篇幅用于政府驾轻就熟的基础设施投资方面，内容包括政府保障性廉租房建设投资、农村基础设施建设投资、公共交通、环境等，延续了以往投资拉动经济的一贯做法。

十大措施前两条针对低收入群体和农村的生活设施、住房等，另外还有措施明确加大扶贫力度，完善医疗保障制度，主要用来稳定和保障中国人口数量最多的一部分群体，这一庞大基数的消费群体在免去生活后顾之忧之后，另外还有措施明确提出提高城乡居民收入，使其有信心也有能力进行消费。

与此同时，放松银行信贷规模，有利于企业借贷同时增加流动性；在通货膨胀压力放缓的前提下，小幅上调商品价格（农产品、电力等）有利于引发居民对于未来物价预期的提升，从而也能激发消费需求。

专家分析，国内启动内需的第一步就是从覆盖面最广的农村以及城市低收入群体开始，如果这部分措施无法见效，则可能将优惠政策逐步向中产阶级转移。和低收入阶层相比，这部分人群的资产结构则将主要来源于资本市场和房地产等。

4. 总投资将达 4 万亿

会议表示，初步匡算，实施上述工程建设，到 2010 年底约需投资 4 万亿元。为加快建设进度，会议决定，2008 年四季度先增加安排中央投资 1 000 亿元，2009 年灾后重建基金提前安排 200 亿元，带动地方和社会投资，总规模达到 4 000 亿元。

会议要求，扩大投资出手要快，出拳要重，措施要准，工作要实。要突出重点，认真选择，加强管理，提高质量和效益。要优先考虑已有规划的项目，加大支持力度，加快工程进度，同时抓紧启动一批新的建设项目，办成一些群众期盼、对国民经济长远发展关系重大的大事。坚持既有利于促进经济增长，又有利于推动结构调整；既有利于拉动当前经济增长，又有利于增强经济发展后劲；既有效扩大投资，又积极拉动消费。要把促进增长和深化改革更好地结合起来，在国家宏观调控下充分发挥市场对资源的配置作用；发挥中央和地方两个积极性。

（资料来源：金融界股票，www.jrjgp.com[2008-11-10].）

分析：如何理解 4 万亿人民币的刺激经济增长计划？4 万亿人民币刺激的具体对象是哪些？

【小结】

国内生产总值、国民生产总值、总供给、总需求、国民收入等是重要的宏观经济总量，它们反映宏观经济的基本状况。GDP 指一国一年内所生产的最终产品（包括产品与劳务）的市场价值的总和，用支出法、收入法、部门法计算。人均 GDP 是 GDP 分摊到每眼一国民上的值。总供给是国民经济各部门在一定时期内（通常为一年）所生产的产品和服务的总和。总需求指一个国家或地区在一定时期内（通常为一年）由社会可用于投资和消费的支出所实际形成的对产品和劳务和购买力总量，总供给和总需求要求保持平衡。总需求用 $AD = C + I + G + (X - M)$ 构成，不考虑总供给时，它决定均衡的国民收入 Y，收入划分为消费与储蓄即 $Y = C + S$，消费的变动与国民收入同方向变动，储蓄的变动会引起国民收入反方向变动。增加消费特别是引致消费（或消费倾向）和投资，使总需求增加，从而国民收入增加。

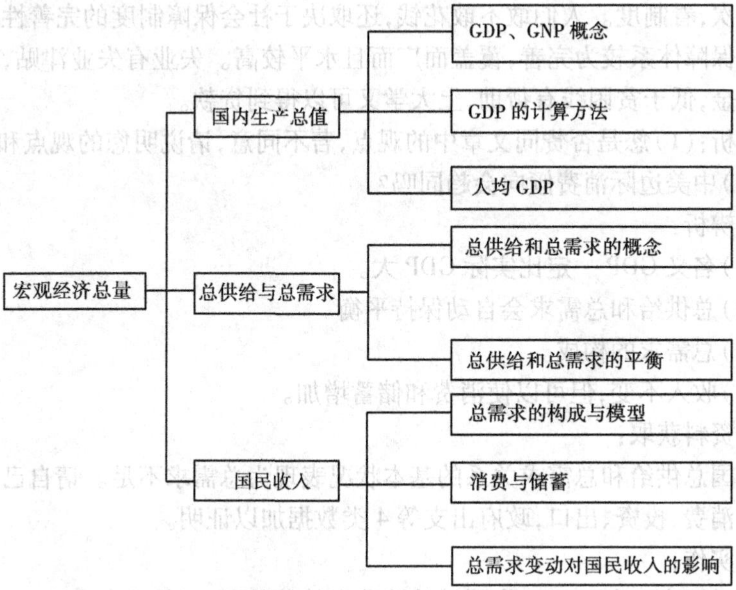

【复习思考题】

1. 案例分析：

中美边际消费倾向比较

据估算，美国的边际消费倾向现在约为 0.68，中国的边际消费倾向约为 0.48。也许这种估算不一定十分准确，但是一个不争的事实是，中国的边际消费倾向低于美国。为什么中美边际消费倾向有这种差别呢？

一些人认为，这种差别在于中美两国的消费观念不同，美国人崇尚享受，今天敢花明天的钱。中国人有节俭的传统，一分钱要掰成两半花。但在经济学家看来，这并不是最重要的。消费观念属于伦理道德范畴，由经济基础决定，不同的消费观来自不同的经济基础。还要用经济与制度因素来解释中美边际消费倾向的这种差别。

首先，看收入。美国是一个成熟的市场经济国家，尽管也经常发生经济周期性波动，但经济总体上是稳定的。经济的稳定决定了收入的稳定性。当收入稳定时，人们就敢于消费，甚至敢于借贷消费了。中国是一个转型中的国家，正在从计划经济转向市场经济，尽管经济增长速度快，但就每个人而言有下岗的危险，收入并不稳定。这样，人们就不得不节制消费，以预防可能出现的下岗及其他风险。

其次,看制度。人们敢不敢花钱,还取决于社会保障制度的完善性。美国的社会保障体系较为完善,覆盖面广而且水平较高。失业有失业津贴,老年人有养老金,低于贫困线有帮助,上大学又可以得到贷款。

分析:(1)您是否赞同文章中的观点,若不同意,请说明您的观点和理由。

(2)中美边际消费倾向会趋同吗?

2. 辨析:

(1)名义 GDP 一定比实际 GDP 大。

(2)总供给和总需求会自动保持平衡。

(3)总需求的构成。

(4)收入不变,但可以使消费和储蓄增加。

3. 资料获取:

我国总供给和总需求关系的基本状况表现为总需求不足。请自己去查找并选取消费、投资、出口,政府出支等4类数据加以证明。

4. 实作:

同时调查3名已经工作同学的消费和储蓄状况,计算出他们的 APC、APS 和 MPS。

第九章 失业与通货膨胀

通货膨胀永远而且处处是一种货币现象。

——米尔顿·弗里德曼

【教学目标】

通过本章教学,应让学习者达到以下目标:

1. 了解失业的类型;
2. 了解通货膨胀的种类;
3. 理解奥肯定律;
4. 掌握劳动力、失业、价格水平、价格指数、通货膨胀的基本概念。

【能力标准】

能力元素	能力表现水平描述
失业	了解失业的类型
	掌握劳动力、失业的概念
	理解奥肯定律
通货膨胀	了解通货膨胀的原因
	掌握价格水平、价格指数、通货膨胀的基本概念

第一节　失　业

【导入案例 9-1】

我国严峻的就业形势

自 20 世纪 90 年代后期以来，我国出现了严峻的就业问题。

严峻的就业形势首先表现在城镇失业率的不断攀升。1996 年，全国城镇登记失业率只有 3.0%，1997—2000 年一直保持在 3.1%，2001 年上升到 3.6%，2002 年升至 4.0%。城镇登记失业率上升的速度在逐年加快。如果排除城镇登记失业率对年龄、户口以及不包括下岗职工等限制，根据第五次人口普查，我国的城镇实际失业率大约为 8.3%，其中男性为 7.7%，女性为9.0%。根据中国社会科学院人口与劳动研究所在福州、上海、沈阳、西安和武汉五城市所作的调查，1996 年 9 月以来，五城市 16～60 岁的劳动年龄人口的失业率一直在 8% 以上，而且在持续升高。从 2002 年 2 月开始，失业率甚至超过了 14%。

严峻的就业形势还表现为农村劳动力剩余的压力加大。第五次全国人口普查表明，全国迁移人口超过 1.25 亿，其中省内迁移为 9 146 万人，跨省迁移为 3 314 万人。在省内迁移的人口中，52% 为农村到城市的移民；在跨省迁移人口中，78% 为农村到城市的移民。由此推算，大约 7 300 多万农村劳动力转移到城市打工。这个数字与农业部的调查结果是一致的，几乎占到城镇全部就业人数的 1/3。可见，农村劳动力转移的规模和速度都在加大。

从目前中国劳动力资源的基本状况看，据权威资料预测，中国的劳动力市场目前面临来自大约 1 400 万国有企业下岗失业人员、1.5 亿农村剩余劳动力和近 1 000 万城镇每年新增劳动力。与庞大的劳动力供给相比，按现在的经济结构现状每年只能提供的就业岗位只有约 800 万个，所以就业缺口是相当大的，劳动力供给与需求严重失衡。如果经济增长速度保持在 7%～8%，每年安排城镇 2 200 万～2 300 万人就业，仍会出现每年近千万“就业缺口”。

与其他国家相比，我国当前面临的就业问题更为严重而复杂。我国目前的失业率水平不仅高于发达国家，与许多发展中国家相比也算比较高的。例如，2002 年欧盟的失业率为 7.6%，美国为 5.6%，加拿大为 7.6%，发展中国家为 13.5%。因此，扩大就业和治理失业，应成为我国政府各项社会经济政策的优先目标。

（资料来源：何东琪. 经济学消息报[N/OL]. 新华网，http://news.xinhuanet.com/video，2003-09-12.）

一、劳动力的概念

劳动力有广义和狭义之分。广义上的劳动力指全部人口。狭义上的劳动力则指具有劳动能力的人口。在实际统计中，考虑劳动年龄和劳动能力两个因素的指标。社会劳动力资源总数 = 劳动年龄人口 + 劳动年龄之外实际参加劳动人数 - 劳动年龄内不可能参加劳动人数。

劳动适龄人口：年龄处于适合参加劳动的阶段，人口学一般以 16 ~ 64 岁期间的人口为劳动适龄人口。中国一般规定男子 16 ~ 60 岁期间、女子 16 ~ 55 岁期间的人口为劳动适龄人口。

劳动和社会保障部重新界定就业与失业标准："就业人员"指在男 16 ~ 60 岁、女 16 ~ 55 岁的法定劳动年龄内，从事一定的社会经济活动，并取得合法劳动报酬或经营收入的人员；不包括未成年人、全日制在校学生、退休和丧失劳动能力的成年人。

二、失业的概念

（一）失业与失业率

失业是经济社会的一个重要概念。对失业的规定，在不同的国家往往有所不同。在美国，年满 16 周岁而没有正式工作或正在寻找工作的人都称为失业者。"失业人员"指在法定劳动年龄内，有工作能力，无业且要求就业而未能就业的人员。虽然从事一定社会劳动，但劳动报酬低于当地城市居民最低生活保障标准的，视同失业。

有劳动能力并愿意工作的人得不到适当的就业机会。没有劳动能力的人不存在失业问题。有劳动能力的人虽然没有职业，但自身也不想就业的人，不称为失业者。

失业者可领取一定的失业救济金，但其数额少于就业时的工资水平，因而生活相对恶化，促使其重新就业。从这一点上来说，不少西方经济学家认为，一个合理的失业率及其失业现象的存在，是促进社会发展所必需的条件之一。

失业率是指劳动力中失业者所占的百分比。一方面反映就业与失业的增减情况、经济活动水平的好坏程度，另一方面反映了社会的稳定程度。失业率的增加，通常是在经济不景气的情况下发生的，相反，经济水平提高，失业率会下降。

【资料链接】

失业率“度”的衡量标准

失业率是评价一个国家就业形势的主要指标。失业率“度”的衡量标准实质是要确定一个政府或社会可以接受的失业率的“度”,即能允许有多高的失业率。市场经济发达国家对失业率“度”的掌握大体标准是:3%以内的失业率属劳动力供给紧张型,5%左右属劳动力供给宽松型,7%以上为失业问题严重型。参考市场经济发达国家提出的标准,结合我国的实际国情,仿照经济预警系统中拟定的经济运行状况的绿、黄、红三条线(绿线表示无警,黄线表示有警,红线表示重警),国家统计局提出全国、直辖市、中心城市和小城市等四类失业警戒线。如下表:

全国和不同类型城市的失业警戒线(%)

地　区	绿　线	黄　线	红　线
全国	3	5	6
直辖市	2	3	4
中心城市	3	4	5
小城市(镇)	4	6	8

上表提供的是失业警戒线的相对数,如考察绝对数,按1996年底的资料,全国城镇经济活动人口有近21 000万人,每1个百分点内含210万人,而3%是630万人,4%即是840万人,6%即是1 260万人。由此可以看出,我国城镇失业率即使不高,但绝对量也是较大的。需要强调的是,上述失业警戒线还需有以下几个前提条件:(1)我国的城镇失业保险覆盖面应不低于90%(即城镇90%的劳动力享有失业保险)。(2)失业救济金的水平应不低于当地最低工资线的70%。(3)物价指数应低于存款利率,以保证失业保险金的价值和购买力。

(资料来源:西方经济学(宏观部分)[M]. http://www.pinggu.org/bbs/dispbbs.asp? boardid = 141&id = 402267&replyid = 402267&star = 1&page = &skin =0.)

(二)失业的类型

宏观经济学中所研究的失业类型根据人们的主观意志,主要可以划分为两大类:自愿性失业和非自愿性失业。自愿性失业指劳动者对现有的工资待遇不满意,而不愿去工作所造成的失业。

非自愿性失业指劳动者在表示愿意接受现行工资水平的条件下,仍找不到工作所造成的失业。自愿性失业存在很大的人为主观性,而非自愿性失业则不是劳动者本身可控制的,因此,在宏观经济学对失业的研究中,主要以非自愿性失业为研究对象。根据失业的原因可把非自愿性失业分为摩擦性失业、结构性失业、需求不足性失业和季节性失业四种类型。

1. **摩擦性失业** 摩擦性失业是指在生产过程中,由于短期的或局部的摩擦而出现的暂时性的失业。劳动者为得到更高的收入或更舒适的工作环境等,总会有人从一个地方转到另一个地方,从一职业跳到另一职业。期间不免有人会做些短暂的停留,比如,在想去的企业之间进行选择、充实自己、参加个别培训等,这种短暂的失业是可不避免的,相反,这种类型的失业还可以促使劳动力不断优化配置。因此,在只存在这种失业的条件下,所形成的均衡失业也称为自然失业率。

2. **结构性失业** 在经济发展过程中,整个社会的产业结构均处于不断变化之中,因此,就业结构也相应变动,由于这一变动而引起的劳动供给结构与需求结构失衡而导致的失业,就称之为结构性失业。这种失业有个显著的特点,就是这种失业通常表现为空位与失业并存。即一方面有合适的工作岗位却找不到合适人选的空位;另一方面是有失业人选却找不到合适的工作岗位的失业。例如,在外贸、翻译等行业存在大量就业机会,但是对那些只具有普通英语能力的人显然不能胜任这种对应于高要求的职位。随着科学技术的不断创新和产业结构迅速变化,这种失业将会越来越加重。

3. **需求不足性失业** 需求不足性失业是指由于劳动力的需求不足,致使劳动力供给大于需求而导致的失业。即在国民经济中需要的劳动力数量少于愿意提供劳动的劳动力数量,从而致使供给过剩,就会产生需求不足性失业。需求不足性失业可分为两种:一是周期性失业,即失业伴随着经济的周期性也表现出一定的周期性。在一个经济周期里,当经济从繁荣到萧条的过程中,经济出现衰退,在这一阶段社会投资降低,社会总支出减少,生产规模缩减,因此,对劳动力的总需求也减少,大量失业产生,这种失业即需求不足性失业。二是增长不足性失业,这种失业产生的原因是社会的总需求及国民经济的增长速度赶不上劳动力供给的增长速度,从而致使劳动力供给过剩而产生需求不是性失业。

4. **季节性失业** 季节性失业是指由于季节性变化等因素而引起的某些部门间歇性需求交化所引起的失业。季节性失业在农业部门表现的比较明显,比如，在冬季，由于季节的原因，农民几乎没有农活可做，这时农村劳动力的失业率会比较高，而在农忙的秋季则会相对较低。

学生活动一

讨论：失业的利与弊。

从利的方面看，一定量的失业人员是市场经济下劳动力的“蓄水池”，它有利于企业根据生产经营状况及时吞吐劳动力；它还有利于单位选择合格的或高素质的劳动力；对失业人员的就业引入竞争机制，又可以促使失业人员努力提高自己的素质；有失业问题存在也使在业人员产业“可能失去饭碗”的危机感，从而努力做好本职工作，争取职业的稳定和收入的提高。这无疑是社会进步所需要的。

从弊的方面看，失业使部分劳动力失去了工作也就失去了生活费的来源，生活水平会降低，其社会地位也会下降。长期失业还会带来婚姻家庭等方面的问题，也会引起失业人员对政府的不满等。失业人员无工作还会在社会上游荡，成为社会不稳定的一个潜在因素。大批人员的失业会降低社会消费水平，从而影响经济的发展速度。因此，不少市场经济国家都把失业问题作为社会发展的“头号敌人”，把降低过高的失业率作为政府工作的重要内容。

三、奥肯定律

劳动力是社会的重要资源，失业即意味着这种特殊的资源的重大浪费。失业对失业者家庭而言，直接上意味着丧失收入来源，生活陷入贫困，进而使失业者承受巨大的内在和外在的压力；间接上表现在对一个国家或地区社会和政治层面的负面影响，如失业率上升会从一定程度上刺激犯罪率上升等，因此，失业具有很强的负面性，对个人家庭及社会均造成极大的损失。失业给社会造成的损失本质上是使社会产量减少，失业率的高低决定着损失的大小。美国经济学家阿瑟·奥肯（A. Okun）在美国总统经济委员会工作期间就失业率与实际国民生产总值增长率两者进行了研究，发现：失业率提高，实际国民生产总值增长率降低；失业率降低，则实际国民生产总值增长率提高，即两者呈反向变动，两者之间的比率为 1∶3，具体表现为失业率每减少 1%，产量增加 3%，这就是著名的奥肯定律。

著名的奥肯定律则告诉我们，失业率与经济增长率之间具有密切的联系，通过经济增长率可以对失业率进行大致的判断。

失业率变动 = −0.5 *（实际 GDP 变动百分比 −3%）

实际 GDP 变动百分比小于 3% 时，失业率上升，等于 3% 时，失业率不变，大于3%时,失业率下降。

实际GDP变动百分比=1%,失业率变动=1%

实际GDP变动百分比=3%,失业率变动=0

实际GDP变动百分比=5%,失业率变动=-1%

第二节 通货膨胀

【导入案例9-2】

"啊,餐费为什么这么贵呢?这比菜单上的价格要贵上好多呀,你算了很多税进去了吗?""哪里,这根本就没有算税,您在点菜后,菜价就涨了,啊,难道我们的员工没有告诉您吗?"在餐厅里,客人和主人争了起来:"这么说来,在我吃饭的中间,价格调整了?""虽然如此,我们餐厅因为通货膨胀,没有别的办法,只有随时调整价格。"

这真是不可思议的一件事情,物价上升得如此之快,难道会快到点菜的时候跟结算的时候价格都不同?万幸的是这不是发生在我们国家的事情,这是1982年某外国人到玻利维亚旅行时发生的事情。该外国人将此事记录下来刊登在《纽约时代》的专栏中。如果您不相信的话,我们来看以下统计资料,玻利维亚1年间的通货膨胀达到了24 000%,也就是说物价每天以65.8%的速度上涨,假定每天营业10小时,那么每小时的物价就以接近7%的速度上涨。照此,点菜的时候跟结算的时候价格怎能一样呢?

(资料来源:郑甲泳.10不如9大[M].徐涛,译.北京:电子工业出版社.)

一、价格水平

价格水平是将一定地区、一定时期某一项商品或服务项目的所有价格用同度量因素(以货币表现的交换价值)加权计算出来的,反映一定地区、一定时期所有这种商品或服务项目综合的平均价格指标。在表现形式上虽然可以用货币量进行表示,但非常抽象。比如,某市2002年9月份全市鸡蛋的价格水平为每千克4.87元,10月的价格水平为每千克4.53元。用10月份的4.53元减去9月份4.87元,可以得出该市全市鸡蛋价格水平10月份比9月份减少0.34元。

价格指数是反映不同时期商品和服务项目价格水平的变化方向、趋势和程度的经济指标，通常以报告期与基准期相对比的相对数值来表示。它是研究价格动态变化的一种工具，它为制定、调整和检查各项经济政策，特别是价格政策提供依据。价格指数，是反映一定时期内商品价格水平变动情况的统计指标，它是一个相对数，而“价格水平”是个绝对数。比如，还以鸡蛋为例，上面的数字反映出10月份比9月份鸡蛋的“价格水平”下降了0.34元，那么，10月份比9月份鸡蛋的价格指数，则用10月份鸡蛋平均价格除以9月份平均价格再乘以100%求得，即：4.53/4.87×100%=93%。也就是说，10月份比9月份鸡蛋价格下跌了7%。商品价格由于受多种因素的影响，可能会上升，也可能会下降。这些商品价格的变动程度，可以通过其本身涨落的多少直接反映出来。但要综合观察这些商品价格的变动对全市商品价格总水平的影响有多大，就必须通过价格指数来显示。

二、通货膨胀的概念

（一）通货膨胀的定义

通货膨胀指所有商品和服务平均价格水平（即一般价格水平）的上升，其实是货币贬值。一般地说，通货膨胀必然引起物价上涨，但不能说凡是物价上涨都是通货膨胀。影响物价上涨的因素是多方面的。①纸币的发行量必须以流通中所需要的数量为限度，如果纸币发行过多，引起纸币贬值，物价就会上涨。②商品价格与商品价值成正比，商品价值量增加，商品的价格就会上涨。③价格受供求关系影响，商品供不应求时，价格就会上涨。④政策性调整，理顺价格关系会引起上涨。⑤商品流通不畅，市场管理不善，乱收费、乱罚款，也会引起商品价格的上涨。可见，只有在物价上涨是因纸币发行过多而引起的情况下，物价上涨才是通货膨胀。但是，从货币增长率变化到物价水平的上涨存在着一定的时滞，在数量上也不一定是1∶1的对应关系，所以，有时称过度的货币增加为通货膨胀压力。经济学上，通常用通货膨胀率以反映通货膨胀、货币贬值的程度，它是货币超发部分与实际需要的货币量之比（通货膨胀率=（现期物价水平－基期物价水平）/基期物价水平）。

【案例分析】

通货膨胀的原因之一

1921年1月的德国，一份报纸售价为0.3马克。而不到两年时间的1922年11月，一份同样报纸的价格为7 000万马克。而当时整个德国所有的物价也都疯狂地升。这是历史上最惊人的通货膨胀事件。类似的情况在20世纪

40年代的中国也发生过。那么,什么是通货膨胀?简单地说就是经济中物价总水平发生大幅度的持续性的上升。又是什么原因引起了通货膨胀?在大多数严重或持续的通货膨胀情况下,罪魁祸首都是相同的货币量的增长。当一个政府发行了大量本国货币时,货币的价值就下降了。政府有各种各样的理由多印钞票,比如,在一些税制不健全的国家,政府为了负担开支,就要通过增印钞票来暗中征税;另外,政府为了增加教育、基础建设或国防的开支,或为了援助灾民,也会增印钞票。增印钞票的理由数之不尽,有些是正当的,有些是不正当的——更准确地说,对某些人来说是正当的,而对另外一部分人来说是不正当的。正当与否,经济学无法作出"科学的"判断。但不管怎样,经济学要指出的是,通货膨胀的成因,就是政府发行了过量的钞票。由于高通货膨胀会给社会带来各种各样的影响福利的成本与代价,所以世界各国都把保持低通货膨胀作为经济政策的一个目标。

(资料来源:黄德林.《西方经济学(宏观部分)》案例分析. http://www.pingu.org/bbs/dispbbs.asp? boardid = 141&id = 402267&replyid = 4502267&star = 1&page = &skin =0.)

【资料链接】

通货膨胀与通货紧缩的关系

1. 联系

①二者都是由社会总需求与社会总供给不平衡造成的,亦即流通中实际需要的货币量与发行的数量不平衡造成的。

②二者都会影响正常的经济生活和社会经济秩序。因此,必须采取切实有效的措施予以抑制。

2. 区别

①含义及实质不同:通货膨胀是指纸币的发行量超过流通中所需要的数量,从而引起纸币贬值,物价上涨的经济现象,其实质是社会总需求大于社会总供给;通货紧缩是指物价总水平在较长时间内持续下降的经济现象,其实质是社会总需求小于社会总供给。

②表现不同:通货膨胀表现为纸币贬值、物价上涨、经济过热的现象;通货紧缩则表现为物价持续下降、市场疲软、经济萎缩的现象。

③原因不同:通货膨胀主要是纸币的发行量大大超过流通中所需要的货币量引起的。另外,经济结构不合理、固定资产投资规模过大、生产资料价格大幅调整、需求膨胀等因素也是引发通货膨胀的重要原因;通货紧缩主要是宏

观经济环境的变化,由卖方市场转变为买方市场引起的,另外,货币供应增长乏力、金融危机等因素也是引发通货紧缩的重要原因。

④危害性不同:通货膨胀的出现,直接引起纸币贬值,物价上涨,如果人们的实际收入没有增长,生活水平就会出现下降,购买力降低,商品销售困难,造成社会经济生活秩序混乱;通货紧缩,物价下降在一定程度上对人民生活有好处,但物价总水平长时间、大范围下降,会影响企业生产和投资的积极性,导致市场销售不振,对经济的长远发展和人民的长远利益不利。

⑤解决办法不同:抑制通货膨胀主要是实行适度从紧的货币政策和量入为出的财政政策,控制货币供应量和信贷规模;抑制通货紧缩主要是采取积极的财政政策和稳健的货币政策,加大投资力度,扩大内需,调整出口结构,努力扩大出口。

(资料来源:黄德林.《西方经济学(宏观部分)》案例分析. http://www.pinggu.org/bbs/dispbbs.asp? boardid = 141&id = 402267&replyid = 402267&star = 1&page = &skin = 0.)

(二)通货膨胀的种类

1. **需求拉动的通货膨胀**　需求拉上的通货膨胀是指总需求过渡增长所引起的通货膨胀,即“太多的货币追逐大小的货物”,按照凯恩斯的解释,如果总需求上升到大于总供给的地步,此时,由于劳动和设备已经充分利用,因而要使产量再增加已经不可能,过度的需求是能引起物价水平的普遍上升。所以,任何总需求增加的任何因素都可以是造成需求拉动的通货膨胀的具体原因。

2. **成本推进的通货膨胀**　成本或供给方面的原因形成的通货膨胀,即成本推进的通货膨胀又称为供给型通货膨胀,是由厂商生产成本增加而引起的一般价格总水平的上涨,造成成本向上移动的原因大致有:工资过度上涨;利润过度增加;进口商品价格上涨。

(1)工资推进的通货膨胀。工资推动通货膨胀是工资过度上涨所造成的成本增加而推动价格总水平上涨,工资是生产成本的主要部门。工资上涨使得生产成本增长,在既定的价格水平下,厂商愿意并且能够供给的数量减少,从而使得总供给曲线向左上方移动。

在完全竞争的劳动市场上,工资率完全由劳动的供求均衡所决定,但是在现实经济中,劳动市场往往是不完全的,强大的工会组织的存在往往可以使得工资过度增加,如果工资增加超过了劳动生产率的提高,则提高工资就会导致成本增加,从而导致一般价格总水平上涨,而且这种通胀一旦开始,还会引起

“工资——物价螺旋式上升”,工资物价互相推动,形成严重的通货膨胀。

工资的上升往往从个别部门开始,最后引起其他部分攀比。

(2)利润推进的通货膨胀。利润推进的通货膨胀是指厂商为谋求更大的利润导致的一般价格总水平的上涨,与工资推进的通货膨胀一样,具有市场支配力的垄断和寡头厂商也可以通过提高产量的价格而获得更高的利润,与完全竞争市场相比,不完全竞争市场上的厂商可以减少生产数量而提高价格,以便获得更多的利润,为此,厂商都试图成为垄断者。结果导致价格总水平上涨。

一般认为,利润推进的通货膨胀比工资推进的通货膨胀要弱。原因在于,厂商由于面临着市场需求的制约,提高价格会受到自身要求最大利润的限制,而工会推进货币工资上涨则是越多越好。

(3)进口成本推进的通货膨胀。造成成本推进的通货膨胀的另一个重要原因是进口商品的价格上升,如果一个国家生产所需要的原材料主要依赖于进口,那么,进口商品的价格上升就会造成成本推进的通货膨胀,其形成的过程与工资推进的通货膨胀是一样的,如20世纪70年代的石油危机期间,石油价格急剧上涨,而以进口石油为原料的西方国家的生产成本也大幅度上升,从而引起通货膨胀。

3.需求拉动和成本推动混合型通货膨胀 在实际中,造成通货膨胀的原因并不是单一的,因各种原因同时推进的价格水平上涨,就是供求混合推进的通货膨胀。假设通货膨胀是由需求拉动开始的,即过度的需求增加导致价格总水平上涨,价格总水平的上涨又成为工资上涨的理由,工资上涨又形成成本推进的通货膨胀。

4.结构型通货膨胀 在没有需求拉动和成本推动的情况下,只是由于经济结构因素的变动,也会出现一般价格水平的持续上涨。这种价格水平的持续上涨叫做结构性通货膨胀。结构性通货膨胀是指由于一国经济结构发生变化而引起的通货膨胀。在整体经济中不同的部门有不同的劳动生产率增长率,但却有相同的货币工资增长率。因此,当劳动生产率增长率较高的部门货币工资增长时,就给劳动生产率增长率较低的部门形成了一种增加工资成本的压力,因为尽管这些部门劳动生产率的增长率较低,但各部门的货币工资增长率却是一致的,在成本加成的定价规则下,这一现象必然使整个经济产生一种由工资成本推进的通货膨胀。这一理论实际上仍是对前两种理论的修改与综合。

5.预期型通货膨胀 在实际中,一旦形成通货膨胀,便会持续一般时期,这种现象被称之为通货膨胀惯性,对通货膨胀惯性的一种解释是人们会对通货膨胀作出的相应预期。预期是人们对未来经济变量作出一种估计，预期往往会根据过去的通货膨胀的经验和对未来经济形势的判断，作出对未来通货膨胀走势的判断和估计，从而形成对通胀的预期。预期对人们经济行为有重要的影响，人们对通货膨胀的预期会导致通货膨胀具有惯性，如人们预期的通胀率为10%，在订立有关合同时，厂商会要求价格上涨10%，而工人与厂商签订合同中也会要求增加10%的工资，这样，在其他条件不变的情况下，每单位产品的成本会增加10%，从而通货膨胀率按10%持续下去，必须然形成通货膨胀惯性。

三、失业与通货膨胀的交替

1958年，菲利普斯根据英国1867—1957年间失业率和货币工资变动率的经验统计资料，提出了一条用以表示失业率和货币工资变动率之间交替关系的曲线。这条曲线表明：当失业率较低时，货币工资增长率较高；反之，当失业率较高时，货币工资增长率较低，甚至是负数。根据成本推动的通货膨胀理论，货币工资可以表示通货膨胀率。因此，这条曲线就可以表示失业率与通货膨胀率之间的交替关系，即失业率高表明经济处于萧条阶段，这时工资与物价水都较低，从而通货膨胀率也就低；反之失业率低，表明经济处于繁荣阶段，这时工资与物价水平都较高，从而通货膨胀率也就高。失业率和通货膨胀率之间存在着反方向变动的关系。

【案例分析】

沃尔克的反通货膨胀

1979年10月，当石油输出国组织在10年内第二次提高石油价格，从而给世界经济带来不利的供给冲击时，美国的通货膨胀达到了无法接受的水平，1980年2月其通货膨胀率达14.9%。当时的美联储主席保罗·沃尔克感到除了实行反通货膨胀的政策之外别无选择。为此，联邦储备委员会采取了强有力的行动，紧缩信贷，同时提高利率。当时的利率甚至达到了超过20%的创纪录水平。由于美联储的这些行动，企业削减了它们的投资，居民减少了他们对汽车和住房等物品的购买。美联储所采取行动的结果是，通货膨胀率从1980年的14.9%下降到1983年和1984年的4%左右。随后美国经济进入80年代的复苏与繁荣。应该说，沃尔克在降低通货膨胀方面确实取得了成功。但另一方面，这一反通货膨胀的胜利却以经济衰退所造成的高失业为代价。在1982到1983年，美国的失业率为10%左右。同时，按实际GDP衡量的物品和劳务的生产大大低于正常的水平，沃尔克的反通货膨胀引起了美国自30年代大萧条以来最严重的衰退。经济学家把通货膨胀减少1%的过程中每年产量(GDP)减少的百分比称为牺牲率。对牺牲率大小的估算并不相同,但都承认有牺牲率的存在。产量的减少则会引起失业率上升,既要降低通货膨胀又要减少失业的好事是不现实的。这也说明了世界上没有免费的午餐,任何成功都必须付出代价。

(资料来源:刘华,李克国.经济学案例教程[M].大连:大连理工大学出版社,2007.)

【小结】

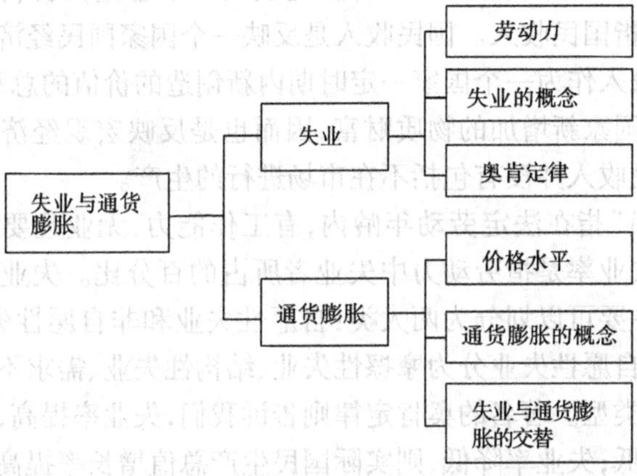

衡量一国的生产总水平或总产出的经济变量有多个,比较重要的两个指标:国民生产总值(GNP)、国内生产总值(GDP)。

20世纪90年代以前,宏观经济分析多采用GNP。GNP表示一国总产出或一国财富量,指一个国家在一定时期内本国居民在国内国外生产的所有物品和劳务的市场价值总额。现实国民生产总值是指实际发生的国民生产总值,按不变价格计算的某一年国民生产总值,只反映产量的变动。潜在国民生产总值,又叫充分就业国民生产总值是指当资源得到充分利用时一国经济能够生产的总产值。

20世纪90年代后,各国普遍采用GDP。GDP指一个国家在一定时期内在其领域范围内,本国居民和外国居民生产的所有物品和劳务的市场价值总额。GDP是用货币来计算的,名义GDP是用生产物品和劳务的当年价格计算的全部最终产品的市场价值,实际GDP是用从前某一年作为基期的价格计算出来的全部最终产品的市场价值。与名义 GDP 相比,实际 GDP 剔除了物价因素更,能反映实际经济增长状况。

GNP,GDP 均是衡量宏观经济的总量指标,其主要区别是两者的统计口径不同,即对资本跨国流动所产生的收益的计量。现在各国都采用 GDP 指标进行统计,因为在开放经济中各国经济都卷入世界贸易中,用 GDP 进行比较比用 GNP 要准确。GNP 与 GDP 之差额,在宏观经济分析中,称为国外净要素收入,用来反映劳务收入和投资收益的净流向——主要是反映投资收益的净流向。当差额为正值时,表明我国在国际分工中处于一定的强势地位。当差额为负时,表明我国在国际分工中处于一定的弱势地位。

国民收入有广义和狭义之分,广义的国民收入泛指国民生产总值、国民生产净值、国民收入、个人收入、个人可支配收入 5 个总量,及其相关指标;狭义的国民收入仅指国民收入。国民收入是反映一个国家国民经济发展水平的综合指标,国民收入作为一个国家一定时期内新创造的价值的总和,能够比较准确地反映这个国家新增加的物质财富,因而也是反映宏观经济效益的综合指标。但是,国民收入并没有包括不在市场进行的生产。

"失业人员"指在法定劳动年龄内,有工作能力,无业且要求就业而未能就业的人员,失业率是指劳动力中失业者所占的百分比。失业类型根据人们的主观意志,主要可以划分为两大类:自愿性失业和非自愿性失业;根据失业的原因可把非自愿性失业分为摩擦性失业、结构性失业、需求不足性失业和季节性失业四种类型。著名的奥肯定律则告诉我们,失业率提高,实际国民生产总值增长率降低;失业率降低,则实际国民生产总值增长率提高。

价格水平是反映一定地区、一定时期所有这种商品或服务项目综合的平均价格指标,价格指数是反映不同时期商品和服务项目价格水平的变化方向、趋势和程度的经济指标。通货膨胀指所有商品和服务平均价格水平(即一般价格水平)的上升,其实是货币贬值。一般地说,通货膨胀必然引起物价上涨,但不能说凡是物价上涨都是通货膨胀,只有在物价上涨是因纸币发行过多而引起的情况下,物价上涨才是通货膨胀。通常用通货膨胀率以反映通货膨胀、货币贬值的程度,它是货币超发部分与实际需要的货币量之比。通货膨胀可分为需求拉动的通货膨胀、成本推进的通货膨胀、需求拉动和成本推动混合型通货膨胀、结构型通货膨胀和预期型通货膨胀。菲利普斯曲线表明:失业率高时,经济处于萧条阶段,这时工资与物价水都较低,从而通货膨胀率也就低;反之失业率低,经济处于繁荣阶段,这时工资与物价水平都较高,从而通货膨胀率也就高。

【复习思考题】

1. 能不能说有劳动能力的人都有工作做了才是充分就业？
2. 摩擦性失业是不是一种自愿失业？为什么？
3. 通货膨胀对经济有哪些影响？

第十章 经济周期与经济增长

一切真正的危机的最根本的原因,总不外乎群众的贫困和他们有限的消费,资本主义生产却不顾这种情况而力图发展生产力。

——马克思

【教学目标】

通过本章教学,应让学习者达到以下目标:

1. 熟悉经济周期与经济增长的含义及类型;
2. 了解经济周期的成因;
3. 理解经济周期各阶段的特征;
4. 了解经济增长模型;
5. 掌握经济增长与科学发展的内容。

【能力标准】

能力元素	能力表现水平描述
经济周期及成因	熟悉经济周期的含义及类型
	能够联系实际分析经济周期各阶段的特征
经济增长与科学发展	熟悉经济增长的含义
	了解经济增长模型对一国居民的意义
	能够结合我国国情分析经济增长与科学发展的内容

第一节 经济周期及成因

【导入案例 10-1】

美国经济大萧条

1929—1933 年美国出现了大萧条。其主要表现是:一是产量和物价大幅度下降。1929 年中期,美国一些主要产品的产量开始下降。到同年秋季,局势已非常明显,无论是制造业,还是建筑业,都在大幅度减少。从 1929 年到 1934 年,美国 GDP 是呈下降趋势的,从 1929 年的 3 147 亿美元下降到 1934 年的 2 394 亿美元,5 年期间下降了 24%。而消费价格指数在萧条期间也一直呈下降趋势,1933 年的 CPI 与 1929 年相比下降了 24.6%。二是股市暴跌。在 1929 年 9 月到 1932 年 6 月期间,股市暴跌 85%。因此,人们几乎把大萧条与股市崩溃当作一回事。而实际上,在股市崩溃之前,经济下降始于 1929 年 8 月,并且持续到 1933 年。股市崩溃只是大萧条的一个重要表现。随后,证券市场终于走向下跌。经过 9 月份逐步下跌和 10 月初局部上升之后,到 10 月末,证券市场陷入了混乱。10 月 24 日,即著名的"黑色星期四"那天,证券交易额达 1 300 万股,证券市场一天之内蒙受的损失开创了历史最高记录。三是奇高的失业率。大萧条带来大量失业。1929—1933 年,GNP 下降约 30%,失业率从 3% 升至 25%。从 1931 年至 1940 年的 10 年间,失业率平均为18.8%,其范围从 1937 年底的 14.3% 到 1933 年高达 24% 之间。现在国际上通常将 12% 的失业率作为临界线,因而大萧条时期持续 10 年之久接近 20% 的失业率确实称得上奇高的失业率。

(资料来源:北京大学中国经济研究中心宏观组. 宏观政策调整与坚持市场取向[M]. 北京:北京大学出版社,1999.)

一、经济周期的概念与阶段

(一) 经济周期的概念

经济周期即商业周期,它是指经济运行中周期性出现的经济扩张与经济紧缩交替更迭、循环往复的一种现象。这种波动可以通过许多系列的统计数字表示出来，如国内生产总值、国民收入、就业量、消费总量、工业生产指数等，通常用国内生产总值的系列数字来表示。

学生活动一

思考：经济周期曲线有什么特点？

（二）经济周期的四个阶段

对于GDP的周期性波动，西方学者认为，可以从其中找到重复出现的型式。虽然重复出现的型式很少是完全相同的，但是，大致可分为萧条、复苏、繁荣、衰退四个阶段。

假定一个经济周期从繁荣阶段开始，这时，经济处于高水平时期，市场需求旺盛，现存的生产能力得到充分的利用，劳动力、原材料和银行贷款开始变得短缺，市场经常出现供不应求的现象，但是投资仍在不断增加。由于投资转变为生产能力需要一段时间，因而需求的增长超过生产的增长，价格水平趋于上涨。当价格水平的上涨变得持续和普遍时，便会发生通货膨胀。

繁荣阶段不可能长期保持下去，当消费趋缓、投资下降时，经济就开始下滑，走向衰退阶段。这时，市场需求疲软，投资也逐步减少，资金周转不畅，订货不足，商品滞销，进而生产下降、失业增多，企业在供、产、销和人、财、物方面都会遇到很多困难。

随着消费的不断减少，产品滞销，价格下降，企业利润减少，致使企业投资进一步减少，相应地，社会收入也不断减少，最终使得经济跌落到萧条阶段。在萧条阶段，经济活动处于最低水平，这一阶段存在大量的失业工人和闲置的生产设备，工厂亏损甚至倒闭，厂商不愿意增加投资，商业银行和其他金融机构的资金贷不出去。

随着时间的推移，现有设备不断损耗和消费引起的库存减少，企业开始增加投资，于是就业开始增加，产量逐渐扩大，经济便进入复苏阶段，此时经济走出萧条而趋于上升。这一阶段闲置的设备得到利用，厂商逐渐增加投资，生产和销售逐渐回升，就业增加，价格有所上涨，整个经济呈现上升的势头。

随着就业与生产的继续扩大，价格上升，经济又走向繁荣阶段，开始了又一个经济循环，如此周而复始，不断进行，每四个阶段构成一个经济周期。其特点是：各个经济周期在持续时间和变化幅度上可以有很大的差别；每个经济周期的高峰并不一定超过上一个周期的高峰，但从整个趋势来看，经济活动水平是在上升的。

学生活动二

思考：我国现阶段经济发展状况有什么特点？处于经济周期的哪个阶段？

【资料链接】

格林斯潘：美金融危机百年一遇　将诱发系列全球动荡

新华网2008年9月15日电　美国联邦储备委员会前主席艾伦·格林斯潘14日说，美国正陷于“百年一遇”的金融危机中；这场危机引发经济衰退的可能性正在增大。

格林斯潘在接受美国全国广播公司采访时说，这是他职业生涯中所见最严重的一次金融危机，可能仍将持续相当长时间，并继续影响美国房地产价格。

格林斯潘认为，这场危机将持续成为一股“腐蚀性”力量，直至美国房地产价格稳定下来；危机还将诱发全球一系列经济动荡。

当被问及美国躲过经济衰退的几率能否超过5成时，格林斯潘回答说，他认为这一几率小于50%。

“我不相信，一场百年一遇的金融危机不对实体经济造成重创，我认为这正在发生。”他说。

格林斯潘还预测，将有更多大型金融机构在这场危机中倒下。

（资料来源：新华网. http://news. xinhuanet. com/fortune/2008-09/15/content_10003938. htm.）

IMF：日本经济陷入“深度衰退”

新华网华盛顿2月5日电　国际货币基金组织（IMF）5日发布报告说，由于全球金融危机对日本出口造成打击，日本经济正经历“深度衰退”。

IMF在一份提交给二十国集团的报告中说，尽管日本并未处于此次全球金融危机的中心，但该国出口因全球需求下滑以及日元大幅升值而受到严重冲击，并导致企业投资和消费者信心大幅下滑。此外，在股市不振情况下，持有大量股权资产的日本各银行继续承受压力。企业破产数量也在上升。

IMF预计，今年日本经济将出现2.5%的负增长，但受日本政府财政刺激措施以及全球经济可能回暖等因素推动，日本经济明年有望温和复苏。

二十国集团将于4月2日在伦敦举行峰会，商讨如何协调应对金融危机和改革国际金融体系。此份报告主要为即将于本周末在伦敦举行的二十国集团财长代表会议做准备。

另据日本内阁府6日公布的统计数据,去年12月份,反映日本当前经济形势的综合指数比前一个月下降2.6,至92.3(2005年为100),表明日本经济正在继续恶化。

(资料来源:新华网. http://news. xinhuanet. com/fortune//2009-02/06/content_10775167. htm.)

二、经济周期的类型

经济学家根据一个经济周期的长短,将经济周期分为长周期、中周期和短周期。

1926年前苏联经济学家康德拉耶夫在其发表的《经济生活中的长波》一文中提出一种为期50年左右的经济周期,称为长周期,还可称为康德拉耶夫周期。

中周期是1860年法国经济学家朱格拉提出的一种为期8~10年的经济周期。该周期是以国民收入、失业率和大多数经济部门的生产、利润和价格的波动为标志加以划分的。故中周期又叫朱格拉周期。

短周期由美国经济学家基钦于1923年提出的,故又叫基钦周期,为期约40个月。

三、经济周期的波动原因

19世纪以来,对导致经济周期性波动的原因,西方经济学家作了不少探讨。哈勃勒受国际联盟(即联合国)委托撰写了一本名为《繁荣与萧条》的著作,他将以往的理论进行总结,把凯恩斯主义以前的各种经济周期的理论分为六大类别。

(一)纯粹货币论

该理论主要由英国经济学家霍特里在1913—1933年的一系列著作中提出的。纯货币理论认为其实经济周期纯粹是一种货币现象,货币供应量和货币流通度直接决定了名义国民收入的波动,而且极端地认为,经济波动完全是由于银行体系交替地扩张和紧缩信用所造成的,尤其以短期利率起着重要的作用。如果货币增加过多,就会使银行利息率降低,信贷放宽,从而使投资增加和经济繁荣,即进入扩张阶段。另一方面,经济的繁荣又会使货币短缺,这样又会引起利息率的提高,抑制投资,使经济进入萧条。随着货币的增减,使国民经济处于周期性的波动中。

(二)投资过度理论

投资过度理论把经济的周期性循环归因于投资过度。由于投资的增加引起对投资品需求的增加以及投资品价格的上升,这样就更加刺激了投资的增加,形成繁荣。但如果投资过多,与消费品生产相对比,资本品生产发展过快,资本品过度增长导致的过剩又会促进经济进入萧条阶段。

(三)消费不足理论

消费不足理论的出现较为久远。早期有西斯蒙第和马尔萨斯,近代则以霍布森为代表。该理论认为,经济中出现萧条的原因是因为消费品的需求赶不上社会对消费品生产的增长,而这种消费不足又根源于国民收入分配不平均所造成的富人储蓄过度。因此解决的办法是实行收入分配均等化的政策。

(四)心理理论

该理论认为,人们对经济前景乐观和悲观预期的交替引起了经济波动。庇古认为,经济高潮时,人们总是对未来有乐观的预期,引起经济过度繁荣,而当过度乐观的情绪及其后果被察觉后,又会变成不合理的过度悲观的预期。由此出现投资的过度下降,造成经济萧条。

凯恩斯认为,预期收益下降和重置成本上升导致资本边际效率下降,资本边际效率递减导致社会总投资、总需求不足,总需求不足形成紧缩缺口,缺口大到一定程度时,就出现经济萧条。萧条期间,获利机会减少,储蓄倾向得到强化,即使利率很低,工商业者也不肯借款,所以,凯恩斯指出:要复苏经济,花钱比储蓄更重要,获利前景取决于需求的增长。

(五)太阳黑子论或农业收获论

该理论由英国经济学家杰文斯于1875年提出的,他把经济的周期性波动归因于太阳黑子的周期性变化。他认为,黑子的周期性变化会影响气候的周期变化,而这又会对农业收成有影响,从而影响工业、商业、工资和购买力、投资等方面。太阳黑子的出现是有规律的,大约每十年出现一次,因而经济周期大约也是每十年一次。

(六)创新论

这一理论是奥地利经济学家熊波特提出的。创新是指把一种新的生产要素和生产条件的“新结合”引入生产体系。熊彼特认为,生产要素新组合的出现会刺激经济的发展与繁荣。某些企业采用了新技术和新发明而获得厚利,当这种创新技术被其他企业效仿,投资急剧增加。需求迅速增加,价格普遍上升，造成经济繁荣。一旦创新中断或被大多数企业获得以致不能称为新技术时，繁荣便走向萧条。当新的“创新浪潮”形成，经济再次出现繁荣。

综合以上各种不同的周期理论，大致可以分为外部因素和内部因素两大类，诸如太阳黑子、科技创新等属外部因素，纯粹货币、心理预期、消费投资等属于内部因素。

第二节　经济增长与科学发展

【导入案例 10-2】

2008 年中国经济增长 9%　对世界贡献超 20%

国家统计局今天公布：2008 年中国经济在困难中保持了 9% 的增长，对世界经济增长的贡献超过 20%。

统计显示，2008 年一季度我国经济增长 10.6%，二季度增长 10.1%，三季度增长 9.0%，四季度增长 6.8%。国家统计局局长马建堂说，由于受国际金融危机的影响，去年第四季度我国经济确实遇到了严峻的挑战，但是，他对未来发展仍充满信心。

国家统计局局长马建堂：我们的信心来自于哪里？来自于中国经济保持平稳较快发展的总体格局没有变。中国有七八亿的劳动力，有 20 多万亿的居民储蓄，基础设施在不断改进。庞大的需求和强有力的、日趋完善的供给结合在一起，结果就是中国经济的持续增长。

2008 年，我国粮食总产量达到 52 850 万吨，实现连续五年增产。工业增加值比上年增长 12.9%，增速比上年回落 5.6 个百分点。中西部地区的投资和工业增长速度都快于东部，这意味着我国在克服经济困难的同时，区域结构在优化。

去年我国城乡消费旺盛，社会消费品零售比上年增长 21.6%，全年物价上涨 5.9%，呈现出前高后低的趋势。2 月份，我国物价曾达到月涨幅的最高点 8.7%，为了遏制通货膨胀，在国家一系列政策的引导下，用了半年的时间，物价就控制到了 5% 以内。

全年进出口总额比上年增长 17.8%；国家外汇储备余额达到 1.95 万亿美元，比上年增长 27.3%；全年城镇新增就业 1 113 万人，城镇登记失业率为 4.2%；城镇居民人均可支配收入 15 781 元，比上年增长 14.5%，农村居民人均纯收入4 761元，比上年增长15%。

（资料来源：新华网. http://news. xinhuanet. com/video/2009-01/23/content_10705576. htm.）

一、经济增长概述

在宏观经济学中，经济增长是指经济社会（一国或某一地区）在一定时期内（通常为一年）国内生产总值或国民收入的增长，即总产出量的增加。经济增长通常用国内生产总值或国民收入的变动率作为衡量指标。经济增长率是指国家在一年内实际总产出的年增长率或人均实际收入的年增长率。

经济增长代表一个国家全民的产出与收入增加，而国家产出增加的原因主要有以下三项：一是生产商品与服务的劳动力增加，二是提供生产所需设备的资本迅速累积，三是技术进步是生产力提高。除此之外，促使资本积累给予技术进步的重要因素来自于储蓄与投资。因为一个高储蓄率的国家，有充沛的资金可供利用，企业家可以由投资金额的增加，迅速累积资本，为自己及企业创造更多的利润，并通过投资引进更新的技术，提高生产力。而生产技术的进步包含了引进新产品、引用新的生产方法、开拓新市场、取得新原料的供给来源及实行新的组织形态等。通过企业家的创业精神与技术创新相互结合，又进一步提升了生产效率，因而提高了经济增长与人均国民收入，“创新”所带来的效益由此可见一斑。20世纪70年代崛起的“亚洲四小龙”（中国台湾、中国香港、韩国、新加坡）即是典型的例子。

然而经济增长还有一项重要的决定因素是“人力资本”，因为人力资本是生产力的来源，而生产力的大小决定了生活水平的高低，通过教育可以改善劳动力的素质，进而推动国家的经济增长。然而事实上，无论是资本累积、技术进步，还是创新与人力资本等因素，都不能独立的促成经济增长，必须多方面配合才能达到。

二、经济增长模型与新增长理论

（一）哈罗德-多马增长模型

该模型是由英国经济学家哈罗德与美国经济学家多马分别提出的，由于其结论基本上一致，故被称为哈罗德-多马增长模型。哈罗德-多马增长模型主要用来分析经济短期和长期稳定增长的条件极其波动因素。

哈罗德-多马增长模型建立在一系列严格假定条件的基础上。主要有：①全社会只生产一种产品，这种产品既可以用于消费也可以作为投资；②生产过程中只有两种生产要素，即劳动 L 和资本 K，且这两种要素之间不能相互替代；③生产的规模收益不变，即当资本和劳动按照同一比例增加时，产出也按这一比例增加；④储蓄在国民收入所占的份额保持不变；⑤劳动力按照一个固定不变的比率增长；⑥不存在技术进步，也不存在资本折旧。在这一系列假定条件下，经济增长率由以下等式决定：

$$G = \Delta Y / Y = s / v$$

式中，ΔY 是产出的改变量；Y 是总产量；G 是经济增长率；s 是储蓄率；v 是资本-产出比率。

根据哈罗德-多马增长模型的假设，资本与劳动的配合比率是不变的，从而资本-产出比率也就是不变的。这样，经济增长实际就取决于储蓄率。这一模型强调的是资本增加对经济增长的作用，分析的是经济增长率与储蓄率和资本-产出比率之间的关系。在资本-产出比率既定的条件下，若要获得一定的增长率，必须维持一定的能被投资吸收的储蓄率；反之，若一定的储蓄率形成的储蓄全部被投资吸收，那么经济必然保持一定的经济增长率。在资本-产出比率不变的条件下，储蓄率越高，经济增长率越高；反之，储蓄率越低，经济增长率也就越低。

(二)新古典增长模型

20 世纪 50 年代，索洛和斯旺等人放弃哈罗德-多马模型中资本与劳动不能互相替代的假设，采用资本和劳动可以互相替代但不完全替代的假设，提出了新的增长理论，认为经济增长取决于资本、劳动、资本与劳动在生产中的组合比例以及技术进步。新古典增长模型的基本假设包括以下几方面：①社会只生产一种产品；②生产过程中只使用两种生产要素，即劳动 L 和资本 K，而且这两种生产要素之间可以互相替代但不完全替代，因而两种要素都服从边际产量递减规律；③生产的规模收益不变；④储蓄在国民收入所占的份额保持不变；⑤劳动力按照一个固定不变的比率增长；⑥不存在技术进步，也不存在资本折旧。

与哈罗德-多马增长模型的假定相比较，新古典增长模型的关键性假定是生产要素之间具有替代性。这一假定使得新古典增长模型得出了与哈罗德-多马增长模型完全不同的结论。

根据上述假定，得出新古典增长模型的基本公式：

$$sf(k) = nk + \Delta k$$

式中，s 为储蓄率；$f(k)$ 是产出量；$sf(k)$ 即表示人均储蓄量；nk 表示新增人口按原有的人均资本占有量配备所需要的资本量，n 是人口增长率，即新增人口在总人口中所占的比重，k 为人均资本的占有量，Δk 表示人均资本的增加量。

这一基本方程式说明,社会的人均储蓄可以被用于两个部分:一部分为人均资本的增加 Δk,即为每一个人配备更多的资本设备,这被称为资本的深化。另一部分是为每一增加的人口配备每人平均应得的资本设备 nk,这被称为资本的广化。大致来说,其意思就是:在一个社会全部产品中减去被消费掉的部分以后,剩下来的便是储蓄;在投资等于储蓄的条件下,整个社会的储蓄可以被用于两个部分:一部分用于给每个人增添更多的资本设备(即资本深化),另一部分则为新生的每一人口提供平均数量的资本设备(即资本的广化)。也就是说,经济社会所有的储蓄被用于资本的广化和深化。

新古典增长模型中所包含的经济稳定增长的条件是:$\Delta k = 0$ 或者 $sf(k) = nk$,即人均资本改变量等于0,或者说,当人均储蓄量恰好等于新增人口所需要的资本量时,经济处于稳定增长状态。

(三)新增长理论——内生增长理论

内生增长理论是产生于20世纪80年代中期的一个西方宏观经济理论分支,其核心思想是认为经济能够不依赖外力推动实现持续增长,内生的技术进步是保证经济持续增长的决定因素。增长理论家主要在完全竞争假设下考察长期增长率的决定。它包含以罗默"收益递增的长期经济增长模式"和卢卡斯"专业化人力资本积累经济增长模式"两条研究思路。其主要贡献在于运用外部效应、不完全竞争及边际收益递增来解释经济增长。

自亚当·斯密以来,整个经济学界围绕着驱动经济增长的因素争论了长达200多年,最终形成的比较一致的观点是:一个相当长的时期里,一国的经济增长主要取决于下列三个要素:①随着时间的推移,生产性资源的积累;②在一国的技术知识既定的情况下,现在资源存量的使用效率;③技术进步。但是,60年代以来最流行的新古典经济增长理论,依据以劳动投入量和物质资本投入量为自变量的柯布-道格拉斯生产函数建立的增长模型,把技术进步等作为外生因素来解释经济增长,因此就得到了当要素收益出现递减时长期经济增长停止的结论。可是,90年代初期形成的"新经济学"即内生增长理论则认为,长期增长率是由内生因素解释的,也就是说,在劳动投入过程中包含着因正规教育、培训、在职学习等等而形成的人力资本,在物质资本积累过程中包含着因研究与开发、发明、创新等活动而形成的技术进步,从而把技术进步等要素内生化,得到因技术进步的存在要素收益会递增而长期增长率是正的结论。当然,许多经济学家早已看到了人力资本和技术进步对经济增长的作用,但是,他们都是把它们看作是外生因素。这样,这两种理论的政策含义出现了分歧:尽管财政经济学家一直认为财政政策能够影响经济增长,但是新古典增长论却认为,长期经济增长完全是由理论本身的外生因素决定的,因此无论采取什么政策，长期增长都不变；而内生增长论则认为，一国的长期增长是由一系列内生变量决定的，这些内生变量对政策（特别是财政政策）是敏感的，并受政策的影响。

我们对内生增长理论所表达的经济增长的原因作出如下简单的非技术性陈述：第一，获取新"知识"（包括革新、技术进步、人力资本积累等概念）；第二，刺激新知识运用于生产（市场条件、产权、政治稳定以及宏观经济稳定）；第三，提供运用新知识的资源（人力、资本、进口品等）。

三、经济增长与科学发展观

在社会发展过程中，经济增长是手段而不是目的，其最终目标是提高全体社会成员的福利。经济增长也不仅是规模的扩大，还包含质量和效益的提高。经济发展并不等于经济增长，它具有更加宽泛的内涵，走科学发展道路的经济增长方式，对经济发展至关重要。

（一）经济增长与经济发展

如果说经济增长是"量"的概念，那么经济发展就是一个比较复杂的"质"的概念。从广泛的意义上说，经济发展不仅包括经济增长，还包括国民的生活质量（包括教育水平、健康卫生标准、人均住房面积等指标）的提高，以及整个社会经济结构与制度结构的总体进步。一般认为，经济发展具有五个方面的特征：一是人均产值增长率较高；二是生产力提高的速度较快；三是经济结构转变的速度快；四是社会结构和思想观念的变化迅速；五是与国外经济的联系加强。总之，经济发展是反映一个经济社会总体发展水平的综合性概念。由于经济发展问题的复杂性，因此，在经济学中有一门学科专门研究经济发展，被称为"发展经济学"。而在宏观经济学中，则重点在于论述经济增长理论。

经济增长是经济发展的前提，只有在一定量的增长的前提下，才有质量的提高，经济发展是经济持续增长的结果。但是，经济增长不等于经济发展，一些经济增长可能会带来经济发展，但也有一些经济增长是高投资、高消耗、高污染下的增长，导致经济结构的扭曲或出现贫富分化、资源破坏、环境恶化等结果，影响发展和可持续发展。

因此，科学发展观要求我们，要在保持一定经济增长的前提下，走一条资源节约型、环境友好型的经济发展道路，要统筹城乡发展、统筹经济社会发展、统筹人与自然和谐发展、统筹国内和对外开放，实现经济社会又好又快发展，实现科学发展。

（二）可持续发展观与科学发展观

传统发展观是18世纪产业革命以来形成的，是一种以经济增长为核心的发展理念。其基本观点是一种经济增长论：一个国家或地区经济活动以工业化为中心内容，一个国家或地区发展以经济增长为主要标志，经济增长的依靠是科学技术，经济增长的标尺是国内生产总值（GDP）和国民生产总值（GNP）。在这样的发展理念的指导下，第二次世界大战战后五十多年的时间里，人类创造了前所未有的物质增长奇迹，但却陷入了"有增长，无发展"的境地。由于自然资源的过度开发与消耗，污染物质的大量排放，导致全球性的资源短缺、环境污染和生态破坏。20世纪七八十年代，人们开始对传统经济发展模式进行反思与创新，逐步探索一种新的发展模式，在提高经济效益的同时可以保护资源、改善环境，于是提出了可持续发展的观念。

早在1972年，在斯德哥尔摩举行的联合国人类环境研讨会上，就提出了"可持续发展"的概念。自此以后，各国致力界定"可持续发展"的含义，现已拟出的定义已有几百个之多，涵盖范围包括国际、区域、地方及特定界别的层面。1987年世界环境与发展委员会在《我们共同的未来》报告中第一次阐述了可持续发展的概念，得到了国际社会的广泛共识，即：既满足当代人的需求，又不对后代人满足其需求的能力构成危害的发展称为可持续发展。它们是一个密不可分的系统，既要达到发展经济的目的，又要保护好人类赖以生存的大气、淡水、海洋、土地和森林等自然资源和环境，使子孙后代能够永续发展和安居乐业。可持续发展与环境保护既有联系，又不等同。环境保护是可持续发展的重要方面。可持续发展的核心是发展，但要求在严格控制人口、提高人口素质和保护环境、资源永续利用的前提下进行经济和社会的发展。发展是可持续发展的前提；人是可持续发展的中心体；可持续长久的发展才是真正的发展。

科学发展观通常是指党的十六届三中全会中提出的"坚持以人为本，树立全面、协调、可持续的发展观，促进经济社会和人的全面发展"。在党的十七大上，胡锦涛总书记在《高举中国特色社会主义伟大旗帜　为夺取全面建设小康社会新胜利而奋斗》的报告中提出，科学发展观第一要义是发展，核心是以人为本，基本要求是全面协调可持续性，根本方法是统筹兼顾，指明了我们进一步推动中国经济改革与发展的思路和战略，明确了科学发展观是指导经济社会发展的根本指导思想，标志着中国共产党对于社会主义建设规律、社会发展规律、共产党执政规律的认识达到了新的高度，标志着马克思主义的中国化，标志着马克思主义和新的中国国情相结合达到了新的高度和阶段。

从传统发展观、可持续发展到科学发展观，实现了从物本发展到人本发展、线性发展观到全面发展、从失衡发展到协调发展、从掠夺式发展到可持续发展的飞跃。科学发展观进一步回答了为谁发展、怎样发展、发展什么等重大问题。

四、转变经济增长方式

经济增长方式,通常指决定经济增长的各种要素的组合方式以及各种要素组合起来推动经济增长的方式。按照马克思的观点,经济增长方式可归结为扩大再生产的两种类型,即内涵扩大再生产和外延扩大再生产。外延扩大再生产就是主要通过增加生产要素的投入,来实现生产规模的扩大和经济的增长。而内涵扩大再生产,主要通过技术进步和科学管理来提高生产要素的质量和使用效益来实现生产规模的扩大和生产水平的提高。现代经济学从不同的角度将经济增长的方式分成两类,即粗放型经济和集约型经济。粗放型经济增长方式是指主要依靠增加资金、资源的投入来增加产品的数量,推动经济增长的方式。集约型经济增长方式则是主要依靠科技进步和提高劳动者的素质来增加产品的数量和提高产品的质量,推动经济增长的方式。

(一)我国经济增长方式的基本分析

从大多数国家的经济发展历史看,工业化从粗放型增长方式起步是一个共同现象。也就是说,在工业化的初期,企业总是倾向于大量使用廉价的资源,最大限度地扩大生产规模,尽快进行资本积累。因此,高投入、高消耗、追求高增长率和大规模生产,是这一阶段工业增长的显著特点。而在发展中国家的工业化初期,除了上述特点外往往还表现出以直接模仿方式,从低端产业或低端产业环节进入获得成熟工业技术、因循发达国家的工业技术路线、以及对资源的高度依赖等特点。作为一个发展中国家,中国的工业化进程也必然具有类似于一般发展中国家的某些共性。

新中国成立初期,由于原有经济基础薄弱,技术水平低下,建立工业化基础的任务紧迫,加上受苏联经济发展模式的影响,在相当长一段时期,经济增长主要通过扩大投资规模、过多依靠各种资源的大量消耗来实现,是典型的粗放型经济增长方式。改革开放以后,经济工作逐步转向以提高经济效益为中心,依靠科技进步和提高劳动者素质的轨道上来,转变经济增长方式取得了明显成效,但总体看,我国的粗放型经济增长方式还没有得到根本性转变。

我国党和政府对转变经济增长方式问题高度重视,早在“九五”计划中就已经明确规定要实现我国经济增长方式由粗放型向集约型的根本转变,“十五”计划又进一步提出了以人为本的思想,要求扭转那种把经济增长特别是GDP增长作为首要的、甚至是唯一的指标,而忽视人与社会的全面协调持续发展的倾向。科学发展观的全新理念更是明确指出,发展应当是全面、协调和可持续的,单纯的经济增长不仅不是发展,甚至还有可能危害发展。

原有的粗放型经济增长方式不适合我国国情,不符合广大人民群众的根本利益。粗放型经济主要是靠资金、劳动力和自然资源等生态要素的粗放投入来实现经济的增长,它具有"高投入、高消耗,低产出、低效率"的特点。就整体而言,目前我国经济增长成本仍高于世界平均水平的25%以上,创造每万元GDP所消耗的能源数量是美国的3倍、德国的5倍、日本的近6倍。显而易见,我国经济增长在相当程度上仍然是依靠高投入、高消耗来实现的。另有统计资料显示,我国资源产出率大大低于国际先进水平,如每吨标准煤的产出率只相当于美国的28.6%、欧盟的16.8%、日本的10.3%,第二产业的劳动生产率相当于美国的1/30、日本的1/18、法国的1/16。由此可见,这种高投入、高消耗并未带来高产出、高效率,相反却是低产出、低效率。

这样一种经济增长方式表面上看是扩大了经济规模,增加了经济总量,但真实的后果却是恶化了环境,造成难以挽回的损失。发达国家在数百年工业化过程中分阶段出现的所有环境问题,短时期内在我国集中发生,使群众健康、社会稳定和经济的长远发展都受到了严重威胁。粗放型经济增长方式严重背离我国的基本国情,因而不具有发展的可持续性。因此,我国切实转变经济增长方式迫在眉睫。

(二)加快转变经济增长方式

转变我国经济增长方式,是维护我国经济安全、提高我国综合国力的客观需要,更是推动经济发展和人口、资源、环境相协调,实现我国经济可持续发展的必然选择。

第一,树立可持续的科学观。面对全球性的资源紧缺,转变经济增长方式是发展经济的唯一出路。要实现经济增长方式的根本性转变,必须摒弃传统的发展思维和模式,坚持以人为本,树立全面、协调、可持续的科学发展观。

第二,深化价格改革。价格机制是改变经济增长方式最有效的经济方式之一,提高资源价格是节约资源的最简单也是最易见的措施。我国的生产要素价格和资源产品价格长期受国家管制,严重偏低。要转变经济增长方式,节约利用资源,提高效率,必须积极推进生产要素和资源产品价格改革,建立反映市场供求状况和资源稀缺程度的价格形成机制。

第三,加快科技进步。通过采用节约资源和保护环境的技术,或限制耗费资源和破坏环境的技术来实现经济增长的低投入、低消耗、高产出、高效益。

第四,依托产业政策,加快调整产业结构。产业政策包括产业结构政策、产业技术政策和产业组织政策。国际经验表明,产业政策仍然是改善宏观管理、促进经济增长方式转变的必要手段。东亚国家和地区在转变经济增长方式时都特别强调资源的合理配置,积极制定、推行产业政策,适时调整产业结构。

第五,发展循环经济。循环经济作为一种新的发展模式,在技术层面上,是在传统工业经济的资本循环、劳动力循环基础上,强调自然资源也参与循环,循环经济的原则是"减量化、再使用、可循环",在制度层面上,还需构建一种新的制度框架,将资源、生态环境纳入市场经济运行机制中。

学生活动三

分析:通过自己所学知识,并查阅资料,分析我国经济增长模式,并谈一谈,我国应如何走科学发展的道路?

【资料链接】

全球失衡危机下的中国发展路径

正当全球金融危机向实体经济纵深蔓延,世界各国全线阻击危机时,美国却抛出了全球失衡的根源是中国等新兴市场国家高储蓄率的论调,将危机的根源归咎于中国,力图推卸肇发危机的责任。

此次全球范围内的经济失衡与此前失衡相比,最大的特征就是日益广泛的全球化背景下国际分工和全球价值体系的不断深化。全球贸易分工和金融分工的严重失衡是危机的根源,而美国在这种失衡上负有根本的责任。

对中国来说,在正确认识这种危机根源的前提下,改善中国在全球贸易和金融分工中的地位,通过结构改革切实发展内需,发展金融市场和人民币区域化国际化,才是告别失衡迈向均衡增长的本义。

1. 什么样的全球失衡

全球为什么会产生储蓄和投资取向的不同模式? 这需要从更深层面,从全球分工体系的结构上去考察。

在全球化浪潮中,分工将世界上的主要经济体分裂成三类国家:以美国、欧盟和日本为代表的资本和消费型国家,以中国和印度为代表的生产型国家,以中东、俄罗斯、巴西、澳大利亚为代表的资源型国家。

在这个日益密切的全球分工体系中,一方面全球生产效率得到极大提升,促进了全球持续20多年的经济繁荣;另一方面,也使全球化的"盈余"分配结果更为悬殊。

在这个国际分工体系中,美国和亚洲的消费-储蓄失衡,美国是双赤字、净负债,亚洲主要新兴市场国家和中东、俄罗斯等石油输出国是贸易盈余,由此产生全球国际收支失衡。但这些都是表象,表象的背后是全球化时代背景下,由于贸易分工和金融分工不断深化导致的全球经济金融结构失衡。

2. 全球失衡的三个根源

是什么导致了全球贸易和金融分工的失衡,进而导致全球经济金融结构的失衡?笔者认为,全球失衡的根源可归结为三点:一是全球分工失衡(贸易分工和金融分工),二是全球化要素流动,三是美元占霸权地位的国际货币体系。

贸易分工和生产分工体系维系着实体经济,金融分工体系维系着虚拟经济,而要素全球化自由流动以及美元主导的货币体系则是这种分工得以实现的基础。

在过去20年里,全球GDP年均增长3.5%,国际贸易年平均增长7%,而国际资本流动增长14%,它揭示的是在当今全球分工不断深化的大趋势下,世界经济中存在着以金融分工和产业与贸易分工为纽带的"双重循环"机制,而恰恰是这两种机制造就了全球的失衡局面。

从全球贸易分工循环来看,随着全球产业与贸易分工体系重组的浪潮一浪高过一浪,美国将传统的制造业、高新技术产业中的生产制造环节,甚至部分低端服务业大规模向外,特别是向有资源优势、成本优势、市场潜力和产业配套能力强的新兴市场地区转移。越来越多的发展中国家在经济全球化浪潮中被不断地纳入由发达国家主导的全球分工体系和生产链条中,包括中国在内的亚洲地区日益成为全球生产制造基地和各类制成品出口基地,在全球贸易中的比重持续上升,贸易顺差不断扩大。

从全球金融分工主导的资本循环来看,以美国为主导的发达国家是全球金融资源的配置者,占据着全球金融分工体系的主导地位。一方面美国等国利用处于金融分工链中高端的优势,试图通过国际资本流动,对世界各国在"生产、消费、投资"运行环节中的比较优势进行重组;反过来,承担物质生产的发展中国家的贸易盈余所形成的储备资产又通过资本流动回流美国。

在全球贸易和金融分工的失衡体系中,中国在贸易体系中积累了大量结余,而又通过金融分工让资本回流美国。实际上在这样的分工体系中,美国获得了大量的益处,而中国则处于越来越不利的地位。

这次危机,则是对美国这种失衡模式的总清算。

美国金融危机是一次累积性的危机,是金融泡沫、赤字经济和美元霸权催生的金融资本主义内在危机和结构性失衡的大爆发。它最突出的表现是美国在生产结构上以金融及相关服务业为主导的第三产业远远大于第一、第二产业;而在价值结构上则是金融资产不断膨胀,金融衍生产品是GDP的7倍左右。相比较而言,美国制造业在GDP中的比重从1990年的24%下降到目前的18%,制造业产出和劳动生产率也长期呈现下滑趋势。

现在金融泡沫破裂，"透支经济"和"赤字经济"得到清算，美国去杠杆化将是一个十分痛苦的收缩过程。

3.需要重新走向平衡

危机使中国经济增长引擎从外需向内需转换的拐点已现。现在由中国生产、美国消费变成由中国自己消费来替代出口、替代美国消费，世界经济需要重新走向平衡，而中国在全球范围内替代美国消费的过程，实际上就是世界经济再平衡的过程。

内需转换关键在于刺激消费型经济增长。大国经济要有大国的消费市场和内需市场，要有与之相匹配的经济结构和金融结构，这需要我国进一步改善社会保障和收入分配体系，改变居民收入占国民收入比重过低以及劳动报酬占初次分配的比重过低的"双低"现状，调整消费和储蓄之间的结构。

我国上一次的扩大内需战略就基本解决了包括高速公路体系、农村电网改造以及扩大大学生招生规模在内的三大社会民生基础设施框架。2009 年，也许正是建立全覆盖的、发展型的福利体系的良好机会。

另外，消费经济的增长一定要有消费型产业结构作为基础。我国政府应制定服务业的中长期发展规划，要从市场开放入手，降低民间资本进入服务业的门槛，为金融、医疗、教育、商务服务以及资讯类产业的发展提供良好的政策和制度环境。

（资料来源：东方网. http://finance. QQ. com. ）

【小结】

从各国经济发展历史来看，经济在沿着经济发展的总体趋势的增长过程中，常常伴随着经济活动的上下波动。且呈现出周期性变动的特征。我们将经济运行中周期性出现的经济扩张与经济紧缩交替更迭、循环往复的现象称为经济周期，也叫商业周期。对于 GDP 的周期性波动，大致可分为萧条、复苏、繁荣、衰退等四个阶段。不同国家不同时段的经济周期长短都有所不同，经济学家根据一个经济周期的长短，将经济周期分为长周期、中周期和短周期。

导致经济周期性波动的原因有很多中说法，西方经济学家对此作了不少探讨。哈勃勒受国际联盟（即联合国）委托撰写了一本名为《繁荣与萧条》的著作，他将以往的理论进行总结，把凯恩斯主义以前的各种经济周期的理论分为六大类别：纯粹货币论、投资过度理论、消费不足理论、心理理论、太阳黑子论或农业收获论、创新论。

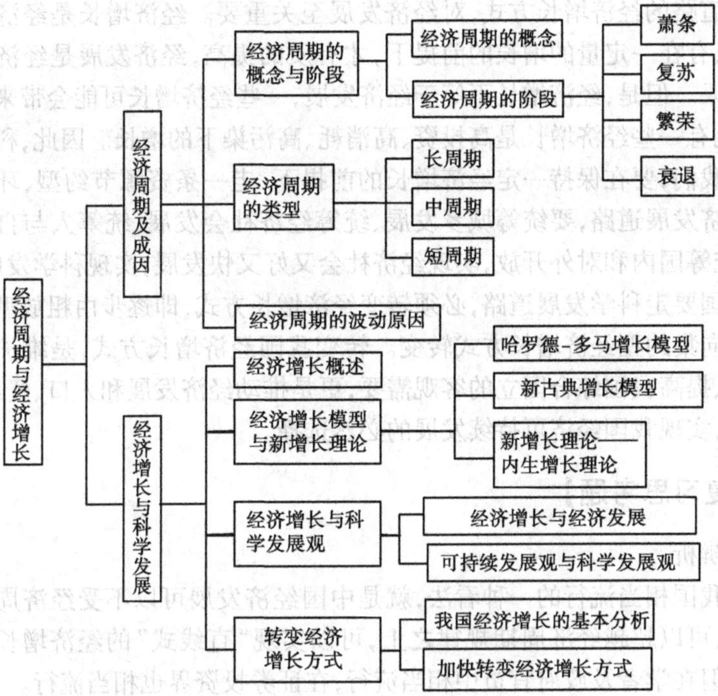

经济永远在萧条、复苏、繁荣、衰退之间循环往复，但从长期看，经济发展总体呈上升趋势，即在社会发展过程中经济不断增长。在宏观经济学中，经济增长是指经济社会（一国或某一地区）在一定时期内（通常为一年）国内生产总值或国民收入的增长，即总产出量的增加。经济增长通常用国内生产总值或国民收入的变动率作为衡量指标。经济增长率是指国家在一年内实际总产出的年增长率或人均实际收入的年增长率。决定经济增长的因素有资本累积、技术进步、创新与人力资本等。

研究经济增长，有几个重要理论：其一是哈罗德-多马增长模型，这一模型强调的是资本增加对经济增长的作用，分析的是经济增长率与储蓄率和资本-产出比率之间的关系。其二是新古典增长模型，大致来说，其意思就是：在一个社会全部产品中减去被消费掉的部分以后，剩下来的便是储蓄；在投资等于储蓄的条件下，经济社会所有的储蓄被用于资本的广化和深化。其三是内生增长理论，其核心思想是认为经济能够不依赖外力推动实现持续增长，内生的技术进步是保证经济持续增长的决定因素。

在社会发展过程中，经济增长是手段而不是目的，其最终目标是提高全体社会成员的福利。经济发展并不等于经济增长，它具有更加宽泛的内涵，走科学发展道路的经济增长方式,对经济发展至关重要。经济增长是经济发展的前提,只有在一定量的增长的前提下,才有质的提高,经济发展是经济持续增长的结果。但是,经济增长不等于经济发展,一些经济增长可能会带来经济发展,但也有一些经济增长是高投资、高消耗、高污染下的增长。因此,科学发展观要求我们,要在保持一定经济增长的前提下,走一条资源节约型、环境友好型的经济发展道路,要统筹城乡发展、统筹经济社会发展、统筹人与自然和谐发展、统筹国内和对外开放,实现经济社会又好又快发展,实现科学发展。

我国要走科学发展道路,必须转变经济增长方式,即逐步由粗放型经济增长方式向集约型经济增长方式转变。转变我国经济增长方式,是维护我国经济安全、提高我国综合国立的客观需要,更是推动经济发展和人口、资源、环境相协调,实现我国经济可持续发展的必然选择。

【复习思考题】

1. 辨析:

在我国相当流行的一种看法,就是中国经济发展可以不受经济周期规律的制约,可以超越经济周期规律之上,可以实现"直线式"的经济增长。这种观点不但在学者及政府官员中相当流行,在证券投资界也相当流行。

2. 青年兴则国兴,青年强则国强。请从经济学角度谈谈,如何认识科学发展观?当代大学生应该如何更好地贯彻落实科学发展观,为祖国的伟大复兴和民族的繁荣昌盛贡献青春和力量?

3. 材料分析:

城市——让生活更美好

2010 年上海世博会将是历史上首届以"城市"为主题的世博会。在上海世博会 184 天的展期里,各国政府和人民将围绕"城市,让生活更美好"这一主题,演绎城市多元文化的融合、城市经济的繁荣、城市的创新、城市社区的重塑和城市与乡村的互动,充分展示城市文明成果、交流城市发展经验、传播先进城市理念。2010 年上海世博会将把创新融入到理念和技术的表现中,勾画出一副未来城市及和谐城市生活的蓝图。

(1)废弃老厂建展馆

2010 年上海世博会园区,横跨黄浦江两岸,沿江规划区内汇聚着众多近现代工业文明遗迹和厂房。会场地内约两万平方米的历史建筑和超过四十万平方米的工业建筑遗产都将受到有效保护和积极利用。

"传承历史文脉,利用历史建筑做世博的展示馆!"上海世博会提出世博历史上一个革命性的理念,上海世博会将承载历史的厚重。有文化遗产的城市,才是有文化的城市。见证了中国工业发展的浦江历史工业建筑群落是这座城市最值得留存的历史记忆。

江南造船厂的大部分建筑将被保留,世博会期间将成为企业馆所在地,而世博会后则将被改建成上海城市的一个新亮点——中国近代工业博物馆群,被长期保留。建于清朝末年的南市发电厂将被改建成未来都市能源提供的展示基地——绿色发电厂,注入风能、地热能、太阳能、生物能等多种元素,并直接为世博园区提供能源供应,充分实践“城市,让生活更美好”的世博理念。矗立了近百年的上钢三厂五金仓库将摇身一变,成为世博会的休闲中心“和兴码头”,昔日钢花飞溅的特钢车间,数年之后,也将变成歌舞升平的“演艺中心”……

据了解,这些老建筑将被用于展馆、管理办公楼、临江餐馆、博物馆等,不仅大幅度降低建设费用,也完成了从工业厂房到博览业之间的转换。

(2)在钢筋丛林里“遨游”

细心的人会发现,世博会规划图的红线,曾经一变再变,直至形成世博会历史上形状最复杂园区。在众多棚户区、工厂犬牙交错的地带建造世博园区就是为了避免乱拆滥建和无谓浪费,为了尽量不影响老百姓的正常生活,为了追求人与人、人与社会的和谐,充分实践“城市,让生活更美好”的世博和谐理念。

据悉,首次在2010年上海世博会上亮相的“城市最佳实践区”,将展示未来城市人们生活、工作、休闲、交通等若干功能的和谐共存,展示各国城市在可持续发展原则下,全新的生态城市生活方式与发展模式的实践,形成“城市,让生活更美好”主题演绎的新亮点。

2010年上海世博会上,中国馆将以“城市发展中的中华智慧”为主题,系统地展示以“和谐”为核心的中华智慧,阐释以中华的智慧建设可持续发展的城市,创造更美好的城乡生活的理念。

(3)生态与科技的交融

世博园内浇灌园林,不再用自来水浇灌,黄浦江水通过生态处理,层层净化后被引入园区。世博会上将展示,通过生态技术,原来干净的黄浦江水在城市被利用后,流出去同样是干净的水。

在城市最佳实践区内,未来世博的智能化生态建筑已见端倪:出门不需要带钥匙,智能终端会根据主人的指纹、声音、脸型来自动识别。室内通风、隔音、窗户、照明、家电家具等都能通过智能化的手段进行调控……城市最佳实践区还将通过展示世博园智能化生态建筑,诠释未来建筑发展水平。

全新的生态城市生活方式与发展模式的实践，形成了上海世博会主题演绎的新亮点。据上海世博会执委会专职副主任钟燕群介绍，2010 年上海世博会的主题馆将以“地球”、“城市”、“人”、“足迹”和“梦想”作为基本元素，体现“更美好的城市、更美好的生活取决于地球、城市和人的良性互动”的理念。

1970—2000 年的历届世博会阐释了“人类对环境”主题，从人主宰自然到人回归自然，城市科技的创新迸发出巨大的活力。创新是世博会亘古不变的灵魂，文化的碰撞与融合，则是世博会一如既往的使命。“以人为本、科技创新、文化多元、合作共赢、面向未来”，2010 年，一曲以“创新”和“融合”为主旋律的交响乐将在上海奏鸣。

中国赢得 2010 年世博会主办权必将对中国社会全面进步、人民生活质量的提高产生推动作用，试问“城市，让生活更美好”如何体现科学发展观的？

第十一章

E.A 宏观经济政策

政府的当务之急，不是要去做那些人们已经在做的事，无论结果是好还是坏；而是要去做那些迄今为止还根本不曾为人们付诸行动的事情。

——约翰·梅纳德·凯恩斯

【教学目标】

通过本章教学，应让学习者达到以下目的：

1. 理解宏观经济政策；
2. 掌握财政政策及运用；
3. 理解货币供应量；
4. 掌握货币政策及运用；
5. 了解财政政策与货币政策的配套。

【能力标准】

能力元素	能力表现水平描述
认识财政政策	掌握宏观经济政策的含义
	掌握宏观经济政策的分类
	了解财政收入、财政支出的内容
	掌握财政政策的运用
认识货币政策	理解货币供应量的含义
	掌握货币政策的内容
	了解财政政策与货币政策如何配套使用

第一节　财政政策

【导入案例 11-1】

宏观经济政策的起源

第一次世界大战后市场经济各国从自由放任转向国家干预始于1930年代。政府系统地调节经济的宏观政策起源于这时的大萧条而不是凯恩斯主义。这场史无前例的大萧条使市场经济各国的经济倒退回第一次世界大战前的水平,失业率高达25%,用当时一位经济学家的话来说,整个社会是“革命就在拐弯处”。面对这种形势,无论有没有凯恩斯主义或其他思想,政府都不能无动于衷,听其自然,各国政府都不得不“亲自”挽救经济。美国罗斯福新政、北欧国家的就业与社会福利政策,英国增加政府投资,都是病急乱求医的做法。并没有系统理论的指导。凯恩斯只不过是把政府已经做过好事加以理论化、系统化,证明这种政府干预的必要性。这正如美国经济学学克莱因(Kawrence Klein,1920—)所说的,是先有国家干预的政策而后有凯恩斯主义,并不是相反。

但凯恩斯主义时战后各国运用宏观经济政策调节经济有重大的影响。美国国会1946年通过的《就业法案》显然就是凯恩斯主义的结果。这个《法案》明确指出:“促进充分就是和生产是联邦政府一贯的政策和变化。”经济学家认为,该《法案》确定了政府对宏观经济状况的变化。但这种责任实际上有两种含义。温和的含义是政府应该避免成为经济波动的原因。根据这种含义,政府宏观经济政策目标应该是稳定。另一有野心的含义是政府应该刺激经济实现增长和充分就业。战后宏观经济政策的目标是逐渐从增长转向稳定的。

在1940年代第二次世界大战快结束时,一些经济学家预言,当战争结束,经济从战时经济转向和平经济时,由于总需求的减少会出现较长时期的萧条。提出这种长期萧条论的是当时著名的凯恩斯主义经济学家阿尔文·汉森(Alvin Hansen,1887—1975)。在这种悲观的气氛下,杜鲁门和艾森豪威尔执政时期,宏观经济政策的目标是要保持增长的。为了实现这一目标,政府增加财政支出,用政府投资来弥补私人投资之不足。例如,艾森豪威尔执政时期政府大量投资于兴建高速公路(因此艾氏有“美国高速公路之父”的称号)。

但是,在托宾这样的凯恩斯主义者看来,美国政府在1950年代的做法“胆子仍不够大,步子也迈得太小”。因为这一时期经济并不够繁荣。他们提出了“新经济学”的思想,强调美国经济能够而且应该实现充分就业的增长目标。他们把美国的潜在GDP定为每年增长3%,低于这一目标就是要用宏观经济政策进行刺激。他们主张财政政策与货币政策双管齐下刺激经济,尤其是财政政策要从惧怕财政赤字的框框下解放出来,用赤字支出刺激经济。这种主张与雄心勃勃地要振兴美国经济的年青总统肯尼迪的思想不谋而合,从而由理论变为政策实践。这时宏观经济政策的目标是增长。用宏观经济政策,尤其是赤字财政政策来刺激经济正是凯恩斯本人思想的原意。1960年代美国的经济政策实现了这一点,所以,美国被称为“凯恩斯主义的实验室”。

(资料来源:21世纪经济报道,2007-07-11.)

学生活动一

问答:宏观经济政策必须要进行调节吗?

一、宏观经济政策

(一)宏观经济政策的含义

宏观经济政策指国家或政府有意识有计划地运用一定的政策工具,通过调节控制宏观经济的运行,以达到一定的政策目标。宏观经济包括整个国民经济或国民经济总体及其经济活动和运行状态,如总供给与总需求;国民经济的总值及其增长速度;国民经济中的主要比例关系;物价的总水平;劳动就业的总水平与失业率;货币发行的总规模与增长速度;进出口贸易的总规模及其变动等。宏观经济政策就是通过对这些活动的调节控制来实行国民经济的发展目标。

(二)宏观经济政策的目标

一般说来,宏观经济政策目标有四个:经济增长、充分就业、价格水平稳定和国际收支平衡。

1. **经济增长**　经济增长是指在一个特定时期内经济社会所生产的人均GDP的持续增长。它包括:一是维持一个高经济增长率;二是培育一个经济持续增长的能力。经济增长通常用一定时期内实际GDP年均增长率来衡量。经济增长会增加社会福利,但并不是增长率越高越好。这是因为经济增长一方面要受到各种资源条件的限制,不可能无限地增长,尤其是对于经济已相当发达的国家来说更是如此。另一方面,经济增长也要付出代价,如造成环境污染,引起各种社会问题等。因此,经济增长就是实现与本国具体情况相符的适度增长率。

2. 充分就业 充分就业是指包含劳动在内的一切生产要素都以愿意接受的价格参与生产活动的状态。充分就业包含两种含义:一是指除了摩擦失业和自愿失业之外,所有愿意接受各种现行工资的人都能找到工作的一种经济状态,即消除了非自愿失业就是充分就业。二是指包括劳动在内的各种生产要素,都按其愿意接受的价格,全部用于生产的一种经济状态,即所有资源都得到充分利用。失业意味着稀缺资源的浪费或闲置,从而使经济总产出下降,社会总福利受损。

3. 物价稳定 物价稳定是指物价总水平的稳定。一般用价格指数来衡量一般价格水平的变化。价格稳定不是指每种商品价格的固定不变,也不是指价格总水平的固定不变,而是指价格指数的相对稳定。价格指数又分为消费物价指数(CPI)和批发物价指数(PPI)。物价稳定并不是通货膨胀率为零,而是允许保持一个低而稳定的通货膨胀率,所谓低,就是通货膨胀率在1% ~3%,所谓稳定,就是指在相当时期内能使通货膨胀率维持在大致相等的水平上。这种通货膨胀率能为社会所接受,对经济也不会产生不利的影响。

4. 国际收支平衡 国际收支平衡具体分为静态平衡与动态平衡、自主平衡与被动平衡。静态平衡,是指一国在一年的年末,国际收支不存在顺差也不存在逆差;动态平衡,不强调一年的国际收支平衡,而是以经济实际运行可能实现的计划期为平衡周期,保持计划期内的国际收支均衡。自主平衡,是指由自主性交易即基于商业动机,为追求利润或其他利益而独立发生的交易实现的收支平衡;被动平衡,是指通过补偿性交易即一国货币当局为弥补自主性交易的不平衡而采取调节性交易而达到的收支平衡。国际收支平衡的目标要求做到汇率稳定,外汇储备有所增加,进出口平衡。国际收支平衡不是消极地使一国在国际收支账户上经常收支和资本收支相抵,也不是消极地防止汇率变动、外汇储备变动,而是使一国外汇储备有所增加。适度增加外汇储备看作是改善国际收支的基本标志。同时由于一国国际收支状况不仅反映了这个国家的对外经济交往情况,还反映出该国经济的稳定程度。

(三)宏观经济政策的分类

为实现上述目标,宏观经济政策主要就是财政政策、货币政策等。

【资料链接】

与金融危机的不利影响赛跑——透析本轮宏观调控政策三大特点

新华社北京2008年11月12日电 面对世界金融危机影响的日益加深，党中央、国务院近日果断决定实行积极的财政政策和适度宽松的货币政策，出台了扩大内需的十项措施。

这一宏观经济政策的重大调整，受到国内外的广泛关注。最近两天，从公布中央决策，到各部门、各地区紧急行动，可以看出本轮宏观调控政策的三大鲜明特点。

出手快、出拳重：凸显速度与力度统一

2008年10月份以来，在世界金融危机的影响下，中国经济形势变化很快。不利的影响从虚拟经济向实体经济蔓延，从东部向中西部扩展，稳定经济增长成为当前宏观调控的首要任务。

与时间赛跑，与金融危机的不利影响赛跑。中央对宏观经济政策的调整迅速出手，坚决有力。

9日向社会公布的国务院常务会议有关精神，包括了财政政策和货币政策的重大调整，以及约4万亿元的投资计划。

按照惯例，像这样重大的宏观调控政策调整，都是在年底召开的中央经济工作会议上公布。然而，形势发展变化很快，中央关于保经济增长的一揽子措施必须尽快公布实施。这种打破常规的做法意味深长。正如外界的评论，就是要"争分夺秒，不贻误时机"。

最近三天来，国务院及相关部委密集召开会议，频出配套政策，提振经济，给人信心。

10日上午，国务院紧急召集省区市人民政府和国务院部门主要负责人在北京开会，部署落实中央政策措施。温家宝总理作重要讲话。

随即，国家发展和改革委员会召开紧急会议，安排今年新增1 000亿元中央政府投资工作，明确要求新增中央投资优先安排符合投向并可以迅速形成实物工作量的在建项目，加大投资力度，加快建设进度，并及时启动符合条件的新开工项目，以形成有效需求、有效拉动。

中国人民银行就落实适度宽松的货币政策提出了明确的措施；财政部就增值税转型改革作出了明确的安排；交通运输部明确了今后两年交通固定资产投资规模1万亿元的建设重点……

解近忧、谋长远：体现快与好的统一

"既解近忧又谋长远，是这次宏观调控政策调整的一大特点。"北京大学国民经济核算研究中心研究员蔡志洲评论说。

投资下滑、出口下滑……这次政策重大调整,就是要扭转经济下滑的势头。

除了国际金融危机的影响外,我国当前还存在着部分行业产能过剩、产业结构亟待升级、低水平建设容易反弹等问题。如果只顾眼前增加投资刺激经济,容易扩大已有问题,给今后发展埋下新的隐患。而这次出台的政策,选准了着力点,强调扩大投资与优化结构并重,把解决眼前问题和有利于长远发展结合了起来。

从十项扩大内需的措施看,除了民生工程外,政府投资的一个重点就是铁路、公路和机场等重大基础设施建设以及农村基础设施建设,这都是为今后增长打基础、为将来发展添后劲的长远之举。

以铁路建设为例,虽然近年来发展迅猛,但从人均水平上看,与国际先进水平还有较大差距。铁路运力不足,特别是煤炭等重要物资的运力瓶颈制约着经济发展。铁路大建设既可以拉动当前经济增长,又开辟了进一步发展的通道。

保民生、促增长:彰显共享与发展统一

"过去我们常说经济发展改善了人民生活,这次政策调整我觉得从某种意义上改变了人们以往观念和思路,其实改善人民生活也是促进经济发展。"中国人民大学公共管理学院副院长许光建说。

从加快建设保障性安居工程,到加大农村沼气、饮水安全工程建设力度;从加强基层医疗卫生服务体系建设、加快中西部农村初中校舍改造,到提高粮食最低收购价格和低收入群体等社保对象待遇水平;从加快城镇污水、垃圾处理设施建设,到加快地震灾区灾后重建各项工作……民生工程被摆在十项扩大内需措施中的首要位置。

1998 年为应对亚洲金融危机也曾采取积极财政政策,大量发行长期建设国债,投入基础产业和基础设施建设,带动经济稳定增长。而这轮积极财政政策投入既突出基础设施建设,又突出了民生工程,尤其是对不发达地区和低收入人群的帮扶更是一个明显的特点。

重大民生工程,首先以政府的投入弥补历史欠账、改善人民生活,还在于能促进经济增长。扩大内需,眼前靠投资,长远靠消费。消费是增长的最终动力。通过建设保障性住房、加快医疗卫生教育事业发展等投资,减少居民特别是低收入群体在教育、医疗和住房方面的支出,增强居民的消费能力和消费意愿,以投资带消费、以消费促增长。

保障和改善民生,是拉动消费、促进发展的重要举措。只有在民生改善中,才能实现经济的长远发展。

（资料来源:赵承,刘铮,宋振远.新华社“新华视点”,2008-11-12.）

二、财政政策

(一)财政政策的含义

财政政策是指以特定的财政理论为依据,运用各种财政工具,为达到一定的财政目标而采取的财政措施的总和。简言之,财政政策是体系化了的财政措施。它是国家(或政府)运用各种财政工具以达到一定财政目标的经济政策,是国家经济政策的重要组成部分,是政府干预经济活动的主要调控手段,其制定和实施的过程也是国家实施财政宏观调控的过程。

财政政策是政府根据一定时期政治经济形势和任务制定的指导财政分配活动和处理各种财政分配关系的基本准则。在现代市场经济条件下,财政政策又是国家干预经济、实现国家宏观经济目标的工具。

(二)财政政策的内容

财政政策包括财政收入政策和财政支出政策两方面。

政府财政收入主要是个人所得税、企业所得税和其他税收。个人所得税是对个人(自然人)取得的各项所得征收的一种所得税。我国个人所得税的纳税义务人是在中国境内居住有所得的人,以及不在中国境内居住而从中国境内取得所得的个人,包括中国国内公民,在华取得所得的外籍人员和港、澳、台同胞。在中国境内有住所,或者无住所而在境内居住满1年的个人,是居民纳税义务人,应当承担无限纳税义务,即就其在中国境内和境外取得的所得,依法缴纳个人所得税。在中国境内无住所又不居住或者无住所而在境内居住不满一年的个人,是非居民纳税义务人,承担有限纳税义务,仅就其从中国境内取得的所得,依法缴纳个人所得税。个人所得税征收范围包括工资薪金所得;个体工商户生产、经营所得;对企事业单位的承包经营、承租经营所得;劳务报酬所得;稿酬所得;特许权使用费所得;利息、股息、红利所得;财产租赁所得;财产转让所得;偶然所得;经国务院财政部门确定征税其他所得。2007年12月29日,十届全国人大常委会第三十一次会议表决通过了关于修改个人所得税法的决定,个人所得税起征点自2008年3月1日起由1 600元提高到2 000元。企业所得税是对企业和其他取得收入征收的一种所得税。我国企业所得税的纳税人是在中华人民共和国境内,企业和其他取得收入的组织。目前包括国有企业、集体企业、私营企业、联营企业、股份制企业、有生产经营所得和其他所得的其他组织。所得税法规定法定税率为25%,内资企业和外资企业一致,国家需要重点扶持的高新技术企业为15%,小型微利企业为20%,非居民企业为20%。其他税收主要是增值税、资源税等。

财政支出也称公共财政支出,是政府为提供公共产品和服务,满足社会共同需要而进行的财政资金的支付。按照不同的划分标准,财政支出有不同的划分,按经济性质将财政支出分为生产性支出和非生产性支出。生产性支出指与社会物质生产直接相关的支出,如支持农村生产支出、农业部门基金支出、企业挖潜改造支出等,非生产性支出指与社会物质生产无直接关系的支出,如国防支出、武装警察部队支出、文教卫生事业支出、抚恤和社会福利救济支出等。按财政支出的经济性质,即按照财政支出是否能直接得到等价的补偿进行分类,可以把财政支出分为购买性支出和转移性支出。其中购买性支出又称消耗性支出,是指政府购买商品和劳务,包括购买进行日常政务活动所需要的或者进行政府投资所需要的各种物品和劳务的支出,即由社会消费性支出和财政投资支出组成。转移性支出是指政府按照一定方式,将一部分财政资金无偿用地、单方面转移给居民和其他受益者,主要由社会保障支出和财政补贴组成。

根据宏观经济形势的变化,政府通过增加和减少财政收入和财政支出来影响宏观经济总量,从而保证经济活动和运行状态的正常实现。

学生活动二

分析:个人所得税的增加或减少对我们有什么影响?对宏观经济又有什么影响?

【资料链接】

我国财政收入形式结构

单位:亿元

年份	财政收入	各项税收	企业收入	企业亏损补贴	能源交通基金收入	预算调节基金收入	教育费附加	其他
1990	2 937.10	2 821.86	78.30	−578.88	185.08	131.21		299.53
1991	3 149.48	2 990.17	74.69	−510.24	188.22	138.53	28.01	240.10
1992	3 483.37	3 296.91	59.97	−444.96	157.11	117.47	31.72	265.15
1993	4 348.95	4 255.30	49.49	−411.29	117.72	102.46	44.23	191.04

续表

年份	财政收入	各项税收	企业收入	企业亏损补贴	能源交通基金收入	预算调节基金收入	教育费附加	其 他
1994	5 218.10	5 126.88		-366.22	53.96	59.10	64.20	280.18
1995	6 242.20	6 038.04		-327.77	17.42	34.92	83.40	396.19
1996	7 407.99	6 909.82		-337.40	3.78	11.09	96.04	724.66
1997	8 651.14	8 234.04		-368.49			103.29	682.30
1998	9 875.95	9 262.80		-333.49			113.34	833.30
1999	11 444.08	10 682.58		-290.03			126.10	925.43
2000	13 395.23	12 581.51		-278.78			147.52	944.98
2001	16 386.04	15 301.38		-300.04			166.60	1 218.10
2002	18 903.64	17 636.45		-259.60			198.05	1 328.74
2003	21 715.25	20 017.31		-226.38			232.39	1 691.93

（资料来源：财政部网站，2005-12.）

三、财政政策的类型及运用

根据财政政策在调节经济总量中的不同功能，可把财政政策划分为扩张性、紧缩性和中性的财政政策。扩张性财政政策就是增加财政支出、减少税收进而扩大赤字，将刺激社会总需求；紧缩性财政政策就是增加税收、减少支出以压缩赤字，则会抑制社会总需求。一般来讲，在经济萧条时期，总需求小于总供给，经济中存在失业，政府就要通过扩张性财政政策包括增加政府支出与减税。减税可以增加企业和居民的可支配收入，从而增加消费和投资；政府支出的增加则直接刺激总需求，从而可能使经济走出萧条。而在经济繁荣时期，总需求大于总供给，经济中存在通货膨胀，政府则要通过紧缩性的财政政策来压抑总需求，以实现物价稳定。紧缩性的财政政策包括减少政府支出与增税。减少政府支出则直接使总需求下降；征税可以减少居民和企业的消费和投资。酌情使用的财政政策是政府根据经济形势的分析，主动采用的增减政府收支的决策。例如，当认为总需求非常低，即出现经济衰退时，政府应通过削减税收、降低税率、增加支出或双管齐下以刺激总需求。反之，当认为总需求非常高，即出现通货膨胀时，政府应增加税收或减少支出以抑制总需求。前者称为扩张性（膨胀性）财政政策，后者称为紧缩性财政政策。究竟什么时候采取扩张性财政政策，什么时候采取紧缩性财政政策，应由政府对经济发展的形势加以分析权衡，斟酌使用。

中性财政政策是指财政的分配活动对社会总需求和总供给保持中性，不对其进行政策性干预。通过财政收支的大体平衡，以保持社会总需求与总供给基本平衡的政策。其政策功能在于保持社会总供求的同步增长，以维持社会总供求对比的既定格局；政策实施表现为财政收支在数量上基本一致。

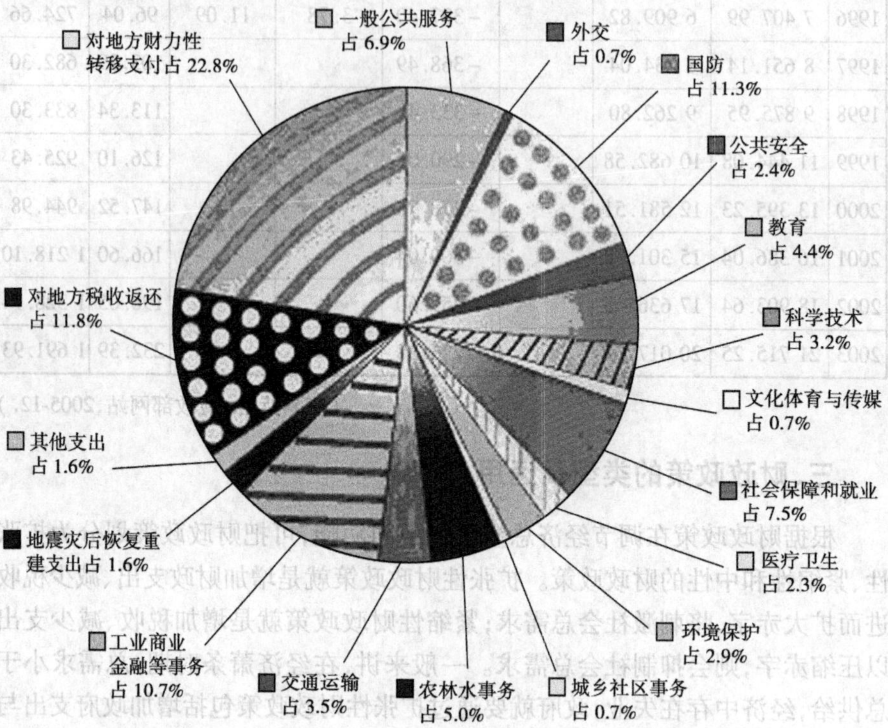

2008 年中央财政支出结构

（资料来源：新华网. www. jyb. cn[2009-03-06].）

【资料链接】

政策刺激 国内车市 2009 年 1 月销量大增

受国家减征小排量汽车购置税等一系列利好因素刺激，以及适逢春节旺销季节，国内车市明显回暖。1 月份多家轿车厂家销量创月度新高，特别是以小排量为主的奇瑞、吉利、比亚迪等自主品牌轿车，势头更猛。

中国汽车工业协会助理秘书长朱一平 5 日表示，由于一些汽车厂家放假时间长，1 月份的产销数字还没有报上来，但从已上报的数字来看，形势还是比较乐观的。

自2009年1月20日起国家减半征收1.6 L以下乘用车购置税后，奇瑞汽车连续5天日销量都超过两千辆，比政策出台前增长50%以上。1月份奇瑞汽车销量超过3.5万辆，创造出1月份销量的新纪录。

今年春节比较早，扣除7天假期，1月份实际销售天数只有24天。尽管天数减少，但是由于春节前消费者集中购买，吉利汽车1月份实现终端销售28 502辆，同比增长14.5%。据比亚迪汽车销售公司总经理助理王建钧介绍，1月份比亚迪F3和F0两款小排量轿车销量近两万辆，创造了月度销量新高。上海通用生产的1.6 L以下轿车凯悦、雪佛兰乐骋、乐风，政策出台前，每天销量在1 100辆左右，政策出台后达到每天1 300多辆。北京现代1月销量达到3.5万多辆，创月度新纪录，其中1.6 L以下排量占了三分之二。由于准备不足，春节前许多城市的经销店都出现断货。

有分析认为，每年春节后国内车市都会处于低潮。今年春节前夕消费者集中释放购买力，2月车市可能会受到一定影响，表现会逊于1月。

（资料来源：四川新闻网-成都商报，2009-02-06.）

第二节　货币政策

【导入案例11-2】

人民币升值牵制货币政策的主动性

近几年，我国一直实行稳健的货币政策，总体来看，金融运行态势良好，确保经济平稳较快发展和价格基本稳定，有力地促进了经济增长方式的转变和经济增长质量的提高。

然而，由于我国出口势头强劲，国际贸易顺差不断上升，加上外商直接投资的持续增长，以及人民币升值预期导致的国际热钱流入等因素，造成我国外汇储备超常规增长，2006年3月末已达8 751亿美元，一跃成为世界之首。这既为我国经济持续快速健康发展提供了坚强的后盾，同时也带来不少新问题，如货币供应量偏大、可能引发通货膨胀等。

商业银行通过结售汇业务获得大量的人民币头寸，加上储蓄的强劲增长，使得商业银行的流动性明显过剩，但由于部分行业产能过剩，加上受资本充足率等约束较强，大量资金在银行体系“空转”。2006年3月末，金融机构人民币存贷差高达10万亿元，占存款余额的32.68%。银行过剩的资金大多涌入债券市场和货币市场，使得债券收益率和货币市场利率持续走低。这样所形成的市场利率既不能反映资金供求的实际状况，更不能发挥其作为重要经济杠杆的调节功能，不利于货币政策的有效传导。

如果针对人民币升值预期引致的外汇占款刚性增长和货币供应的较快增长导致银行信贷扩张，即出现所谓"宽货币、宽信贷"的现象，则有可能引致信贷失控和投资反弹，助长若干行业产能过剩的被动局面，不利于进行结构调整，加大经济运行和宏观调控的压力。

为对冲外汇占款和调控货币供应量，我国央行主要通过发行票据、正回购等手段，吸纳社会过多的流动性。截至 2006 年 4 月 7 日，央行票据存量已达 2.8 万亿元，并呈快速增长之势，使得央行的公开市场操作成为对冲外汇占款的被动工具，货币政策的独立性因而受到了很大的质疑和挑战。而且央行票据成本高、效率低。因此，传统的公开市场操作工具更是缺乏力度，作用有限。

（资料来源：www. tjufe. edu. cn.）

一、货币供应量

（一）货币供应量及其流动性

货币供应量是指某个时点上全社会承担流通和支付手段的货币存量。货币供应量，是指一国在某一时期内全社会承担流通和支付手段的货币存量，它由包括中央银行在内的金融机构供应的存款货币和现金货币两部分构成。

流动性大小是划分货币存量多少的基本依据。所谓流动性，是指一种资产随时可以变为现金或商品，而对持款人又不带来任何损失，货币的流动性程度不同，在流通中的周转次数就不同，形成的货币购买力及其对整个社会经济活动的影响也不一样。一般说来，中央银行发行的钞票具有极强的流动性或货币性，随时都可以直接作为流通手段和支付手段进入流通过程，从而影响市场供求关系的变化。商业银行的活期存款，由于可以随时支取、随时签发支票而进入流通，因此其流动性也很强，也是影响市场供求变化的重要因素。有些资产，如定期存款、储蓄存款等，虽然也是购买力的组成部分，但必须转换为现金，或活期存款，或提前支取才能进入市场购买商品，因此其流动性相对较差，它们对市场的影响不如现金和活期存款来得迅速。

（二）货币供应量的层次划分

按流动性标准划分货币供应量的层次，每一层次的货币供应量，都有特定的经济活动和商品运动与之对应。通过对各层次货币供应量变动的观察，中央银行可以掌握经济活动的状况,并分析预测其变化的趋势。

各个国家划分货币供应量不同层次指标不尽相同。我国从 1994 年第三季度起由中国人民银行按季向社会公布货币供应量统计监测指标。参照国际通用原则,根据我国实际情况,中国人民银行将我国货币供应量指标分为以下四个层次:M_0:流通中的现金;M_1:M_0 + 企业活期存款 + 机关团体部队存款 + 农村存款 + 个人持有的信用卡类存款;M_2:M_1 + 城乡居居储蓄存款 + 企业存款中具有定期性质的存款 + 外币存款 + 信托类存款;M_3:M_2 + 金融债券 + 商业票据 + 大额可转让存单等。其中,M_1 是通常所说的狭义货币量,流动性较强;M_3 是广义货币量,M_2 与 M_1 的差额是准货币,流动性较弱;M_3 是考虑到金融创新的现状而设立的,暂未测算。

(三)货币供应量的大小对宏观经济的影响

宏观经济的运行受到货币供应量的大小的影响,其表现为:货币供应量过大,物价总指数上升且变动较大;货币供应量过小,物价总指数下降且变动较大。说明货币供求不均衡,反之则说明供求正常。

中央银行的宏观调控是控制总量,就是要控制整个银行系统的货币供应量。货币供应量的增长必须与经济增长相适应,以促进国民经济的持续、快速、健康发展。因此,分析某一阶段各个层次的货币供应量是否合理,必须与当时的经济增长幅度相联系,与货币流通速度相联系。

(四)调控机制的一般模式

中央银行对货币供应量的调控机制是指中央银行为控制货币供应量而掌握的各种货币政策工具,并通过货币政策工具起作用,然后再通过特定的市场实现政策目标和各种重任的完整体系。在市场经济国家中,普遍实行的是间接型调控模式。这一模式的特点间接型调控是:它所依存的经济体制是一种发达的市场经济体制;必须有一个相当规模和发育健全的金融市场;中央银行在运用经济手段进行宏观调控的同时,并不排除在特殊情况下利用行政手段进行直接控制的可能性;比较好地尊重微观金融主体的自主权;较好地起到抑制经济波动的缓冲作用。

学生活动三

讨论:货币供应是越多越好,还是越少越好?为什么?

二、货币政策及运用

(一)货币政策的含义

货币政策是指一国中央银行为实行其宏观经济目标而采取的各种控制和

调节货币供应量或信用总量的方针和措施的总称。货币政策是一国宏观经济政策的重要组成部分，是国家实施宏观经济调节、实现宏观经济目标的重要工具之一。它的最终目标与财政政策相同，但不同之处在于：财政政策是直接影响社会总需求的规模，中间不需要任何变量；而货币政策则是通过货币供给量的变化来调节间接地调节总需求，因而货币政策是间接地发挥作用的。

货币政策主要包括信贷政策，利率政策、外汇政策等。央行的信贷政策是为了稳定金融和通货，为国民经济的持续、快速和稳定发展创造良好的货币金融环境，就其信贷政策的对象而言，它不是企业、个人等微观经济主体，而是对政府、商业银行及其他金融机构；利率政策是指中央银行控制和调节市场利率以影响社会资金供求的方针和各种措施。它是中央银行间接控制信用规模的一项重要的手段。在利率体系中，中央银行利率处于主导地位，起关键作用。制定中央银行利率的依据是货币政策目标，市场资金供求关系的变化是中央银行利率政策的重要参数，这种参数对中央银行制定利率政策的重要与否主要取决于一国在多大程度上利用市场机制来调节经济活动。不同的利率水平，体现着不同的政策要求，当政策目标的重点变化时，利率政策也就随之变化。央行的外汇政策，是指中央银行控制和调节外汇行市及汇率，实施外汇管制，控制国际资本流动、平衡国际收支的方针及各种措施。

（二）货币政策工具

1. **公开市场业务**　公开市场业务是指中央银行在金融市场上买进或卖出有价证券。公开市场业务是最重要的货币政策工具。中央银行在金融市场上公开买进或卖出政府债券，通过扩大或缩减商业银行存款准备金，从而导致货币供给量的增减和利率的变化，最终决定物价和就业水平。公开市场业务过程大致如下：当经济过热时，即中央银行认为市场上货币供给量过多，出现通货膨胀，便在公开市场上出售政府债券，承购政府债券的既可能是各商业银行，也可能是个人或公司。当商业银行购买政府债券后，准备金会减少，可以贷款的数量也减少，整个社会的货币供给量将会倍数减少。反之，如果经济萧条时，市场上出现银根紧缩，这时中央银行可在公开市场上买进政府债券，商业银行通过政府的购买增加了准备金，个人或公司出售债券所得现金也会存入银行。这样，各商业银行的准备金即可增加，银行的贷款能力也可以扩大，整个市场的货币供给量倍数增加。同时中央银行买卖政府债券的行为，也会引起债券市场上需求和供给的变化，进而会影响到债券价格和市场利率。有价证券市场是一个竞争性市场。当中央银行购买证券时，证券的需求就增加，证券的价格也随之上升，从而利率下降，利率的下降又会使投资和消费需求上升，从而刺激经济，增加国民收入。反之亦然。因此，中央银行可以通过公开市场业务增加或减少货币供给量,以实现宏观经济调控的目的。

2. **存款准备率** 准备率是指商业银行吸收的存款中用作准备金的比率。中央银行变动准备率可以通过对准备金的影响来调节货币供给量,调整法定存款准备率。中央银行有权在一定范围内调整法定准备金比率,从而影响货币供给量。在经济萧条时,为刺激经济的复苏,中央银行可以降低法定准备率。在商业银行不保留超额储备的条件下,法定准备率的下降将给商业银行带来多余的储备,使它们得以增加贷款。这样,商业银行的存款和贷款将发生一轮一轮的增加,导致货币供给量的增加。货币供给量的增加又会降低利率,从而刺激投资的增加,最终引起国民收入水平的倍数增加。反之,在经济过热时,中央银行可用提高法定准备率的方法减少货币供给,以抑制投资的增长,减轻通货膨胀的压力。

3. **再贴现政策** 贴现政策是贴现商业银行向中央银行贷款的方式。贴现和再贴现是商业银行和中央银行的业务活动之一,一般商业银行的贴现是指客户将所持有的未到期票据,因急需使用资金,而将这些票据出售给商业银行,兑现现款以获得短期融资的行为。商业银行在用现金购进未到期票据时,可按该票据到期值的一定百分比作为利息预先扣除,这个百分比就叫做贴现率。商业银行在将贴现后的票据保持到票据规定的时间向票据原发行单位自然兑现。但商业银行若因储备金临时不足等原因急需现金时,则商业银行可以将这些已贴现的但仍未到期的票据售给中央银行,请求再贴现。中央银行作为银行的银行,有义务帮助解决银行的流动性的职责。这样,中央银行从商业银行手中买进已贴现了的但仍未到期的银行票据的活动就称为再贴现。并且在再贴现时同样要预先扣除一定百分比的利息作为代价,这种利息就叫做中央银行对商业银行的贴现率,即再贴现率。这就是再贴现率的本意。

中央银行通过变动再贴现率可以调节货币供给量。若中央银行感到市场上银根紧缩,货币供给量不足时,便可以降低再贴现率,商业银行向中央银行的"贴现"就会增加,从而使商业银行的准备金增加,可贷出去的现金增加,使整个社会货币供给量倍数增加。反之,若市场上银根松弛,货币供给量过多,中央银行可以提高再贴现率,商业银行就会减少向中央银行的"贴现",于是商业银行的准备金减少,可贷出去的现金也减少,社会上的货币供给量将倍数减少。

【资料链接】

央行决定下调存贷款基准利率和存款准备金率

为进一步落实适度宽松的货币政策,中国人民银行决定:

从2008年12月23日起,下调一年期人民币存贷款基准利率各0.27个百分点，其他期限档次存贷款基准利率作相应调整。同时，下调中央银行再贷款、再贴现利率。

从2008年12月25日起，下调金融机构人民币存款准备金率0.5个百分点。

人民币存贷款基准利率调整表　　单位：%

项　目	调整前	调整后	调整幅度
一、城乡居民和单位存款			
(一)活期存款	0.36	0.36	0.00
(二)整存整取定期存款			
三个月	1.98	1.71	-0.27
半　年	2.25	1.98	-0.27
一　年	2.52	2.25	-0.27
二　年	3.06	2.79	-0.27
三　年	3.60	3.33	-0.27
五　年	3.87	3.60	-0.27
二、各项贷款			
六个月	5.04	4.86	-0.18
一　年	5.58	5.31	-0.27
一至三年	5.67	5.40	-0.27
三至五年	5.94	5.76	-0.18
五年以上	6.12	5.94	-0.18
三、个人住房公积金贷款			
五年以下(含五年)	3.51	3.33	-0.18
五年以上	4.05	3.87	-0.18

（资料来源：中国新闻网. http://www.sina.com.cn[2008-12-22].）

(三)货币政策工具的运用

在经济萧条时，总需求小于总供给，为了刺激总需求，就要采用扩张性的货币政策。即在公开市场买进有价证券、降低贴现率并放松贴现条件、降低准备率等。扩张性货币政策可以提高货币供给量，降低利息率，刺激总需求增长。而在经济繁荣时，总需求大于总供给，为了抑制总需求，就要采用紧缩性的货币政策。即在公开市场卖出有价证券，提高贴现率并严格贴现条件，提高准备率等。紧缩性的货币政策可以减少货币供给量,提高利息率,抑制总需求增长(见表11-1)。

表 11-1 紧缩性的货币政策和扩张性货币政策

经济状况	货币政策	政策的作用
繁荣时期 总需求大于总供给	紧缩性货币政策	减少货币供给量,提高利息率,抑制总需求
萧条时期 总需求小于总供给	扩张性货币政策	增加货币供给量,降低利息率,刺激总需求

学生活动四

问答:中央银行经常调整存贷款基准利率的目的是什么?

三、财政政策与货币政策的配合

(一)财政政策和货币政策配合使用

财政政策和货币政策是国家调控宏观经济的两大政策。总的来说,财政政策和货币政策的调控目标都是一致的,但是财政政策和货币政策各自使用的政策工具和作用不尽相同,各有其局限性。因此,为了达到理想的调控效果,通常需要将财政政策和货币政策配合使用(见表11-2)。

表 11-2 财政政策和货币政策配合

	双松政策	双紧政策	紧财政松货币	紧货币松财政
经济背景	社会需求严重不足,生产资源大量闲置,解决失业和刺激经济增长成为宏观调控首要目标	社会总需求极度膨胀,社会总供给严重不足,物价大幅攀升,抑制通胀成为首要目标	政府开支过大,物价基本稳定,经济结构合理,但企业投资并不旺盛,促使经济较快增长成为主要目标	通胀与经济停滞并存,产业结构和产品结构失衡,治理滞胀、刺激经济增长成为首要目标
具体政策	财政扩大支出降低税率;同时央行采取扩张性的货币政策,增加货币供应,降低市场利率,以抵消财政政策的“挤出效应”	财政削减政府支出,提高税率;央行紧缩货币政策,减少货币供应,调高利率	财政削减政府支出,提高税率	紧的货币政策同时实施减税和增加财政支出,利用财政杠杆调节产业结构和产品结构

(二)中性的财政政策和中性的货币政策

除了以上财政政策与货币政策配合使用的一般模式,财政、货币政策还可呈中性状态。中性的财政政策,指财政收支量入为出、自求平衡的政策。中性的货币政策,是指保持货币供应量合理、稳定地增长,维持物价稳定的政策。若将中性货币政策与中性财政政策分别与上述松紧状况搭配,又可产生多种不同配合。

【资料链接】

财政政策和货币政策的配合方式

据外电报道,中国财政部副部长李勇上周六表示,如果有必要,中国政府将可能调整利率。同时,他还预计中国2006年GDP增长9.5%。李勇是在亚洲开发银行年会上作上述表示的。他还表示,中国政府不支持过快开放中国资本账户,但正考虑发行全球债券。

中国财政部副部长李勇上周四表示,中国政府预计2006年经济增长9.5%,并暗示将在限制投资的基础上,维持经济的强劲增长。中国政府4月27日将1年期贷款利率提高0.27个百分点,以为迅猛增长的投资降温,但维持了存款利率不变,以刺激消费者支出。

今年第一季中国GDP增长达到10.2%。李勇表示,中国将维持紧缩的信贷政策,但将维持货币供应的宽松。李勇是在印度海得拉巴参加亚洲开发银行年会上作上述表示的。他还表示,中国2006年将执行稳健的财政和货币政策。李勇还指出,中国希望实现进出口的平衡,并承认去年中国贸易盈余仍处于高水平。中国致力于增加高科技产品的进口,包括飞机和农产品。

由于出口剧增,2005年中国贸易盈余达到1 020亿美元的纪录高点,增加了和欧美国家在人民币汇率政策方面的紧张关系。美国立法委员指责中国通过维持低汇率水平,来为中国出口商获得了不公平的优势。

(资料来源:中国网,2006-05-08.)

学生活动五

调查实作:财政政策与货币政策的实施会影响企业的生产经营活动,请选择一个企业就此影响进行走访调查,并写出调查报告。

【小结】

宏观调控的目标一般包括经济发展、增长目标，控制通货膨胀和失业率，保证居民收入增长，确保人、资源、自然的和谐。宏观经济政策主要是财政政策、货币政策。财政政策包括政府用财政收入和财政支出两方面。财政收入主要是税收，财政支出有政府公共工程支出、政府购买，以及转移支付。货币政策工具包括调整再贴现率、进行公开市场业务和改变法定准备率。宏观财政政策和宏观货币政策各有自己的特点，在不同的情况下效果也各不相同。因此，政府在调节政策干预经济活动时，应配套使用。

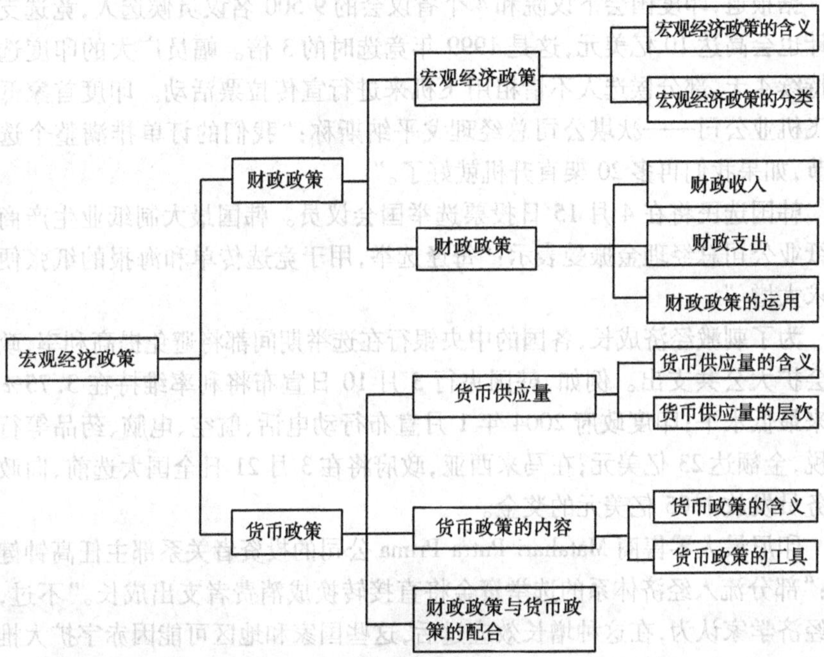

【复习思考题】

1. 案例分析：

政府增加政治支出　大选因素刺激亚洲经济增长

2004 年是亚洲的大选年，印度、印尼、日本、马来西亚、菲律宾、斯里兰卡、韩国都将举行大选，数量创下历史纪录。这几个国家和地区的总人口达到 16 亿，占全球总人口的 25%。此间经济学家认为，这些国家和地区的政府为保住政权，在选举年将会增加政府支出和避免提高利率，这将有助于刺激企业获利与经济增长。

将于2004年5月10日举行总统大选的菲律宾，全国最大的电视广播网ABS-CBN可望因候选人购买政治广告而大大增加利润。在印尼，候选人以赠送速食面、茶包、果汁和香烟的手段来拉拢选民，使烟草、食品等商品的销路非常看好。

据渣打银行雅加达分行的经济学家艾奇森估计，全球第4人口大国印尼花在4月5日举行国会大选和7月5日首度直选总统的“政治支出”，可能高达10亿美元。

据报道，印度国会下议院和4个省议会的9 500名议员候选人，竞选支出估计也会高达10亿美元，这是1999年竞选时的3倍。幅员广大的印度选举将持续4天，部分候选人不惜租用飞机来进行宣传拉票活动。印度首家低成本飞机业公司——狄堪公司总经理戈平纳斯称：“我们的订单排满整个选举季节，如果我们再多20架直升机就好了。”

韩国选民将在4月15日投票选举国会议员。韩国最大制纸业生产商韩松纸业公司总经理金振曼表示：“每逢选举，用于竞选传单和海报的纸张便会需求大增。”

为了刺激经济成长，各国的中央银行在选举期间都将避免提高利率，政府也会扩大公共支出。例如，韩国央行3月10日宣布将利率维持在3.75%的历来最低水平；印度政府2004年1月宣布行动电话、航空、电脑、药品等行业减税，金额达23亿美元；在马来西亚，政府将在3月21日全国大选前，向政府公务员发放1.05亿美元的奖金。

印尼最大零售商Matahari Putra Prima公司的投资者关系部主任高钟健表示：“部分流入经济体系的选举资金将直接转换成消费者支出成长。”不过，此间经济学家认为，在这种增长效应过后，这些国家和地区可能因赤字扩大推动利率上扬，进而使经济增长速度放缓。新加坡摩根大通银行资深经济学家马力克称：“选举对市场而言是短期利多，政府方面必须当心对财政造成压力。”

（资料来源：中华工商时报，2004-03-18.）

问题：(1)本案例主要说明了哪些问题？

(2)各国采用扩张性的财政政策的目的是什么？

2. 辨析：

(1)不同的政策工具可以达到相同的政策目标。

(2)流动性越高，对经济的正面作用就越大。

(3)财政政策和货币政策会产生相反的作用,而相互抵消。

(4)扩张性的财政政策包括增加政府支出和增税。

3. 资料获取:货币政策的三大工具是公开市场业务、存款准备率、再贴现政策,请自己去查找并选取三大工具的实际应用案例,并说明它们的目标是什么?

4. 实作:探讨在我国当前经济形势下,宏观经济政策中的财政政策与货币政策的配合,针对这些政策,我们应当作出怎样的决策?

第十二章

国际贸易与国际收支

国际贸易的利益在于:生产要素能在全球范围内被更加有效地利用。

——约翰·斯图亚特·穆勒

【教学目标】

通过本章教学,应让学习者达到以下目的:

1. 了解经济全球化的趋势;
2. 掌握基本的国际贸易术语;
3. 理解国际贸易基本理论;
4. 掌握国际贸易基本制度;
5. 掌握国际收支、汇率的含义;
6. 了解国际收支平衡表的组成;
7. 掌握汇率的相关应用。

【能力标准】

能力元素	能力表现水平描述
国际贸易认知	了解国际贸易的基础概念以及划分标准
	理解国际贸易的三个基础理论
	掌握关税及非关税壁垒的概念和应用
	掌握倾销与反倾销的概念和应用
	了解国际贸易中出口补贴政策的分类

续表

能力元素	能力表现水平描述
国际收支认知	掌握国际收支的含义及运用
	了解国际收支平衡表的组成
	理解国际收支顺差和逆差
	掌握汇率的概念
	了解汇率的分类
	掌握影响汇率变动的因素
	明确汇率变动对经济的影响

第一节 国际贸易

【导入案例 12-1】

贸易与世界经济一体化

在日常生活中,我们很容易忽视国际贸易的重要性。美国向其他国家输出大量的食品、飞机、计算机和机械;作为回报,我们得到大量的石油、鞋子、汽车、咖啡以及其他产品和服务。尽管美国人为自己的创造才干而自豪,但冷静反省一下,自己所消费的很多东西,包括火药、古典音乐、钟表、铁路、青霉素以及雷达等,都是来自于远方那些也许已被遗忘了的人们的聪明才智。而如今,随着信息技术的迅猛发展、国际贸易的不断扩大,世界经济一体化趋势已势不可挡。

生产经营世界化、经济活动全球化、跨国公司国际化以成为当代经济的潮流。目前,各国公路上奔驰的汽车,办公桌上的各种电子计算机,以及居民家中的诸多电器设备,虽然标明美国、日本、德国制造,但其中许多部件是在他国生产的。如波音公司将要推出的下一种型号的客机,将在华盛顿和日本设计,在西雅图组装,尾部整流器将来自加拿大,机尾部分产于意大利,发动机则由英国制造。许多电子产品同样是由多国共同生产的世界产品。例如,日本生产的袖珍计算器,其微处理器芯片来自美国,外壳由印度生产,一部分零件由韩国采购,在新加坡、印度尼西亚或阿尔及利亚装配,然后贴上"日本制造"的商标,最后销往世界各地。

根据联合国有关统计资料,世界各国出口总额占全球国民生产总值的比重,1970 年为 11.4%,1980 年为 14.1%,1990 年增加到 16.2%,预计到 2000 年将达到 30%。一些石油输出国与欧盟国家的外贸出口占本国国内生产总值的比重将高达 50%左右。

跨国公司的发展使许多企业的"国籍"模糊了,汽车工业已成为"国籍"最模糊的产业部门之一。美国前劳工部长罗伯特·赖克在《国家的任务》一书中说:"当美国人用 1 万美元从通用汽车公司购买一辆庞蒂克勒曼库牌汽车时,其中 3 000 美元是支付给韩国装配工人的,1 750 美元付给日本零件制造商,700 美元是德国设计师的报酬,400 美元是用来购买新加坡、中国台湾的零部件,250 美元是付给英国的广告商,余下不到 4 000 美元才能供底特律的通用汽车公司以及纽约的银行、保险公司分享。这代表了今天全球汽车产业的关系网……这个美国名牌企业含有的本国成分实在愈来愈少了。"

(资料来源:重庆城市管理职业学院经济学资料库.)

学生活动一

列举你所知晓的跨国公司名字并介绍这家公司生产或提供的产品和服务。

一、国际贸易术语

国际贸易(International Trade)是指不同国家(和/或地区)之间的商品和劳务的交换活动。国际贸易是商品和劳务的国际转移,所以国际贸易也叫世界贸易。国际贸易是在一定的历史条件下产生和发展起来的,要了解它,我们先从一些术语入手。

(一)出口和进口

出口指将本国生产的商品或服务卖给别的国家,即将本国生产的商品或劳务输往其他国家的行为,比如,中国企业把在国内生产的彩电销往美国的行为。

进口是指本国从其他国家购入的商品和服务,即从外国输入商品或劳务的行为,比如,我国向欧洲购买"空客"飞机的行为。

(二)贸易差额

贸易差额是一国在一定时期内出口总值与进口总值之间的差额。

进出口贸易收支是一国国际收支中经常项目的重要组成部分,是影响一个国家国际收支的重要因素。当出口总值与进口总值相等时,称为贸易平衡。当出口总值大于进口总值时,出现贸易盈余,称贸易顺差或出超,贸易顺差通常以正数表示。当进口总值大于出口总值时,出现贸易赤字,称贸易逆差或入超,贸易逆差通常以负数表示。

【资料链接】

数据显示,2008 年 1 至 12 月我国进出口总值累积 25 616.32 亿美元,同比增加 17.8%;其中出口总值为 14 285.46 亿美元,同比增加 17.2%;进口总值为 11 330.86 亿美元,同比增加 18.5%。全年实现贸易顺差 2 954.59 亿美元。

(资料来源:人民网,2009-02-27.)

(三)净出口和净进口

就整个对外贸易或某一行业而言,当出口总值大于进口总值时,出现的贸易顺差即是净出口。当进口总值大于出口总值时,出现的贸易赤字即是净进口。

就具体商品而言,一国在一定时期内(如一年),对某一商品往往既有出口又有进口,如果该商品的出口数量大于进口数量,其差额即为净出口;反之,如果该商品的进口数量大于出口数量,即为净进口。

学生活动二

资料查询:搜集中国与美国在 2005—2008 年的贸易往来情况,并作趋势性分析。

(四)国际贸易值与对外贸易额

对外贸易值,也叫国际贸易值,是以货币表示的对外贸易总值。一定时期内一国从国外进口的商品的全部价值,称为进口贸易总额或进口总额;一定时期内一国向国外出口的商品的全部价值,称为出口贸易总额或出口总额。两者相加为进出口贸易总额或进出口总额,是反映一个国家对外贸易规模的重要指标。一般用本国货币表示,也有用国际上习惯使用的货币表示。联合国编制和发表的世界各国对外贸易值的统计资料,是以美元表示的。2007 年,我国出口额占世界出口总额的比重达到 8.8%,世界排名跃居到第二位,同时进口额占世界进口总额的比重 2007 年也达到 6.7%,位居世界第三位。

对外贸易量,以货币所表示的对外贸易值经常受到价格变动的影响,因而不能准确地反映一国对外贸易的实际规模,更不能使不同时期的对外贸易值直接比较。为了反映进出口贸易的实际规模,通常以贸易指数表示,其办法是按一定期的不变价格为标准来计算各个时期的贸易值,用进出口价格指数除进出口值,得出按不变价格计算的贸易值,便剔除了价格变动因素,就是贸易量。然后,以一定时期为基期的贸易量指数同各个时期的贸易量指数相比较,就可以得出比较准确反映贸易实际规模变动的贸易量指数。

(五)复出口和复进口

复出口是指外国商品进口以后未经加工制造又出口,也称再出口。复出口在很大程度上同经营转口贸易有关。

复进口是指本国商品输往国外后,未经加工又输入国内,也称再进口。复进口多因偶然原因(如出口退货)所造成,但也可能是由于价格或其他并非偶然的原因造成。

1980 年,中国国货出口复进口仅有 0.24 亿美元,大部分来自海外退货。从 1981 年以后,国家为鼓励出口,调整了外贸税收政策,外贸企业出口材料、零部件、初级形态制成品和半制成品可以直接获得出口退税。企业再通过加工贸易方式进口,又可以享受减免关税和增值税的优惠。企业通过这一进一出,既可以得到减免的增值税又可以得到出口退税,最多可以获得两至三成的利润。据海关统计,到 2006 年末,国货出口复进口的年度累计达到 733.6 亿美元,已经超过了中国全年从美国的进口额。

(六)有形贸易、无形贸易

有形贸易指商品的进出口贸易,即货物贸易。由于商品是可以看得见的有形实物,故商品的进出口被称为有形进出口,即有形贸易。

国际贸易中的有形商品种类繁多,为便于统计,联合国秘书处于 1950 年起草了《国际贸易标准分类》,分别在 1960 年和 1974 年进行了修订,1985 年正式施行 SITC 第 3 版。2006 年制定 SITC 第 4 版(SITC, Revision 4)与另一贸易商品分类制度即《商品名称及编码协调制度国际公约》最新的 2007 版相配合,于 2007 年 1 月 1 日起施行。

在 SITC 第 4 版中,国际贸易商品分为 10 大类、67 章、262 组、1 023 个分组和 2 970 个基本项目。这 10 类商品分别为:0. 食品及主要供食用的活动物;1. 饮料及烟类;2. 燃料以外的非食用粗原料;3. 燃料、润滑油及有关原料;4. 物油脂、油脂和蜡;5. 化学品及有关产品;6. 按原料分类的制成品;7. 机械及运输设备;8. 杂项制成品;9. 没有分类的其他商品。为了简便,人们一般把 SITC 的 0 到 4 类商品称为初级产品,把 5 到 8 类商品称为制成品。但需注意的是,这种初级产品和制成品的分类是一种粗略的分法,严格的区分还需作细类的调整。

2005年1月,世界海关组织(WCO)正式发布了2007年版《协调制度》(简称HS07)。与2002年版相比,共有354组编码进行了修订(农产品41组;化工产品75组;纸品13组;纺织品46组;贱金属产品20组;机器设备57组;涉及其他方面的102组)。修订后,协调制度6位数编码总数从5 224个减少到5 052个。2007年1月1日起,各国实施经第4次修订的2007年版HS商品分类编码体系。

无形贸易是"有形贸易"的对称,指劳务或其他非实物商品的进出口而发生的收入与支出。主要包括:①和商品进出口有关的一切从属费用的收支,如运输费、保险费、商品加工费、装卸费等;②和商品进出口无关的其他收支,如国际旅游费用、外交人员费用、侨民汇款、使用专利特许权的费用、国外投资汇回的股息和红利、公司或个人在国外服务的收支等。以上各项中的收入,称为"无形出口";以上各项中的支出,称为"无形进口"。

有形贸易因要结关,故其金额显示在一国的海关统计上;无形贸易不经过海关办理手续,其金额不反映在海关统计上,但显示在一国国际收支表上。

(七)服务贸易

又称劳务贸易,指国与国之间互相提供服务的经济交换活动。据《服务贸易总协定》下的定义,服务贸易是指:"从一成员境内向任何其他成员境内提供服务;在一成员境内向任何其他成员的服务消费者提供服务;一成员的服务提供者在任何其他成员境内以商业存在提供服务;一成员的服务提供者在任何其他成员境内以自然人的存在提供服务。"

服务部门包括如下内容:商业服务、通信服务、建筑及有关工程服务、销售服务、教育服务、环境服务、金融服务、健康与社会服务、与旅游有关的服务娱乐、文化与体育服务、运输服务等。

【资料链接】

我国服务贸易的现状

商务部最新公布的数据显示,2008年中国服务贸易(按国际收支口径统计,不含政府服务)进出口总额为3 044.5亿美元,比2007年增长21.3%。而据世界贸易组织(WTO)3月23日发布的2008年世界贸易状况和2009年前景展望报告,2008年世界服务贸易进出口总额为72 000亿美元,比2007年增长11%。

商务部分析认为，这一数据说明，尽管面临着国际金融危机的不利形势，中国服务贸易增长仍然远远高于世界平均水平。

2008年中国服务贸易进出口的主要特点之一，就是进出口规模继续增长，服务出口排名上升，但进出口增幅出现回落。据统计，2008年中国服务贸易出口额达1 464.5亿美元，世界排名由2007年的第七位上升至第五位，同比增长20.4%，增幅回落12.7个百分点；服务贸易进口额达1 580亿美元，稳居世界第五位，同比增长22.2%，增幅回落6.6个百分点。

与此同时，2008年中国服务贸易进口增速快于出口，逆差规模进一步扩大。当年服务贸易逆差115.6亿美元，比上年增长51.9%。从行业来看，运输、保险、金融、专有权利使用费和特许费这4个服务贸易行业出现逆差。其中，运输逆差为119.1亿美元，与上年基本持平；保险逆差为113.6亿美元，同比增长16.4%；专有权利使用费和特许费逆差为97.5亿美元，同比增长24.2%；金融逆差为2.5亿美元，同比减少23.9%。

据了解，2008年中国服务贸易有8个行业实现顺差，其中建筑、旅游、咨询、计算机和信息、其他商业服务为顺差规模前5的行业，合计实现顺差212.3亿美元。

（资料来源：经济日报，2009-05-16.）

（八）知识产权贸易

根据关贸总协定乌拉圭回合达成的"与贸易有关的知识产权协议"，知识产权包括如下内容：版权、专利、商标、地理标志、工业设计、集成电路、外观设计（分布图）等，是一种受专门法律保护的重要的无形财产。

知识产权贸易，有广义与狭义之分，狭义的知识产权贸易是指以知识产权为标的的贸易，主要包括知识产权许可、知识产权转让等内容，即企业、经济组织或个人之间，按照一般商业条件，向对方出售或从对方购买知识产权使用权的一种贸易行为。广义的知识产权贸易，是指含有知识产权的产品（知识产权产品、知识产品），特别是附有高新技术的高附加值的高科技产品，如集成电路、计算机软件、多媒体产品、视听产品、音像制品、文学作品等的贸易行为。

学生活动三

“山寨手机”、“山寨明星”、“山寨春晚”……社会上悄然刮起了一股“山寨风”。山寨手机,不仅在国内不断扩张市场,甚至已经走出国门,销往海外。面对这些“山寨”现象,一些人趋之若鹜,认为这是草根文化的发扬、平民创新的成果;另一些人则嗤之以鼻,认为其不过是低级的模仿和复制,甚至是公然的剽窃和侵权。

(资料来源:人民网.)

讨论:如何看待“山寨现象”?“山寨”是创新还是侵犯他人的知识产权?

二、国际贸易的理论依据

国际贸易与国内贸易在本质上是相同的,都是研究商品以及资本的流动。只是国际贸易需要跨越国界,而世界上国与国之间因为法律、语言、制度、习俗等存在差异极大地限制了国际商品资本的自由流动,因此,贸易中的困难和风险比国内贸易大得多。

(一)比较优势原理

所谓比较优势是指,一国在所有商品上的劳动生产率都要低于另一国,即所有商品的生产均处于绝对劣势,但是相对劣势较小的商品较之那些相对劣势较大的商品而言,即具有比较优势。

比较优势还可以用相对劳动生产率,相对劳动生产率是不同产品劳动生产率的比率,或两种不同产品的人均产量之比。

即使一国在两种商品的生产上较之另一国均处于劣势(即无绝对优势),仍有可能有互利贸易,一国可以专门生产、出口它的绝对劣势相对小一些的商品(即具有比较优势的产品),同时进口其绝对劣势相对大的商品(即具有比较劣势的商品)。也就是中国古训所云:“两利相权取其重,两弊相权取其轻。”

比较优势理论说明,在国际分工前提下,各国专门生产该国最擅长、最有效率的产品,接着换取他们无法生产或生产效率较低的产品,然后互相交换,最终大家都有利可图。比较优势理论在国际贸易理论中具有重要的地位,是自由贸易政策的重要理论依据。

学生活动四

美国经济学家丹尼尔·哈莫米斯与杰文·比德尔在1994年第四期《美国经济评论》上发表了一篇调查报告,根据这份调查报告,漂亮的人的收入比一般的人高5%左右,长相一般的人又比丑陋的人收入高5%~10%。试分析这种现象背后的原因。

(二)机会成本理论

在现实经济生活中,要衡量生产某种商品的所耗费的资源成本是相当困难的,为此,1936年哈伯勒(Haberler)用机会成本理论解释了比较优势原理。用机会成本理论解释比较优势原理,有时也被称作比较成本原理。

比如,英国生产一单位呢绒需要100单位劳动,生产一单位酒需要120单位劳动。葡萄牙生产一单位呢绒需要90单位劳动,生产一单位酒需80单位劳动。对英国而言,多生产1单位呢绒的机会成本=0.83单位酒;对葡萄牙而言,多生产1单位呢绒的机会成本=1.125单位酒,对比机会成本,0.83<1.125,即英国生产呢绒的机会成本低,所以英国的呢绒具有比较优势。

由以上事例说明,只要两国存在成本上的差异,即使其中一国处于完全的劣势,国际贸易仍会发生,而且贸易可以使所有国家获利。

所以我们得出机会成本理论的主要内容,如果一国在一种产品的生产上有较低的机会成本,而另一国在另一种产品的生产上有较低的机会成本,那么两国应各自专门生产自己机会成本较低的产品。这种生产上的重组会扩大整个世界经济的规模,通过贸易,两国的福利水平都会提高。

(三)资源赋予学说

该学说由瑞典人赫克歇尔和俄林提出,所以也称"赫克歇尔-俄林定理"。俄林批判地继承了大卫·李嘉图的比较成本说,他认为,在生产活动中,除了劳动起作用外,还有资本、土地、技术等生产要素,各国产品成本的不同,必须同时考虑到各个生产要素。他在1933年出版的《区域贸易和国际贸易》一书中系统地提出了自己的贸易学说,标志着要素禀赋说的诞生。俄林早期师承瑞典著名经济学家赫克歇尔而深受启发,故他的要素禀赋说也被称为赫-俄模式。该模式是现代国际贸易理论的新开端,与李嘉图的比较成本说模式并列为国际贸易理论的两大基本模式。

这一理论的主要内容是:各国商品生产中所使用的各种生产要素的比例是不同的。在生产过程中,使用劳动这种生产要素多的属于劳动密集型产品,而使用资本较多的属于资本密集型产品。各国由于资源优势或者资源赋予的不同,导致生产要素的多少和价格就不同,有些国家劳动力丰富,劳动的价格相对就较低;有些国家资本丰富,资本的价格就较低。这样,各国就生产自己具有相对资源优势的产品,然后通过国际贸易,达成交易。这样得出的一般结论是:任何一个国家都应该生产并出口自己资源丰富的要素的产品,并进口自己资源缺乏的要素的产品。

在国际贸易中,一国的比较优势是由其要素丰裕度决定的。一国应生产和出口较密集地使用其较丰裕的生产要素的产品,进口较密集地使用其较稀缺的生产要素的产品。简而言之,劳动相对丰裕的国家应当出口劳动密集型产品,进口资本密集型产品;资本相对丰裕的国家应当出口资本密集型产品,进口劳动密集型产品。

后来,许多人对赫克歇尔-俄林学说解释贸易模式的能力进行验证,其中最著名的是里昂惕夫对美国外贸结构所作的考察。他得出的结论是出人意料的:美国的出口商品是劳动密集型的,而进口替代品则是资本密集型的。可是无论按何种标准来定义,美国始终是一个资本充裕的国家。这一发现被称为"里昂惕夫悖论"。

三、国际贸易制度

从经济学的角度出发,自由贸易对于进口方或出口方都带来了净收益,有利于资源的优化利用。通过国际分工和自由贸易,加强资源的全球流动和利用,各国的福利水平也得到了提高,但世界各国由于发展程度、自由度、资源利用率等不同决定了现实的国际贸易并不是完全的自由贸易,各国都在实行不同程度的贸易政策和措施。

(一)关税

关税是指进出口商品在经过一国关境时,由政府设置的海关向进出口国所征收的税收。关税和非关税措施是衡量一个国家市场开放度的主要标志。

按征收方法划分:从价关税、从量关税、混合关税、选择关税等;按征税商品流向划分:进口税,出口税,过境税;按差别待遇和特定情况划分:最惠国税率,特惠税。这里,主要介绍按照征收方法不同划分进行划分的几种关税。

(1)从价关税:依照进出口货物的价格作为标准征收关税。我国的大多数税种,如产品税、增值税、营业税、房产税、城镇土地使用税等,都属于从价税。例如,我国进口汽车关税率到 2006 年为 25%,假如进口一辆价值为 40 000美元的汽车,应该交的关税额为 10 000 美元。

(2)从量关税:依照进出口货物数量的计量单位(如吨、箱、百个等)征收定量关税。如欧盟 1992 年的税则规定,每百升香槟酒征收 40 欧洲货币单位的关税。我国也对啤酒、原油、感光胶片等进口货物采用从量税的课税标准。

(3)混合关税:亦称“复合关税”。是指对一种进口商品同时订出从价、从量两种税率,分别计算出税额,以两个税额之和作为该商品的应征税额的一种征收关税标准,混合关税又分为以下3种:从价税为主、从量税为辅的混合关税;从量税为主、从价税为辅的混合关税;从价税、从量税对等的混合关税。

(4)选择关税:指对同一种货物在税则中规定有从量、从价两种关税税率,在征税时选择其中征税额较多的一种关税,也可选择税额较少的一种为计税标准计征。这种关税在实际执行过程中遇到很多麻烦,再加上国际上通用的《新估价法规》反对海关使用选择价格中较高者作为海关完税价格的估价制度,这种征税标准也逐渐取消。

【资料链接】

汽车进口关税的9次调整

1985年以前,我国整车进口关税税率为120%~150%,后又在原有基础上加征80%进口调节税。从1986年开始,我国将关税与进口调节税合并征收,汽油轿车排量3.0 L以上进口关税税率为220%,排量3.0 L以下税率为180%。该税率一直沿用了8年,在此期间,我国的进口轿车价格较国际市场高出3~4倍,进口零部件组装车的价格也同样高出国际价格数倍。

1994年4月1日,我国对进口汽车关税第一次进行下调,175个汽车税目中有105个下调,税率平均降低13个百分点。排量3.0 L以下的轿车关税降为110%,3.0 L及以上排量的关税降为150%,各自下降了70个百分点。

1996年,我国许诺到2000年中国关税平均税率从23%降至15%,1997年10月1日先降到17%。与此相对应,1997年10月1日,排量3.0 L以下的进口汽车关税税率降到80%,3.0 L以上降到100%。

2001年1月1日,汽车关税税率再次降低,排量3.0 L以下的进口汽车关税税率降到70%,3.0 L及以上降到80%。

2001年11月10日,随着多哈会议的一声槌响,我国正式加入世界贸易组织。我国郑重承诺:取消汽车进口数量限制,以近3年实际平均进口量作为过渡期,以第一年发放的进口配额量为基础,年增长15%,直至2005年取消配额,汽车贸易量的进口基数是60亿美元。此外,关税每年下调10%,在2006年7月1日前整车进口关税平均降至25%,零部件进口关税平均降至10%。

2002年1月1日,排量3.0 L以下的进口汽车关税税率降到43.8%,3.0 L及以上降到50.7%。

2003年1月1日,排量3.0 L以下的进口汽车关税税率降到38.2%,3.0

L及以上降到43%。

2004年1月1日,排量3.0 L以下的进口汽车关税税率降到34.2%,3.0 L及以上降到37.6%。

2005年1月1日,我国按照承诺取消了进口汽车配额许可证制度,对汽车产品实行自动进口许可管理,同时将进口汽车关税水平降到30%。

2006年1月1日,我国再次将进口汽车关税税率从30%下调至28%,日历终于翻到了我国完全履行入世承诺的最后一年。

随着2006年7月1日临近,我国进口汽车关税税率最终将在第9次调整后降至25%,进口汽车零部件的关税税率也将降至10%。

(资料来源:中国税务报,2006-06-19.)

(二)非关税壁垒

非关税壁垒,又称非关税贸易壁垒,是指一国政府采取除关税以外的各种办法,来对本国的对外贸易活动进行调节、管理和控制的一切政策与手段的总和,其目的就是试图在一定程度上限制进口,以保护国内市场和国内产业的发展。非关税壁垒是世界贸易在曲折发展过程中产生的。这些壁垒有:进口配额制、进口许可证制、外汇管制、进出口的国家垄断、歧视性政府采购政策、各种国内税、最低限价和禁止进口、进口押金制、产品归类和海关估价、技术性贸易壁垒、绿色贸易壁垒。非关税壁垒常常被用于保护本国的制造业,如食品、鞋类、电器类纺织品及服装类的生产者,这些产业在北美和欧洲往往被看成是敏感产业。下面重点分析技术性贸易壁垒和绿色贸易壁垒:

1.技术性贸易壁垒 技术性贸易壁垒(TBT),又称为"技术性贸易措施"或"技术壁垒",是指进口国为了保护国内市场、限制进口以国家或地区的技术法规、协议、标准和认证体系等形式出现,涉及的内容广泛,涵盖科学技术、卫生、检疫、安全、环保、产品质量和认证等诸多技术性指标体系,在国际贸易当中,呈现出灵活多变、名目繁多的规定。由于这类壁垒大量的以技术面目出现,因此常常会披上合法外衣,成为当前国际贸易中最为隐蔽、最难对付的非关税壁垒。欧盟是目前世界上技术壁垒最多、要求最严格、保护力度最高的地区,其技术标准有10多万个。进入欧盟市场的产品按照分类至少需要满足以下三个条件之一:(1)区外出口厂商,必须取得ISO 9000认证;(2)符合欧盟标准EN,并取得欧洲标准化委员会CEN认证标志;(3)与人身安全相关的产品,必须取得欧盟安全认证。

【资料链接】

我国企业遭受技术性贸易壁垒的现状

金融危机袭来，国外技术性贸易措施对中国出口企业及出口贸易的影响较前几年有所上升。质检总局25日通报的2008年国外技术性贸易措施对中国出口企业影响调查结果显示，2008年中国有近四成出口企业受国外技术性贸易措施影响，出口贸易直接损失达505.42亿美元。

与前几年相比，中国出口企业受国外技术性贸易措施的影响有所上升。通告显示，2008年中国有36.1%的出口企业受到国外技术性贸易措施不同程度的影响，而这个数字2007年为34.6%，2006年为31.4%，2005年为25.1%。2008年全年出口贸易直接损失505.42亿美元，上述前3年这项数字依次为494.59亿美元、359.2亿美元、288.13亿美元。

据称，2008年对中国企业出口影响较大的国家和地区排在前五位的是欧盟、美国、日本、俄罗斯和拉美国家，受国外技术性贸易措施影响较大的行业排在前五位的是机电仪器、农食产品、纺织鞋帽、木材纸张非金属和化矿金属。

（资料来源：经济观察报，2009-06-27.）

2. **绿色壁垒**　在当今全球经济一体化趋势越来越明显的大背景下，国际贸易作为全球经济一体化主要推动力之一，得到了前所未有的发展，各国间的经易往来愈加频繁、关系也加密切。同时，各国间的贸易竞争也达到了白热化的程度，一些国家为了达到保护本国市场的目的，采取了一系列贸易保护措施，其中绿色贸易壁垒是自20世纪90年代以来，发达国家使用最频繁的一种，也是当今国际贸易领域主要的贸易壁垒之一。

绿色壁垒是绿色贸易壁垒（Green Barriers to Trade，GBT）的简称，又被称为环境贸易壁垒、环境壁垒、绿色保护主义。所谓绿色贸易壁垒是指一种以保护有限资源、环境和人民健康为名，通过蓄意制定一系列苛求的环保标准，对来自国外的产品或服务加以限制。它属于一种新的非关税壁垒形式，已越来越成为有些国家国际贸易政策措施的一部分。它的主要表现形式有：（1）绿色关税和市场准入；（2）绿色技术标准；（3）绿色环境标志；（4）绿色包装制度；（5）绿色补贴；（6）绿色卫生检疫制度等。

【案例分析】

药材出口美国遭遇"绿色"阻碍

日前,《医药经济报》记者从中国医药保健品进出口商会了解到,2009 年 2 月份,中药材对美总体出口量与去年同期相比下降了 16.6%。2008 年,多种中药材对美出口量大幅下降,其中下降幅度最大的是枸杞,由 2007 年的 290 吨下降到 2008 年的 29 吨,降幅达 90%。此外,党参下降了 80%,冬虫夏草下降了 67%,沙参下降了 48%,田七下降了 47%,地黄下降了 46%,贝母下降了 39%,人参下降了 38%。受金融危机的影响,市场需求大幅减少,很多中药材出口量都有所下降,其中,冬虫夏草、人参等药材受到的影响尤为明显。据了解,目前,美国环保署制定的农产品分类和相关农药残留量标准,均未对枸杞等可兼作食品的中药材及其产品进行明确归类,而美国食品药品管理局(FDA)对其农药残留要求一律以"不得检出"(检测结果低于所对应的检测方法的检出限)为标准。"正是这近乎苛刻的检测标准导致我国枸杞等中药材产品对美国出口量急剧下滑,成为我国中药材出口的一大门槛。"一位业内人士认为。

由于美国对中国枸杞采取不合理的限制措施,作为我国枸杞出口量最大的省区宁夏,2008 年枸杞干果及其制品对美国出口几乎为零。"如果枸杞产品出口美国的问题不尽快解决,几年内枸杞产品将可能退出美国市场,还可能引起连锁反应,使欧盟、澳大利亚、新西兰、加拿大等新兴市场限制枸杞产品的进口甚至暂停进口。这必将影响到辽宁本土及其他省区的枸杞产业发展。"一位业内人士指出。

目前,为应对中药材出口所面临的技术壁垒,中国医药保健品进出口商会已经准备着手制定有关农药残留的标准,已对 8 个品种的标准进行修订,并打算年内完成对 20 多个品种检验标准的修订。

由于国际市场需求减少以及受绿色贸易壁垒的影响,出口门槛较高,很多企业纷纷将目光转向了国内市场。

(资料来源:第一食品网.2009-04-05.)

试分析:面对越来越多的贸易壁垒,我国相关产业、企业该如何突围?

(三)倾销与反倾销

1. 倾销 倾销是指一个国家或地区的出口经营者以低于国内市场正常或平均价格甚至低于成本价格向另一国市场销售其产品的行为,目的在于击败竞争对手,夺取市场,并因此给进口国相同或类似产品的生产商及产业带来损害。

依据不同的标准可以把倾销分为不同的种类,但最常见的就是依据倾销持续时间及危害程度来划分。一般分为以下几类:

(1)偶然性倾销。是指某一商品的生产商为避免存货的过量积压,于短期内向海外市场大量低价销售该商品。这种倾销方式是偶然发生的、一般无占领国外市场、排挤竞争者之目的,而且因为持续的时间较短,不至于打乱进口国的市场秩序、损害其工业。因此,国际社会一般对这种偶发性倾销通常不采取反倾销措施。

(2)间歇性倾销。又称掠夺性倾销,是指某一商品的生产商为了在某一外国市场上取得垄断地位,而以低于国内销售价格或低于成本的价格向该国市场抛售商品,以期挤垮竞争对手后再实行垄断高价,获取高额利润。这种倾销行为违背公平竞争的原则,破坏国际贸易的正常秩序,冲击进口国的市场,受到各国反倾销法的严厉抵制。

(3)持续性倾销。又称长期性倾销,是指某一商品的生产商为了在实现其规模经济效益的同时,维持其国内价格的平衡,而将其中一部分商品持续以低于正常价值的价格向海外市场销售。长期倾销尽管不具占领或掠夺外国市场之目的,但由于它持续时间长、在客观上进行了不公正的国际贸易行为,损害了进口国生产商的利益,因此通常受到进口国反倾销法的追究。

2. 反倾销　反倾销指对外国商品在本国市场上的倾销所采取的抵制措施。一般是对倾销的外国商品除征收一般进口税外,再增收附加税,使其不能廉价出售,此种附加税称为“反倾销税”。世贸组织的《反倾销协议》规定,一成员要实施反倾销措施,必须遵守三个条件:首先,倾销事实的确定;第二,确定对国内产业造成了实质损害或实质损害的威胁,或对建立国内相关产业造成实质阻碍;第三,确定倾销和损害之间存在因果关系。

学生活动五

据《21世纪经济报道》讯,2004年4月14日,我国对外贸易领域同时发生了两件事件:一是新西兰正式承认中国的市场经济地位,从而使中国在获得梦寐以求的市场经济地位问题上首次取得突破;二是美国商务部对出口到美国的中国彩电作出裁决,裁定中国企业存在倾销行为。两件事情都是有关倾销中的“市场经济地位”问题,但结果却迥然不同。为什么中国在经过20多年的改革开放、已经建立起市场经济体制并加入WTO的情况下,仍然被包括美国、欧盟在内的国家称为"非市场经济国家"呢?

讨论:中国是否已经成为"市场经济国家"?"市场经济国家"对于我国的重要性何在?

(四)出口补贴政策

许多国家在进行国际贸易的过程中,除了利用前面所讲的关税和非关税壁垒限制进口、保护本国市场外,还采取多种鼓励出口的政策措施,其中最常见的方式就是对出口企业进行补贴政策。出口补贴又称出口津贴,是一国政府为降低出口商品的价格,加强其在国外市场上的竞争能力,在出口某种商品时给予出口厂商的现金补贴或财政上的优惠待遇。

出口补贴的方式大体上可以分两类,即直接补贴和间接补贴。直接补贴是指政府按照商品出口的价值或数量,直接付给出口厂商的现金补贴;间接补贴是指政府对某些出口商品给予财政上的优惠,包括低息贷款、出口退税、免费或低费为出口企业提供服务等方式。

第二节 国际收支

【导入案例12-2】

故事发生在美国和墨西哥边界,一个游客在墨西哥一边的小镇上,用0.1比索买了一杯啤酒,他付了1比索,找回0.9比索。当他到美国一边的小镇上,发现美元和比索的汇率是1:0.9。他把剩下的0.9比索换了1美元,用0.1美元买了一杯啤酒,找回0.9美元。回到墨西哥的小镇上,他发现比索和美元的汇率是1:0.9。于是,他把0.9美元换为1比索,又买啤酒喝,这样在两个小镇上喝来喝去,总还是有1美元或1比索。换言之,他喝到了免费啤酒。人们不禁要问到底是谁为他付了啤酒钱?这个案例其实反映的是现实生活中的"套汇现象",即利用价格差异而无风险地获利的行为。

(资料来源:E.克拉斯纳,纽曼.数学与想象力[M].1940.)

一、国际收支

国际收支综合反映对外经济交往的概貌,国际收支状况对汇率、国际储备等都有重大影响，是一国制定合理的对外经济政策和宏观经济调控政策赖以分析的工具。

（一）国际收支的含义

关于"收支"这个概念大家都比较熟悉，比如，精明的家庭主妇或主男都会对每月、每季或每年的收支情况进行逐次记录。企业、工厂更是如此，目的是为了对货币收支的来龙去脉有清晰的了解，以便做到收支相抵，或略有盈余，如果入不敷出，则需要分析其原因并寻求对策。简单地说，国际收支是上述概念在外延上的扩大，是指在一定时期内，在一国居民与非居民之间进行的各种经济交易的系统化记录。具体而言，由于国际收支反映的对象——国际经济活动在内容和形式上随世界经济发展而不断发展，国际收支概念的内涵也在不断发展。掌握这个概念需要注意以下三点：(1)国际收支是一个流量概念，它是以交易为基础的而不是以货币的收支为基础。(2)国际收支反映的内容是国际经济交易，包括交换和无偿转让两类。(3)一国国际收支所记载的经济交易必须是该国居民与非居民之间发生的，一国居民是指在国内居住一年以上的自然人及法人。

（二）国际收支平衡表

国际收支平衡表（见表12-1）是按照复式簿记的原理，以某一特定货币为单位，运用简明的格式总括地反映某一经济体在特定时期内与世界其他经济体间发生的全部交易。一国与别国发生的一切经济活动，不论是否涉及外汇收支都必须记入该国的国际收支平衡表中，各国编制国际收支平衡表的主要目的，是为了有利于全面了解本国的涉外经济关系，并以此进行经济分析、制订合理的对外经济政策。

根据IMF最新版本《国际收支手册》，国际收支平衡表的标准组成部分主要包括经常项目、资本和金融项目，以及人为设计的调整项目——净误差与遗漏。

1. **经常项目**　经常项目是本国与外国贸易中经常发生的国际收支项目，它反映了一国与他国之间真实资源的转移状况，在整个国际收支中占有主要地位，往往会影响和制约国际收支的其他项目。它包括货物项目、服务项目、收入项目和经常性转移项目四个子项目。

2. **资本和金融项目**　资本和金融项目反映的是国际资本流动，包括长期或短期的资本流出和资本流入。它是国际收支平衡表的第二大类项目。

资本项目包括资本转移和非生产、非金融资产的收买或出售，前者主要是投资捐赠和债务注销；后者主要是土地和无形资产（专利、版权、商标等）的收买或出售。

3. **净误差与遗漏项目** 净误差与遗漏是基于会计上的需要，在国际收支平衡表中借贷双方出现不平衡时，设置的用以抵消统计偏差的项目。国际收支平衡表采用复式记账法，但由于统计资料来源和时点不同等原因，造成借贷不相等。如果借方总额大于贷方总额，其差额记入此项目的贷方，反之则记入借方。

表 12-1 中国 2008 年国际收支平衡表 （单位：千美元）

项 目	行 次	差 额	贷 方	借 方
一、经常项目	1	426 107 395	1 725 893 261	1 299 785 866
A. 货物和服务	2	348 870 456	1 581 713 188	1 232 842 732
a. 货物	3	360 682 094	1 434 601 241	1 073 919 146
b. 服务	4	−11 811 638	147 111 948	158 923 586
1. 运输	5	−11 911 179	38 417 556	50 328 735
2. 旅游	6	4 686 000	40 843 000	36 157 000
3. 通讯服务	7	59 585	1 569 663	1 510 079
4. 建筑服务	8	5 965 493	10 328 506	4 363 013
5. 保险服务	9	−11 360 128	1 382 716	12 742 844
6. 金融服务	10	−250 884	314 731	565 615
7. 计算机和信息服务	11	3 086 931	6 252 062	3 165 131
8. 专有权利使用费和特许费	12	−9 748 930	570 536	10 319 466
9. 咨询	13	4 605 315	18 140 866	13 535 551
10. 广告、宣传	14	261 668	2 202 324	1 940 656
11. 电影、音像	15	163 322	417 943	254 622
12. 其他商业服务	16	2 885 059	26 005 857	23 120 798
13. 别处未提及的政府服务	17	−253 890	666 187	920 076
B. 收益	18	31 437 960	91 614 872	60 176 912
1. 职工报酬	19	6 400 156	9 136 547	2 736 391

续表

项目	行次	差额	贷方	借方
2. 投资收益	20	25 037 804	82 478 325	57 440 521
C. 经常转移	21	45 798 979	52 565 201	6 766 222
1. 各级政府	22	-181 611	49 205	230 816
2. 其他部门	23	45 980 590	52 515 996	6 535 406
二、资本和金融项目	24	18 964 877	769 876 094	750 911 218
A. 资本项目	25	3 051 448	3 319 886	268 439
B. 金融项目	26	15 913 429	766 556 208	750 642 779
1. 直接投资	27	94 320 092	163 053 964	68 733 872
1.1 我国在外直接投资	28	-53 470 972	2 175 785	55 646 757
1.2 外国在华直接投资	29	147 791 064	160 878 179	13 087 115
2 证券投资	30	42 660 063	67 708 045	25 047 982
2.1 资产	31	32 749 936	57 672 404	24 922 468
2.1.1 股本证券	32	-1 117 368	3 844 800	4 962 168
2.1.2 债务证券	33	33 867 304	53 827 604	19 960 300
2.1.2.1（中）长期债券	34	37 563 103	53 827 604	16 264 501
2.1.2.2 货币市场工具	35	-3 695 799	0	3 695 799
2.2 负债	36	9 910 127	10 035 641	125 514
2.2.1 股本证券	37	8 721 011	8 721 011	0
2.2.2 债务证券	38	1 189 116	1 314 630	125 514
2.2.2.1（中）长期债券	39	1 189 116	1 314 630	125 514
2.2.2.2 货币市场工具	40	0	0	0
3 其他投资	41	-121 066 726	535 794 199	656 860 925

续表

项目	行次	差额	贷方	借方
3.1资产	42	-106 074 263	32 563 248	138 637 510
3.1.1贸易信贷	43	5 866 953	5 866 953	0
长期	44	410 687	410 687	0
短期	45	5 456 266	5 456 266	0
3.1.2贷款	46	-18 501 123	478 305	18 979 428
长期	47	-6 569 000	0	6 569 000
短期	48	-11 932 123	478 305	12 410 428
3.1.3货币和存款	49	-33 528 165	17 715 954	51 244 120
3.1.4其他资产	50	-59 911 928	8 502 035	68 413 963
长期	51	0	0	0
短期	52	-59 911 928	8 502 035	68 413 963
3.2负债	53	-14 992 463	503 230 952	518 223 415
3.2.1贸易信贷	54	-19 049 071	0	19 049 071
长期	55	-1 333 435	0	1 333 435
短期	56	-17 715 636	0	17 715 636
3.2.2贷款	57	3 620 979	442 835 925	439 214 946
长期	58	6 724 078	20 129 387	13 405 309
短期	59	-3 103 099	422 706 538	425 809 637
3.2.3货币和存款	60	2 702 297	59 226 206	56 523 909
3.2.4其他负债	61	-2 266 668	1 168 821	3 435 489
长期	62	-2 236 180	34 976	2 271 156
短期	63	-30 488	1 133 845	1 164 333
三、储备资产	64	-418 978 429	0	418 978 429
1货币黄金	65	0	0	0
2特别提款权	66	-7 114	0	7 114

续表

项　目	行　次	差　额	贷　方	借　方
3 在基金组织的储备头寸	67	−1 190 315	0	1 190 315
4 外汇	68	−417 781 000	0	417 781 000
5 其他债权	69	0	0	0
四、净误差与遗漏	70	−26 093 843	0	26 093 843

（资料来源：国家外汇管理局，2009-04-24.）

（三）国际收支顺差和逆差

表 12-1 反映出来的贷方余额，即一国在一定时期内（通常为一年）对外经济往来的收入总额大于支出总额的差额。由贸易项目产生的国际收支顺差，反映一国的国际储备或对外支付能力的增强；由资本项目产生的国际收支顺差，反映资本的大量流入。国际收支的巨额顺差也有不利的经济影响，主要表现在：外汇储备过多会造成资金的闲置浪费，不利于本国经济发展；储备货币汇率下跌时，外汇储备会遭受损失；一国的外汇储备增加，本币发行也必然相应增加，从而产生潜在的通货膨胀压力；本币若是可兑换的货币，顺差将使外汇市场上对本国货币求大于供，易受抢购冲击；本国货币被迫升值，使出口处于不利的国际竞争地位。

表 12-1 反映出来的贷方余额，即一国在一定时期内（通常为一年）对外经济往来的收入总额大于支出总额的差额。由贸易项目产生的国际收支顺差，反映一国的国际储备或对外支付能力的增强；由资本项目产生的国际收支顺差，反映资本的大量流入。国际收支的巨额顺差也有不利的经济影响，主要表现在：外汇储备过多会造成资金的闲置浪费，不利于本国经济发展；储备货币汇率下跌时，外汇储备会遭受损失；一国的外汇储备增加，本币发行也必然相应增加，从而产生潜在的通货膨胀压力；本币若是可兑换的货币，顺差将使外汇市场上对本国货币求大于供，易受抢购冲击；本国货币被迫升值，使出口处于不利的国际竞争地位。

【资料链接】

2007 年中国外贸进出口状况

据中国海关总署的统计数据表明，2007 年 1 月至 12 月，中国外贸进出口总额达 2.173 8 万亿美元，较 2006 年增长 23.5%，净增加 4 134 亿美元。

2007 年全年中国进口总额 9 558.2 亿美元，出口总额为 12 180.2 亿元，分别较 2006 年上涨 20.8% 和 25.7%，累计贸易顺差为2 622亿美元。

2007 年中国第一大贸易伙伴为欧盟，双边贸易总额 3 561.5 亿美元，增长 27%。数据显示，中国从欧盟进口货品总额达 1 109.6 亿美元，出口额为 2 451.9亿美元，顺差 1 342.3 亿美元。

美国为第二大贸易伙伴，双边贸易总值为 3 020.8 亿美元，增长 15%。其中，中国从美国进口 693.8 亿美元，出口 2 327.0 亿美元，顺差 1 633.2 亿美元。

日本为第三大贸易伙伴和最大进口来源地，双边贸易总值 2 360.2 亿美元，增长 13.9%。2007 年 1 月至 12 月，中国从日本进口货品总 1 339.5 亿美元，向其出口 1 020.7 亿美元，逆差 318.8 亿美元。

此外，2007 年中国内地对东盟、韩国、中国香港和中国台湾等地的贸易额均超过 1 000 亿美元，分别为 2 025.5 亿美元、1 972.5 亿美元、1 599 亿美元和 1244.8 亿美元，分别增长 25.9%，18.8%，19.1% 和 15.4%。

据海关统计，自 2002 年中国正式加入世界贸易组织以来，中国对外贸易增长速度连续六年保持在 20% 以上，进出口规模翻了两番。

（资料来源：《财经》杂志网络版，2008-01-11.）

二、汇率

（一）汇率的含义

通过前面的学习，我们对国内贸易或交易都很熟悉。当你去超市买米的时候，你会很自然地支付人民币，当然超市也很乐意接受人民币，这样，交易很自然就完成了，所以在一国之内的商品交换相对讲来是比较简单的。但是，如果你想去买一台美国造的电脑，事情就复杂了。或许你在商店支付的是人民币，但通过银行等金融机构的作用，最终支付的还是按照一定的比率折算的美元，而不是人民币。同样，美国人如想买中国商品比如彩电，他们最终支付的则是按照一定的比率折算的人民币，而不是美元。这样，我们就由国际贸易引进了汇率的概念。汇率亦称“外汇行市或汇价”即一国货币兑换另一国货币的比率，是以一种货币表示另一种货币的价格。由于世界各国货币的名称不同，币值不一，所以一国货币对其他国家的货币要规定一个兑换率，即汇率（见表 12-2）。

例如，2009 年 4 月 27 日美元兑人民币的汇率中间价是：1 美元 = 6.825 3 人民币元。由于国际间的经贸往来必然会引起国与国之间的债权债务和货币收付，因而需要有关国家办理国际结算。这种结算是通过外汇买卖来实现的，为此产生了外汇买卖的价格问题。这种外汇买卖所产生的比价实质上就是外汇汇率。可见，汇率是随着外汇交易而产生的。

表 12-2 外汇交易中常用货币一览表

国家或地区（Country or District）	货币名称（Currency）	ISO 货币符号（ISO Codes）		惯用缩写（Abbreviation）
		字母代码 Alphabetic	数字代码 Numeric	
China（中国）	Renminbi Yuan（人民币元）	CNY	156	￥
China Hong Kong（中国香港）	Hong Kong Dollar（港元）	HKD	344	HK $
Japan（日本）	Yen（日元）	JPY	392	Yen
Singapore（新加坡）	Singapore Dollar（新加坡元）	SGD	702	S $
European Union（欧盟）	Euro（欧元）	EUR	978	
United Kingdom（英国）	Pound Sterling（英镑）	GBP	826	£
Switzerland（瑞士）	Swiss Franc（瑞士法郎）	CHF	756	SFr
United States（美国）	US Dollar（美元）	USD	840	US $
Canada（加拿大）	Canadian Dollar（加拿大元）	CAD	124	Can $
Australia（澳大利亚）	Australian Dollar（澳大利亚元）	AUD	036	A $

（资料来源：国际标准化组织 4217 标准 2001 版：货币和资金表示代码.）

学生活动六

收集人民币兑换美元的汇率变化(2006—2008 年)，并讨论人民币升值对中国经济发展的利弊。

（二）汇率的划分种类

汇率的种类很多，有各种不同的划分方法，特别是在实际业务中，从不同角度来划分，就有各种不同的汇率，主要有以下几种划分方式：按国际货币制度的演变划分，有固定汇率和浮动汇率；按制订汇率的方法划分，有基本汇率和套算汇率;按银行买卖外汇的角度划分,有买入汇率、卖出汇率、中间汇率和现钞汇率;按银行外汇付汇方式划分有电汇汇率、信汇汇率和票汇汇率;按是否考虑通货膨胀因素划分,有名义汇率和实际汇率;按外汇交易交割期限划分有即期汇率和远期汇率;按对外汇管理的宽严区分,有官方汇率和市场汇率;按银行营业时间划分,有开盘汇率和收盘汇率。以下我们重点介绍两种常见的汇率划分种类。

1. 固定汇率与浮动汇率

(1)固定汇率。是指在金本位制度下和布雷顿森林体系下通行的汇率制度,这种制度规定本国货币与其他国家货币之间维持一个固定比率,汇率波动只能限制在一定范围内,由官方干预来保证汇率的稳定。第二次世界大战以后建立起来的以美元为中心的汇率制度,是根据两国货币法定含金量的对比决定固定汇率。各国政府有义务通过干预外汇市场保证汇率波动不超过一定的幅度,这是纸币流通初期的固定汇率制度,也称金汇兑本位制。在固定汇率制度下,如果政府因为特殊情况而无法维持原来的汇率水平时,就会对汇率进行调整,如果将本币币值上调,则称为法定升值;如果将本币币值下调,则称为法定贬值。

(2)浮动汇率。是指本国货币与其他国家货币之间的汇率不由官方制订,而由外汇市场供求关系决定,可自由浮动,官方在汇率出现过度波动时才干预市场,这是布雷顿森林体系解体后西方国家普遍实行的汇率制度。当外币供过于求时,外币就贬值,本币就升值,外币的汇率就下浮;外币供不应求时,外币就升值,本币就贬值,外币的汇率就上浮。实行浮动汇率制的国家,往往根据各自经济政策的需要,对汇率变动进行干预或施加影响。因此,国际上对浮动汇率根据有无干预分为"自由浮动"和"管理浮动"汇率。浮动汇率制是在1973年布雷顿森林国际货币体系固定汇率制崩溃后各国相继实行的。在现实生活中,政府对本国货币的汇率不采取任何干预措施,完全采取自由浮动汇率的国家几乎没有。由于汇率对国家的国际收支和经济的均衡有重大影响,各国政府大多通过调整利率、在外汇市场上买卖外汇以及控制资本移动等形式来控制汇率的走向。

【资料链接】

人民币汇率改革

中国人民银行21日发布公告称,为建立和完善我国社会主义市场经济体制,充分发挥市场在资源配置中的基础性作用,建立健全以市场供求为基础的、有管理的浮动汇率制度,经国务院批准,现就完善人民币汇率形成机制改革有关事宜公告如下：

一、自2005年7月21日起，我国开始实行以市场供求为基础、参考"一篮子"货币进行调节、有管理的浮动汇率制度。人民币汇率不再盯住单一美元，形成更富弹性的人民币汇率机制。

二、中国人民银行于每个工作日闭市后公布当日银行间外汇市场美元等交易货币对人民币汇率的收盘价，作为下一个工作日该货币对人民币交易的中间价格。

三、2005年7月21日19时，美元对人民币交易价格调整为1美元兑8.11元人民币，作为次日银行间外汇市场上外汇指定银行之间交易的中间价，外汇指定银行可自此时起调整对客户的挂牌汇价。

四、现阶段，每日银行间外汇市场美元对人民币的交易价仍在人民银行公布的美元交易中间价上下千分之三的幅度内浮动，非美元货币对人民币的交易价在人民银行公布的该货币交易中间价上下一定幅度内浮动。

中国人民银行将根据市场发育状况和经济金融形势，适时调整汇率浮动区间。同时，中国人民银行负责根据国内外经济金融形势，以市场供求为基础，参考一篮子货币汇率变动，对人民币汇率进行管理和调节，维护人民币汇率的正常浮动，保持人民币汇率在合理、均衡水平上的基本稳定，促进国际收支基本平衡，维护宏观经济和金融市场的稳定。

2. 名义汇率与实际汇率

(1)名义汇率，是指不考虑通货膨胀因素的影响，单纯由外汇市场供求关系所决定的汇率。通常在社会经济生活中被直接公布、使用的汇率都是名义汇率。名义汇率又称"市场汇率"。一种货币能兑换另一种货币的数量的名义汇率，通常是先设定一个特殊的货币加美元、特别提款权作为标准，然后确定与此种货币的汇率。汇率按美元、特别提款权的币值变动而变动。名义汇率不能反映两国货币的实际价值，是随外汇市场上外汇供求变动而变动的外汇买卖价格。

(2)实际汇率，是指剔除了由于通货膨胀因素所导致的货币购买力下降的影响的汇率。实际汇率是相对于名义汇率而言的，两者之间存在如下的近似关系：

$$实际汇率 = 名义汇率 - 通货膨胀率$$

正确理解实际汇率需要注意两点：一是指用两国价格水平调整后的双边汇率，这是通常实际汇率的含义，公式为：$s = S \times P * / P$

其中，s 表示实际汇率，S 表示名义汇率（直接标价法下），$P *$ 表示外国价格水平，P 表示本国价格水平。

另一是指事实上的汇率,将政府实行的贸易政策对有关主体的影响考虑进去之后的汇率,如政府对出口进行补贴,则对本国的出口企业而言,其事实上面对的汇率(即实际汇率)为:S + 以本币表示的补贴额/以外币表示的出口额,S 的含义同上。

这表明实际汇率取决于名义汇率和用外国货币衡量的两国物品的价格。实际汇率是一国出口与进口的关键决定因素,如果一国实际汇率下降,意味着相对于外国物品而言,本国物品相对便宜了,这种变化会鼓励国内外消费者更多地选择本国产品消费,而不是更多地消费国外商品,这样,必然会带动该国出口的增加,进口的减少;相反,一国实际汇率上升意味着相对于外国产品,本国产品昂贵了,因此,该国将减少净出口。

三、汇率变动

(一)影响汇率变动的因素

在开放经济中,市场汇率(或一般所说的名义汇率)不是固定不变的,而是经常上下波动。汇率是一个国家特殊商品——货币的价格,其变动的基本特点与一般商品的价格变动一样,以两国货币之间的价值比率为基础,随着供求波动而相应升降,因此,认识汇率变动原因关键在于把握影响供求关系背后的因素,这些因素通过影响外汇市场的供求关系来影响一国的货币汇率,具体有如下一些因素:

(1)国际收支状况。如果一国国际收支为顺差,则该国货币汇率上升;如果为逆差,则该国货币汇率下降。例如,自20世纪80年代中后期开始,美元在国际经济市场上长期处于下降的状况,而日元正好相反,一直不断升值,其主要原因就是美国长期以来出现国际收支逆差,而日本持续出现巨额顺差。

(2)通货膨胀。一般来说,两国通货膨胀率是不一样的,通货膨胀率高的国家货币汇率下跌,通货膨胀率低的国家货币汇率上升。但通货膨胀对汇率的影响一般要经过一段时间才能显现出来,因为它的影响往往要通过一些经济机制体现出来。

(3)利率水平。利率高低,会影响一国金融资产的吸引力。一国利率的上升,会使该国的金融资产对于本国和外国的投资者来说更有吸引力,从而导致资本内流,汇率升值。

(4)经济增长率。在其他条件不变的情况下,一国实际经济增长率相对别国来说上升较快,其国民收入增加也较快,会使该国增加对外国商品和劳务的需求,结果会使该国对外汇的需求相对于其可得到的外汇供给来说趋于增加,导致该国货币汇率下跌。

(5)财政赤字。政府的财政收支状况常常也被作为该国货币汇率预测的主要指标,当一国出现财政赤字,其货币汇率是升还是降主要取决于该国政府所选择的弥补财政赤字的措施,但如果一国的财政预算出现巨额赤字,则其货币汇率将下降。

(6)外汇储备。一国中央银行所持有外汇储备充足与否反映了该国干预外汇市场和维持汇价稳定的能力大小,因而外汇储备的高低对该国货币稳定起主要作用。外汇储备太少,往往会影响外汇市场对该国货币稳定的信心,从而引发贬值;相反外汇储备充足,往往该国货币汇率也较坚挺。

(7)投资者的心理预期。投资者的心理预期在目前的国际金融市场上表现得尤为突出。汇兑心理学认为外汇汇率是外汇供求双方对货币主观心理评价的集中体现。评价高,信心强,则货币升值。这一理论在解释无数短线或极短线的汇率波动上起到了至关重要的作用。

(二)汇率变动对经济的影响

在开放经济中,汇率变动对经济的影响是十分巨大的,也是多方面的,主要体现在对国内经济的影响和对世界经济的影响两个方面。

1. 汇率的变动对国内经济的影响　汇率的变动对国内经济的影响最直接的是对净出口贸易的影响。汇率变动后,立即对进口商品的价格发生影响,汇率变动引起进口的消费品和原材料价格变动,进而以进口原料加工的商品或与进口商品相类似的国内商品价格也发生变动;汇率变动后,出口商品的国内价格也发生变动。如本币汇率下降,则外币购买力提高,国外进口商就会增加对本国出口商品的需求。在出口商品供应数量不能相应增长的情况下,出口商品的国内价格必然上涨。在初级产品的出口贸易中,汇率变化对价格的影响特别明显。一般情况下,汇率贬值会使以外币表示的本国的产品和劳务的价格下降,以本币表示的外国商品和劳务的价格上升,从而有利于增加出口,减少进口;相反,汇率升值,则会增加进口,减少出口。

2. 汇率变动对世界经济的影响　首先,通过汇率变动可以实现对外掠夺的目的,因此汇率的频繁波动可以加大发达国家与发展中国家的矛盾。比如,战后美元的两次贬值,使初级产品生产国家的外汇收入遭受损失;而它们的美元债务,由于订有黄金保值条款,丝毫没有减轻,至于其他非美元债务,有的则相对加重。其次,汇率变动被视为一种国际竞争与扩张的手段,货币贬值可以达到扩大对外销售的目的;因此汇率变动加剧发达国家之间的矛盾,促进区域经济集团的建立与加强。一国货币汇率的下跌,必然会加剧发达国家之间争夺销售市场的斗争。20 世纪 80 年代以前,美元汇率急剧下跌,日元与联邦德国马克的汇率日益上升,资本主义世界货币十分动荡。美国政府对美元汇率日趋下降的现象放任不管，其目的就在于扩大本国的出口，迫使日本及西欧等工业发达国家采取刺激本国经济发展的措施，以扩大从美国进口。美元汇率的一再下降，加深了西欧共同体国家的困难，使这些国家陷入经济增长缓慢、失业现象严重，以及手中持有的美元价值日益下跌的困难处境。就是在这种情况下，当时欧洲共同体9国决定建立"欧洲货币体系"，确定成员国之间汇率波动界限，建立欧洲货币基金，并创设欧洲货币单位。"欧洲货币体系"的建立，固然是共同体实现财政经济联合、最终走向货币一体化的必然过程，但美元日益贬值，美元汇率急剧下降则是促进"欧洲货币体系"加速建立的一个直接原因。

【小结】

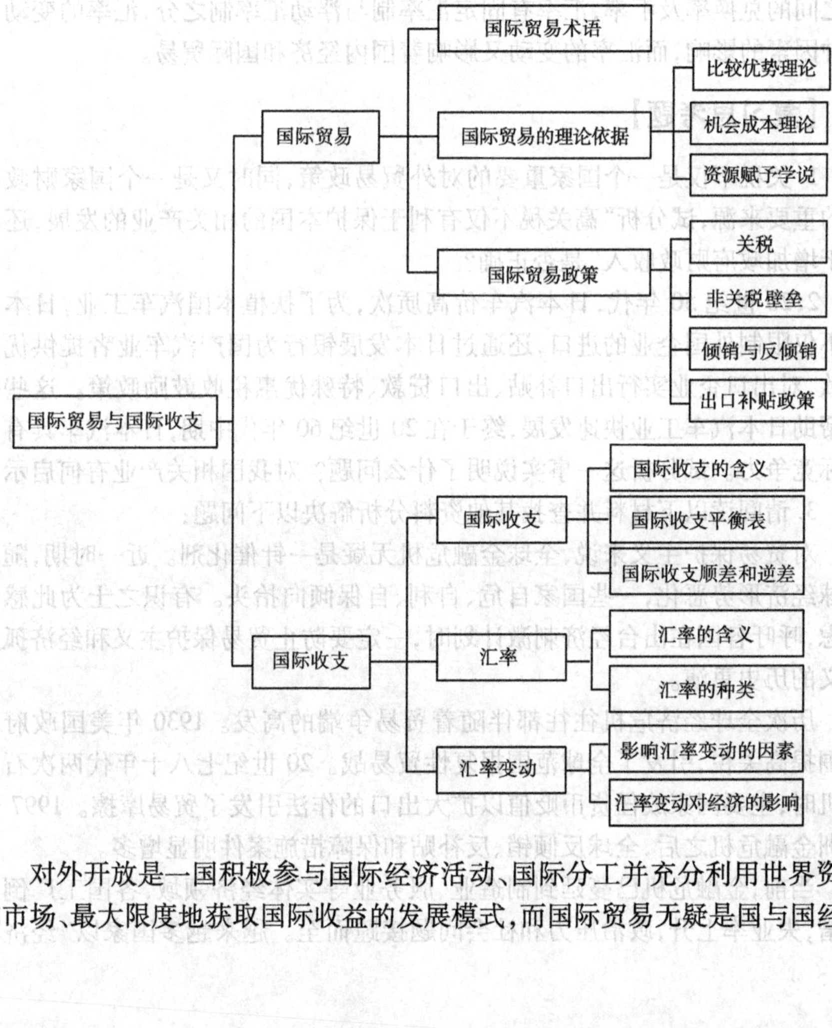

对外开放是一国积极参与国际经济活动、国际分工并充分利用世界资源和市场、最大限度地获取国际收益的发展模式，而国际贸易无疑是国与国经济

往来的最重要的形式之一。我们在学习和了解国际贸易时,必须先从基本的国际贸易术语开始,包括进口与出口、贸易差额、复出口与复进口、有形贸易与无形贸易以及在国际贸易中比例越来越大的服务贸易等;经济学里面的经典理论如比较优势理论、机会成本理论和资源赋予学说为国际间贸易提供了理论支持及解决了"为什么要进行贸易"的问题;国际贸易比国内贸易要复杂得多,原因在于国与国之间的差异导致每个国家在进行国际贸易时总是采取有利于本国利益的贸易政策或措施,常见的贸易政策有关税、非关税壁垒、倾销与反倾销、出口补贴政策等。

国与国之间的贸易与国内贸易一样,在一定时期内也需要结算,看是"盈利"还是"亏本"及国际收支是否平衡,如果出口大于进口就"盈利"及顺差,如果进口大于出口表示"亏本"及逆差;影响国际收支的一个重要因素是各国货币之间的兑换率及汇率,汇率有固定汇率制与浮动汇率制之分,汇率的变动受多种因素的影响,而汇率的变动又影响着国内经济和国际贸易。

【复习思考题】

1. 关税不仅是一个国家重要的对外贸易政策,同时又是一个国家财政收入的重要来源,试分析"高关税不仅有利于保护本国的相关产业的发展,还有利于增加政府财政收入"是否正确?

2. 20 世纪 50 年代,日本汽车价高质次,为了扶植本国汽车工业,日本政府不仅限制外国企业的进口,还通过日本发展银行为国产汽车业者提供优惠贷款,对出口企业实行出口补贴、出口贷款、特殊优惠税收鼓励政策。这些措施帮助日本汽车工业快速发展,终于在 20 世纪 60 年代中期,日本汽车具有了国际竞争力。试分析这一事实说明了什么问题?对我国相关产业有何启示?

3. 请阅读以下材料并查找其他资料分析解决以下问题:

对贸易保护主义来说,全球金融危机无疑是一针催化剂。近一时期,随着全球经济形势恶化,一些国家自危、自利、自保倾向抬头。有识之士为此感到忧虑,呼吁各国在出台经济刺激计划时,一定要防止贸易保护主义和经济孤立主义的历史重演。

历次全球经济危机往往都伴随着贸易争端的高发。1930 年美国政府大范围提高关税,引发了全球范围报复性贸易战。20 世纪七八十年代两次石油危机时,主要国家放任货币贬值以扩大出口的作法引发了贸易摩擦。1997 年亚洲金融危机之后,全球反倾销、反补贴和保障措施案件明显增多。

当前,金融危机已蔓延到制造业、服务业等实体经济领域,各国工厂倒闭剧增,失业率上升,政治压力和社会问题接踵而至。越来越多国家以"经济安全”和保护本国虚弱产业为由加强政府对经济的干预，阻挠其他国家特别是新兴国家企业出口。

贸易保护主义不同于正当的贸易保护措施，它是对多边贸易规则中救济措施的滥用。从传统的关税和非关税壁垒，到技术性贸易壁垒、行业标准等，以及产业保护主义，当前贸易保护主义的形式更加复杂多样，隐蔽性更强。在危机加剧的背景下，即使符合 WTO 规则的保护措施也应慎用，这已成为各国共识。在 2008 年 11 月举行的 G20 金融峰会上，各国领导人同声呼吁抵制贸易保护主义，承诺在未来一年内，避免设置新的贸易和投资壁垒。年底的 APEC 领导人会议和 2009 年初的世界经济论坛达沃斯年会，再次发出了反对保护主义强音。

历史是一面镜子。任何针对他国的贸易保护举措，不仅会损害对方，最终也会伤及自身。经验告诉我们，大规模的贸易保护措施将使金融危机下本已严峻的经济形势更加困难。

1930 年美国为了应对经济危机，颁发了《斯姆特-霍利关税法》，大幅提高超过 2 万种外国商品的进口关税，结果引起了其他国家的贸易保护主义报复。面对危机，各国以邻为壑，全球贸易总额大幅缩减，从 1929 年的 360 亿美元缩小到 1932 年的 120 亿美元，美国自身也深受其害，出口总额从 1929 年的 52 亿美元左右缩减到 1932 年的 12 亿美元。这一法案即使在美国国内也被普遍认为是大萧条加剧的催化剂。

（资料来源：陈德铭. 华尔街日报. 社论版. 2009-02-20.）

(1) 世界经济危机对国际贸易的冲击有哪些？

(2) 在经济危机面前，世界各国该推行何种贸易政策？

(3) 本次全球经济危机对中国贸易带来了哪些影响？我们该如何应对？

4. 案例分析：

人民币“升值”问题

在“2005 诺贝尔奖获得者北京论坛”上，诺贝尔经济学奖获得者、“欧元之父”罗伯特·蒙代尔在演讲中强调，作为世界第五大货币区的人民币，维护其汇率稳定有利于中国经济的增长，如果人民币升值或者浮动，既不利于中国也不利于世界上其他国家的经济，因此，当前最好政策就是维持人民币汇率的稳定，只有等其他关于资本账户、国内经济、银行体系等的改革成功后，才能逐渐将人民币汇率改成浮动汇率。

谁在叫喊“升值”？

蒙代尔说，几年前，日本一官员说中国向世界输出通货紧缩。其实当时美国和欧洲有轻微的通货膨胀，而日本的通货紧缩和中国根本就没有关系。前几天，亚行行长又刊文指出，中国现在应该尽早对币值进行升值，升值幅度至少为7%～10%。美国财政部长斯诺也曾表示，中国应该对汇率进行浮动，如不浮动，美国将在关税和配制上进行限制。甚至连IMF也来敦促对中国的汇率进行浮动。

人民币汇率问题的争论因何而起？蒙代尔表示，主要的问题并不是通货紧缩，而是中国为世界所带来的竞争力的一种冲击。不断上升的中国竞争优势对世界生产进行重新分布。中国为世界所带来竞争性的冲击确实存在，但汇率问题并不是一个合适的解决方式来应对中国不断上升的竞争力。

"升值"代价几何？

蒙代尔表示，如果非要人民币升值的话，将会对中国、亚洲及世界经济产生12个不利因素。第一，延迟可兑换性；第二，削减国外直接投资；第三，会造成中国经济增长率大幅下降；第四，会恶化中国银行业不良贷款的问题；第五，会加剧失业；第六，会恶化中国农村的通货紧缩问题；第七，会导致政治上的不利因素；第八，会对亚洲经济货币政策一体化产生不利影响；第九，是人民币将会成为投机者的天堂；第十，会导致税收方面很大负担，对中国香港来说也是不利因素；第十一，会导致东南亚不稳定；第十二，对于世贸组织的承诺也会有影响，甚至可能会导致东亚地区经济的衰退。当然，中国可以通过鼓励中国公司海外投资来削减过多的外汇储备，也可以通过提升国内工资水平来逐渐实现汇率升值。同时中国银行业要逐步减少外来投机因素。

选择哪一条路？

蒙代尔指出，中国的货币稳定对于所有国家来说都是非常重要的，但在"升值"的呼声下，现在中国面临着三个选择，第一，对人民币进行重估；第二，对人民币汇率进行浮动；第三，让人民币币值逐渐上升。他表示，人民币的币值产出是3%，而美元区则占到世界经济总量的30%，所以只要美元是稳定的，维持人民币对美元的固定汇率制比盯住通货膨胀指标为目的，对中国来说是好得多的解决方式。"中国货币运行非常好，没有任何必要对它进行任何的更改。"蒙代尔如是说。如果中国现在就实行浮动汇率，短期影响是人民币会升值，但是长期来看，将会给世界贸易带来不确定性，而且也背离全球的货币一体化进程。在给出的"药方"上，蒙代尔甚至给出了"中国应以不变应万变"9个中文字。

"日本当时对它的货币汇率进行浮动，他们已经成为突然升值的受害者。中国如果也这么做，必然会成为日本之后突然升值的又一个受害者。"蒙代尔最后强调道，"所以我们认为人民币应该是稳定的。"

（资料来源：解放日报.2005-05-31.）

请分析以下问题：

(1)人民币汇率改革的背景有哪些？

(2)人民币升值给世界经济带来了哪些影响？

(3)人民币升值给中国经济、中国企业带来了哪些影响？我们该如何应对？

(4)人民币升值给家庭和个人带来了哪些影响？

附　录

经济学发展简史

经济学是研究人类社会在各个发展阶段上的各种经济活动和各种相应的经济关系及其运行、发展规律的科学。

经济学是随着资本主义的兴起而逐渐发展成为一门科学的。同时，经济学作为一门社会科学，在其形成和发展的同一时期，也必定是百家争鸣，并且存在有很多种理论学说，在每个时期得到广泛认可的，我们称之为主流经济学派，这是经济学发展的主要线索和轨迹。我们的介绍也将以主流学派的变迁为主，兼顾同时期有重要影响的非主流学派。就每一个学派来讲，会有它的典型代表人物，弄清楚了代表人物的思想，也就对该学派有一个大致的了解。

经济学作为一门发展的科学，在其发展史上大致可以分为五个阶段，我们按时代先后顺序为大家做一个简单的介绍。

一、启蒙阶段

始于16世纪、从西班牙征服者而开始的杀人越货的海外扩展，使欧洲成为庞大的世界贸易体系的中心。正是这个时期，出现了配第等著名经济研究家，并形成了重商主义和重农主义两大经济思潮。

（一）早期古典政治经济学

威廉·配第（William Petty，1623—1687年）是英国资产阶级古典政治经

威廉·配第(1623—1687)

济学和统计学的创始人。马克思评价他为“现代政治经济学的创始者”和“最有天才和最有创造的经济研究家”。配第还留下了许多关于医学、数学、物理和统计方面的著作。

其代表作《赋税论》出版于1662年,共分十五章,所研究的中心问题是政府怎样征收和使用赋税,才能促进财富生产,增强国家的经济实力。

配第在《赋税论》中的第一个重要经济观点,是从生产过程来考察资本主义经济发展的过程,把劳动看作财富的源泉。配第有一句名言:“土地为财富之母,而劳动则为财富之父和能动的要素”。配第在《赋税论》中的另一个重要经济观点,是把劳动时间看作衡量价值的尺度和基础。这是劳动价值论的一个基本观点。配第在创立劳动价值论上的贡献,不仅在于首先明确地用生产中所耗费的劳动时间来决定价值,而且在于他已经看到价值量的大小和所耗费的劳动时间成正比,却和劳动生产率成反比。配第在劳动价值论的基础上考察了地租的性质和来源,在《赋税论》中提出了第三个重要的经济观点:地租是从农产品中扣除生产费用以后的余额。

作为17世纪杰出的经济思想家,他的许多观点和研究方法开了经济领域之先河,深深影响了后期形成的重商主义者和重农主义者。

1. **重商主义** 重商主义16—17世纪是西欧资本原始积累时期。这一时期商业资本的兴起和发展,促使封建自然经济瓦解,国内市场统一,并通过对殖民地的掠夺和对外贸易的扩张积累了大量资金,推动了工场手工业的发展,产生了代表商业资本利益和要求的重商主义思想。

重商主义者坚信,对外贸易是国家致富的唯一手段。在国际金融制度得到高度发展以前,对外收支逆差必须用现金弥补,而国际间唯一可接受的现金形式是金银,因此贸易赤字会导致国库空虚,反之则国库殷实。从中可得出结论,出超将带来国内经济增长,而入超会使国内经济萎缩。这种思想迎合了当时政治和经济环境的需求,并在事实上引导了17—18世纪的商业革命。

2. **重农主义** 重农学派是18世纪50—70年代的法国资产阶级古典政治经济学学派。重农学派以自然秩序为最高信条,视农业为财富的唯一来源和社会一切收入的基础,认为保障财产权利和个人经济自由是社会繁荣的必要因素。

重农主义主导了法国17—18世纪的经济思想。法国在18世纪还保持着封建经济的结构,其工业变化、海外贸易的步伐并非那么快捷有力,为主的经济活动仍然是农业生产。地租连同向耕种者征收的赋税是法庭、军队和艺术文明的经济来源。

弗兰斯瓦·魁奈(1694—1774 年)是 18 世纪法国最著名的经济学家,重农主义学派的领袖和宗师。魁奈的代表作是《经济表》。

《经济表》以商品资本的循环为基础,把一年土地上生产出来的总产品作为分析的起点,抓住了社会资本再生产研究中最主要和最困难的问题,即社会产品在物质上如何得到替换和在价值上如何得到补偿的问题,第一次分析了社会总资本再生产和流通过程,概括了重农主义的经济理论和政策。马克思指出:在魁奈《经济表》中,"无数单个的流通行为,从一开始就被综合成为它们的具有社会特征的大量运动——几个巨大的、职能上确定的、经济的社会阶级之间的流通",从而对社会资本再生产和流通作了最初的科学说明。

随着资本主义向纵深发展,制造业日趋重要,重商主义和重农主义变得陈旧,他们的后继者——古典经济学派开始了经济学的又一轮革新。

二、古典经济学派

18 世纪中叶,欧美社会变革风起云涌,英国工业革命、美国独立战争(1775—1783 年)和法国大革命(始于 1789 年)都发生在 18 世纪,这些事件深刻改变了西方文明形态。而在经济学领域,亚当·斯密于 1776 年发表了伟大的《国富论》一书,标志着古典经济学的诞生,经济学作为一门科学已形成了完整的研究方法和理论体系。

古典经济学信奉经济自由主义。他们坚信,自由竞争市场通过自发的调节作用能够保证经济生活的协调和稳定增长,反对国家对经济生活的干预;他们不是无政府主义者,但他们认为,国家只需充当为自由竞争市场经济创造良好外部条件的"守夜人"。

古典经济学的理论核心是经济增长产生于资本积累和劳动分工相互作用的思想,即资本积累进一步推动了生产专业化和劳动分工的发展,而劳动分工反过来通过提高总产出使得社会可生产更多的资本积累,让资本流向最有效率的生产领域,就会形成这种发展的良性循环。因此古典经济学似乎是想告诉人们,顺从市场对资源的配置,保持资本积累的良性循环,会更好地促进经济增长。但他们又看到劳动分工是受条件约束的,资本的积累会使现有的劳动分工以更大的规模出现,并表现出工资的随之上涨,而劳动分工的发展却不易实现,这将使资本积累受到劳动分工发展跟不上的影响。

古典经济学的奠立者是亚当·斯密,代表人物有大卫·李嘉图、马尔萨斯。萨伊对亚当·斯密的体系进行了扩展,而 J. S. 穆勒则是古典经济学的集大成者。这里,我们只介绍亚当·斯密和大卫·李嘉图的思想。

（一）亚当·斯密与《国富论》

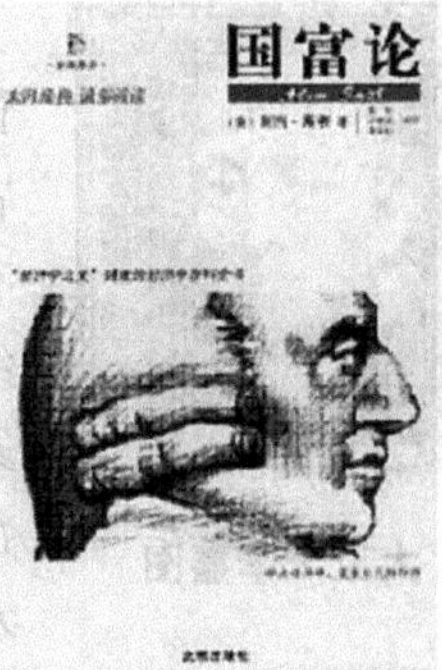

亚当·斯密与《国富论》

亚当·斯密（1723—1790 年）。是英国古典政治经济学的主要代表人物之一。《国民财富的性质和原因的研究》（以下简称《国富论》）是他的代表作。在这本名著作里，斯密缔造了古典政治经济学的理论体系，概括了古典政治经济学在它的形成阶段的理论成就，最先系统阐述了政治经济学的各个主要学说，对资产阶段政治经济的形成和发展起了极其重要的作用。

许多人知道亚当·斯密是从“看不见的手”这句话开始的。不论是马克思还是西方经济学界都毫不怀疑地认为亚当·斯密是古典经济学最杰出的代表。马克思说：“在亚当·斯密那里，政治经济学已发展成为某种整体，它所包括的范围在一定程度上已经形成。”

《国富论》出版于 1776 年，《独立宣言》也发表于这一年，全面地考虑，很难说清楚哪一部文献更具有重要的历史地位。《独立宣言》向社会发出了一个全新的呼吁，呼唤社会致力于生活、自由和快乐的追求，而《国富论》则解释了这样的社会是如何运行的。

《国富论》的内容极为丰富，涉及了许多方面的经济理论，但是对政治经济学的发展来说，最重要的贡献还在于斯密所论述的劳动价值论和三个阶级三种收入的学说。

在《国富论》里，除了上面谈到的经济学说之外，斯密关于分工、交换和货币的学说，关于生产劳动和非生产劳动的学说，关于社会再生产学说以及基于“国际分工”的自由贸易学说，都有深远的影响。对资产阶级经济学影响最大的主要是他所鼓吹的经济自由主义思想。

亚当·斯密将科学抽象法和经验归纳法系统运用于其著作中，这种二重研究方法是古典经济学方法论的第一个系统形式，它吸收了历史上经济学方法论领域几乎所有的科学因素，在经济学研究方法论中起着承前启后的作用。大卫·李嘉图和马克思继承和发扬了亚当·斯密的科学抽象法，使劳动价值论逐步完善，最终成为马克思分析资本主义生产方式和剥削本质的工具。马尔萨斯和萨伊则继承和发展了亚当·斯密的经验归纳法，直到今天还影响着西方经济学的研究。

(二)大卫·李嘉图

大卫·李嘉图

大卫·李嘉图(1772—1823 年)。古典经济学理论的完成者,古典学派的最后一名代表,最有影响力的古典经济学家。李嘉图出生于一个富裕家庭,从来没有进过大学,由于和非犹太教女子结婚,他父亲和他断绝关系。当时他仅有 800 英镑,12 年后,他赚得了亿万家财。这时候,他偶然阅读了斯密的《国富论》,并对经济学着了迷。1817 年,他出版了主要著作《政治经济学及赋税原理》,这是他全部理论的总结,在很多方面发展了斯密的理论,也标志着古典经济学的最后完成。

李嘉图以边沁的功利主义为出发点,建立起了以劳动价值论为基础,以分配论为中心的理论体系。他继承了斯密理论中的科学因素,坚持商品价值由生产中所耗费的劳动决定的原理,并批评了斯密价值论中的错误。他提出决定价值的劳动是社会必要劳动,决定商品价值的不仅有活劳动,还有投在生产资料中的劳动。他认为全部价值由劳动产生,并在 3 个阶级间分配:工资由工人的必要生活资料的价值决定,利润是工资以上的余额,地租是工资和利润以上的余额。由此说明了工资和利润、利润和地租的对立,从而实际上揭示了无产阶级和资产阶级、资产阶级和地主阶级之间的对立。他还论述了货币流通量的规律、对外贸易中的比较成本学说等。但他把资本主义制度看作永恒的,只注意经济范畴的数量关系,在方法论上又有形而上学的缺陷,因而不能在价值规律基础上说明资本和劳动的交换、等量资本获等量利润等,这两大难题最终导致李嘉图理论体系的解体。他的理论达到资产阶级界限内的高峰,对后来的经济思想有重大影响。

三、新古典主义

新古典经济学是在 19 世纪 70 年代所谓边际革命基础上发展起来,并在 19 世纪末和 20 世纪初在西方经济学中居主导地位的资产阶级经济理论。19 世纪末,资本主义国家出现了第二次工业革命,资本主义经济发展到垄断阶段,生产关系内部矛盾日益严重,导致经济危机频繁发生,阶级斗争激化,马克思主义的产生,并得以迅速的传播和发展,以及资本主义生产方式本身的变化,都对资产阶级经济学提出了新的要求,推行经济自由主义,重视资本积累,同时强调社会各阶级的经济作用和分配规律的古典经济学说,逐渐被新古典经济学说所替代。

新古典主义经济学的代表人物是英国剑桥大学经济学家马歇尔。

(一)马歇尔与剑桥学派

阿尔弗雷德·马歇尔
(1842—1924)

阿尔弗雷德·马歇尔(1842—1924年),英国剑桥学派创建人。马歇尔是剑桥大学教授,也是英国正统经济学界无可争辩的领袖,他对前人的工作进行了综合,是新古典主义的杰出和完整代表。他的《经济学原理》被看作是与斯密的《国富论》和李嘉图的《赋税原理》齐名的划时代著作。《经济学原理》对个别市场或商品分别从需求和供给进行研究,阐述了供给和需求决定均衡价格的理论体系,马歇尔也因此被认为是现代西方微观经济学的奠基者。

剑桥学派(Cambridge school)是19世纪末20世纪初,由英国经济学家马歇尔创建的一个学派。由于马歇尔和他的忠实门生庇古、罗伯逊等长期在英国剑桥大学任教,所以被称为剑桥学派。又由于其创始人马歇尔提出的“均衡价格论”既继承了这个时期的庸俗经济学传统,以生产费用解释价值决定,又融合了19世纪70年代后,以边际效用解释价值决定的庸俗学说,故又被称为“新古典学派”。

四、凯恩斯主义

约翰·梅纳德·凯恩斯
(1883—1946)

约翰·梅纳德·凯恩斯(1883—1946年)生于英国剑桥。他于1936年发表的《就业、利息和货币通论》一书,创立了现代宏观经济学的理论体系,实现了西方经济学演进中的第三次革命,这在西方经济学史上是具有划时代意义的事件。

凯恩斯被认为是现代经济学最有影响的经济学家,自他以后至今无人能够超越。第一次世界大战后,国家垄断资本主义急剧发展,1923—1933年的经济大危机对资本主义经济发展造成极大破坏。资本主义经济实践与传统的经济理论所宣扬的自由竞争和自由放任产生严重矛盾。在这种情况下,凯恩斯于1936年发表《就业、利息和货币通论》,提出有效需求理论体系和通过国家干预经济以求减少失业,这被称为“凯恩斯革命”。

凯恩斯的经济理论认为,宏观的经济趋向会制约个人的特定行为。18世纪晚期以来的“政治经济学”或者“经济学”建立在不断发展生产从而增加经济产出的基础之上,而凯恩斯则认为对商品总需求的减少是经济衰退的主要原因。由此出发,他认为维持整体经济活动数据平衡的措施可以在宏观上平衡供给和需求。因此,凯恩斯的和其他建立在凯恩斯理论基础上的经济学理论被称为宏观经济学,以与注重研究个人行为的微观经济学相区别。

1933 年,凯恩斯在《获致繁荣的方法》一文中说明公共工程支出的作用。1934 年夏,凯恩斯访问美国。罗斯福新政进一步推动了凯恩斯的理论研究。凯恩斯会见罗斯福时,强调了政府支出的作用。1935 年,凯恩斯发表《一个自我调节的经济制度》一文,认为即使不存在摩擦因素,自由竞争的资本主义制度也不可能自我调节。1936 年,凯恩斯的《就业、利息和货币通论》一书出版。这是凯恩斯的代表作。凯恩斯提出了总量分析、短期分析和比较静态分析的方法,建立了宏观经济学体系。

战后 20 多年来,各主要资本主义国家都大力推行凯恩斯主义,它对缓和资本主义的矛盾、实现经济增长起了一定的积极作用。60 年代以来,发达资本主义国家出现的经济停滞与通货膨胀并发的现象,使凯恩斯理论出现了危机。凯恩斯理论遭到了货币主义、理性预期学派和供给学派的挑战。

五、后凯恩斯主义学派

凯恩斯的《通论》问世后,经济学发展进入了相对鼎盛的时代,产生了许多具有代表性的流派和经济学家,由于统计分析理论的发展,这个时期经济学术著作的特点是大量运用统计理论和数学模型。在这个阶段,经济学史上出现了两个现象:一是 1968 年诺贝尔奖的设立,带来了经济学史上又一个百家争鸣的时代,经济巨著来自学院派的趋势也愈加明显;二是随着美国在全球经济霸主地位的确立,来自美国的经济学所具有举足轻重的影响。而凯恩斯的追随者们对《通论》中若干论点的理解和现实问题的看法发生了分歧,逐渐形成两个对立的学派:新古典综合派和后凯恩斯学派,前者以美国剑桥的麻省理工学院为中心,后者以英国剑桥大学为中心。因此,两派之争又称为“两个剑桥之争”。

后凯恩斯学派的主要代表人物有:琼·罗宾逊、尼古拉·卡尔多、皮罗·斯拉法、卢伊季·帕西内蒂等人。

后凯恩斯主义在坚持凯恩斯的宏观经济理论的同时,对新古典的微观经济理论进行了批判形成了两种比较有代表性的理论。后凯恩斯主义体现出如下几个特点:

(1)将凯恩斯的短期、比较静态分析拓展为长期、动态化分析。

(2)后凯恩斯主义反对新古典综合派恢复传统经济学均衡分析方法。

(3)强调了收入分配理论。

(4)对边际生产力分配论进行了批判。

(5)强调货币会导致资本主义经济不稳定。

(6)重视规范分析的方法。

六、其他派别

当代经济学除了新古典综合派外,其他具有重要影响的学派主要有:新自由主义、货币主义、新剑桥学派、新制度主义。

新自由主义以哈耶克为主要代表。它从个人主义出发,强调维护个人自由。而自由的基础是经济自由,其核心是私有制,在这一基础上生产者有经营自由,消费者有消费自由。实现经济自由的途径是让市场机制充分发挥调节作用,让人们在市场上自由竞争。

货币主义又称为现代芝加哥学派,其代表人物是弗里德曼。货币学派在理论上和政策主张方面,强调货币供应量的变动是引起经济活动和物价水平发生变动的根本的和起支配作用的原因,布伦纳于1968年使用"货币主义"一词来表达这一流派的基本特点,此后被广泛沿用于西方经济学文献之中。

新剑桥学派是现代凯恩斯主义的另一个重要分支。在理解和继承凯恩斯主义的过程中,该派提出了与新古典综合派相对立的观点,试图在否定新古典综合派的基础上,重新恢复李嘉图的传统,建立一个以客观价值理论为基础,以分配理论为中心的理论体系。并以此为根据,探讨和制定新的社会政策,以改变资本主义现存在分配制度来调节失业与通货膨胀的矛盾。其代表人物有罗宾逊、卡尔多等。

这个学派之所以被称为新制度学派,因为它一方面继承了制度学派的传统,以制度分析、结构分析为标榜,并主张在资本主义现存生产资料所有制基础上进行改革;另一方面又根据第二次世界大战结束以后的新的政治经济条件,比过去的制度学派更加注意资本主义的现实问题,批判资本主义的缺陷,并提出更为具体的政策建议。新制度学派的主要代表人物有美国的加尔布雷思、博尔丁以及瑞典的缪达尔。

EA 参考文献

[1] 格里高利·曼昆. 经济学原理[M]. 3 版. 梁小民,译. 北京:机械工业出版社,2003.

[2] 罗伯特·弗兰克. 牛奶可乐经济学[M]. 闾佳,译. 北京:中国人民大学出版社,2008.

[3] 萨缪尔森,诺德豪斯. 经济学[M]. 17 版. 萧琛,译. 北京:人民邮电出版社,2004.

[4] 布坎南. 公共物品的需求和供给[M]. 马珺,译. 上海:上海人民出版社,2009.

[5] 高鸿业. 西方经济学(微观部分). 2 版. 北京:中国人民大学出版社,2001.

[6] 高鸿业. 西方经济学(宏观部分). 2 版. 北京:中国人民大学出版社,2001.

[7] 商务部编写组. 微观经济[M]. 北京:中国商务出版社,2007.

[8] 商务部编写组. 宏观经济[M]. 北京:中国商务出版社,2007.

[9] 缪代文. 微观经济学与宏观经济学[M]. 2 版. 北京:高等教育出版社,2004.

[10] 缪代文. 微观经济学与宏观经济学[M]. 3 版. 北京:高等教育出版社,2008.

[11] 梁小民. 微观经济纵横谈. 北京:生活. 读书. 新知三联书店,2006.

[12] 吴冰. 经济学基础教程. 北京:北京大学出版社,2006.

[13] 林祖华. 经济学基础. 北京:中国时代经济出版社,2006.

[14] 温美珍. 图解经济学[M]. 天津:天津教育出版社,2007.

[15] 陈鹏飞. 经济学的100个故事[M]. 北京:新华出版社,2008.

[16] 茅于轼. 生活中的经济学[M]. 广州:暨南大学出版社,2007.

[17] 肖恩. 马萨基. 弗林. 身边的经济学[M]. 北京:机械工业出版社,2007.

[18] 吴志清. 经济学基础. 北京:机械工业出版社,2008.

[19] 李海东. 经济学基础. 北京:机械工业出版社,2008.

[20] 海南大学网站. http://www.hainu.edu.cn